Derrick Steeve B. BODJRENOU

# L'Économie Morale de la Règle

### Entre Jeux d'Acteurs et Art de Gouverner au Bénin

Éditeur: Upway Books
Auteur: Derrick Steeve B. BODJRENOU
Titre:   L'Économie Morale de la Règle : Entre Jeux d'Acteurs et Art de Gouverner au Bénin
ISBN: 978-1-917916-58-5
Couverture réalisée sur Canva: www.canva.com

Cet ouvrage est un ouvrage de non-fiction. Les informations qu'il contient sont fondées sur les recherches, l'expérience et les connaissances de l'auteur au moment de la publication. L'éditeur et l'auteur ont déployé tous les efforts nécessaires pour garantir l'exactitude et la fiabilité des informations fournies, mais déclinent toute responsabilité en cas d'erreurs, d'omissions ou d'interprétations divergentes du contenu présenté. Cette publication n'a pas pour vocation de se substituer aux conseils ou consultations d'un professionnel qualifié. Les lecteurs sont encouragés à solliciter l'avis d'un spécialiste lorsque cela s'avère approprié.

contact@upwaybooks.com
www.upwaybooks.com

*La théorie, c'est quand on sait tout et que rien ne fonctionne. La pratique, c'est quand tout fonctionne et que personne ne sait pourquoi. Ici, nous avons réuni théorie et pratique : Rien ne fonctionne... et personne ne sait pourquoi.*

*Albert Einstein (1879 - 1955)*

# DEDICACE

À

mes filles Parice, Éléonore et Inaya,

À l'instant où j'écris ces mots, vous êtes devant la télé avec votre mère, en me disant : « Papa, tu n'as jamais de temps pour nous ». Votre réaction est compréhensible, et vous avez parfaitement le droit de l'exprimer.

Sachez, le jour où vous lirez ce document, dont j'ai toujours rêvé, que vous puissiez incarner un nouvel idéal pour les marchés publics et la gestion des deniers publics au service de l'intérêt collectif, grâce à la science et à la culture.

# REMERCIEMENTS

En premier lieu, je tiens à exprimer ma profonde gratitude à ma directrice de thèse, **Monique Ouassa Kouaro, Professeure Titulaire des universités/CAMES**, cette brave femme pour sa disponibilité, ses conseils et son engagement constant à soutenir les jeunes scientifiques comme je l'ai été. Sa compétence et sa grande simplicité ont été déterminantes dans la réalisation de ce travail.

Je souhaite également adresser mes vifs remerciements au **Professeur Titulaire Dodji Amouzouvi**, Grâce à son programme : Programme d'Initiative pour l'Excellence **(PIE)**, j'ai non seulement bénéficié de cours magistraux, mais j'ai aussi acquis les fondamentaux de la discipline et développé le goût de la sociologie.

Je remercie le **Professeur Titulaire Abou-Bakary Imorou**, que je surnomme « le méthodologue ». J'ai discuté avec lui de mon sujet pour la première fois lors de mon année de **DEA**, et il a su, à chaque étape de la thèse, me guider pour renforcer la dimension sociologique de mes analyses.

Je tiens enfin à exprimer ma gratitude **au Professeur David Ibrahim Salami**, qui m'a offert l'opportunité de présenter mes premiers articles lors du colloque organisé en 2018 au Bénin Royal Hôtel de Cotonou.

J'associe à ces remerciements le **docteur Ilyass Sina D.**, dont les conseils ont contribué à améliorer la qualité de cette thèse. Je salue ici sa grande disponibilité et la mise à disposition de données sur les marchés publics. Sachez que ce sera toujours avec un grand plaisir que je viendrai « m'abreuver » à vos sources, pour tenter, comme le dit Schopenhauer, de « *méditer comme personne n'a encore médité sur ce que tout le monde a devant les yeux* ».

Je souhaite également témoigner ma reconnaissance au **Dr Florent TASSO** pour ses conseils, son soutien et sa compréhension face à mes absences répétées à certaines rencontres, absences indépendantes de ma volonté.

Je remercie aussi les **Drs : Jacques AGUIADAHO, Karl Martial Yélognissè NASSI, Bruno MONTCHO, Karen GANYE et Achille SODEGLA** pour leurs conseils, contributions, exhortations et orientations en début de thèse.

Une mention particulière va aux **Drs : Rubain BANKOLE, Souleymane K. T. MODIBO**, aux doctorants **Éric HOUINSSOU et Romaine TIANDO** sans qui une grande partie de ce travail n'aurait pu être élaborée dès le début de mes recherches. Cette mention va également aux responsables et enseignants de **l'EDP/FLASH/UAC, du D-SA/FLASH et de l'ENAM.**

Je remercie profondément M. le CS/PR **Johannes DAGNON**. Sans ses faisceaux d'idées de réformes, cette recherche n'aurait pas connu son épilogue.

Je désire en outre exprimer mes remerciements au ministre d'État et secrétaire général de la Présidence, **Pascal Irénée KOUPAKI**, pour avoir rendu possible le Fichier national par le truchement de ces cadres techniques.

Je tiens à exprimer ma gratitude envers M. le Ministre d'État **Romuald WADAGNI**, ainsi qu'envers tous ces cadres et acteurs inspirés et qui s'engagent dans la mise en place de réformes pour améliorer le système.

Je remercie aussi **M. Arnauld AKAPKO** qui, face à ses aspirations pour l'éclosion du secteur privé béninois, m'a encouragé à enrichir cette recherche.

Je remercie également **Alain HINKATI**, que j'appelle affectueusement réformateur, qui m'a permis de m'immerger dans l'univers des réformes, relatives à la commande publique au Bénin. De même à l'endroit de **Serge Hervé HOUSSOU**, pour m'avoir associé à certaines réflexions sur le secteur ; sans oublier **AKOUTE Éric** de par ces analyses percutantes sur la refonte du système.

Je remercie **Raymond ADJAKPA ABILE**, qui, face à mes aspirations pour l'application des textes, m'a encouragé à me spécialiser dans la régulation des marchés publics, contribuant ainsi à enrichir le contenu de cette thèse.

Je remercie le président de l'ARMP, **M. Séraphin AGBAHOUNGBATA**, ainsi que son secrétaire permanent, le **Dr. GUEDJE Ludovic**, pour leur direction éclairée et leur contribution à l'accélération des réformes.

Je tiens également à exprimer ma gratitude à cette mère, conseillère, Madame **Francine AÏSSI HOUANGNI**, ainsi qu'aux conseillers, **Dr. Gilbert Ulrich Togbonon**, **Carmen Sinani Oredolla GABA** et **MARTIN VIHOUTOU ASSOGBA**, pour leurs précieux avis dans le processus des réformes.

En ce qui concerne les réformes, cette thèse a eu le mérite de s'appuyer sur les contributions du **Professeur Joseph f. DJOGBENOU** d'une part et sur l'action publique d'autre part celle, de **Dr. DAKO C. Benjamin**, que je remercie par la même occasion. De même à l'endroit de **M. Thomas AZANDOSSESSI**, pour sa présence et appuis.

Je suis aussi reconnaissant envers **AVAMASSE Benjamin**, qui m'a donné le goût de la recherche sur les marchés publics et sur l'application des textes ; à **M. Rafiou BELLO** pour la pertinence des analyses économiques et mes remerciements s'adressent également à **KPANGON Robert et GODJO Aubin,** qui m'ont guidé respectivement sur les plans professionnel et institutionnel, me permettant ainsi de mieux appréhender l'environnement des marchés publics.

Je n'oublie pas toutes celles et tous ceux qui ont transformé ce qui aurait pu n'être qu'une recherche solitaire en une aventure collective, je pense notamment :

- À mon épouse, **Georgette SOTOME**, je salue sa patience et ta compréhension dont elle a fait preuve au quotidien pendant ces années de recherche.

- À toutes les personnes qui m'ont fourni des informations précieuses facilitant la collecte des données empiriques et aux collègues, amis de la **promotion 2010** à aujourd'hui, ainsi qu'à toutes celles et ceux dont les noms ne figurent pas ici.

- À **Kpanfi MAK** pour tous les types d'accompagnement et sa présence.

Enfin, je me tourne vers ma famille : mon père, **BODJRENOU ASSOU Kédalo**, pour ses prières ; ma mère, **ESSOU Jacqueline**, qui n'a cessé de prier et de me rappeler l'échéance des points de thèse ; **Jacques ESSOU et Dieu-Donnée HONDOKODO**, qui m'ont transmis leurs passions pour la sociologie ; ma sœur **Bénédicte HOUSSOU** et son mari **VIGAN Modeste** ainsi que ses filles pour leur soutien quotidien.

# LISTE DES SIGLES ET ACRONYMES

AC         : Autorité contractante
AP         : Action publique
ARMP       : Autorité de régulation des marchés publics
BA         : Budget autonome
BN         : Budget national
CCMP       : Cellule de contrôle des marchés publics
CCAG       : Cahier des clauses administratives générales
CCAP       : Cahier des clauses administratives particulières
CCTG       : Cahier des clauses techniques générales
CCTP       : Cahier des clauses techniques particulières
CF         : Contrôle financier
CMP        : Code des marchés publics
CNRMP      : Commission nationale de régulation des marchés publics
CNUCED  : Conférence des Nations unies sur le commerce et le développement
COE        : Comité ou Commission d'Ouverture et d'évaluation
CPMP       : Commission de passation des marchés publics
CRD        : Commission de règlement des différends
CPM        : Comité de passation des marchés
CRB        : Constitution de la République du Bénin
CI         : Communauté internationale
DAO        : Dossier d'appel d'offres
DEB        : Direction de l'exécution du budget
DD         : Développement durable
DGB        : Direction générale du budget
DGML       : Direction générale du matériel et de la logistique
DNCMP      : Direction nationale de contrôle des marchés publics
DPAO       : Données particulières de l'appel d'offres
MP         : Marchés publics
OMD        : Objectifs du Millénaire pour le développement
ONG        : Organisation non gouvernementale
PM         : Passation de marché
PP         : Politique publique
PRMP       : Personne responsable des marchés publics
PPMP       : Plan de passation des marchés publics

PRMN       : Programme de restructuration et de mise à niveau
UGR :      : Unité de gestion de la réforme des finances publiques
UEMA       : Union économique et monétaire ouest-africaine

# RESUME

L'application du code des marchés publics a pour fonction de satisfaire des besoins d'intérêt général. Ces besoins concernent principalement l'acquisition de biens, la réalisation de services et la mise en œuvre de projets d'infrastructure. Ils contribuent ainsi à la réduction de la pauvreté et à la redistribution des richesses nationales, en vue d'un développement inclusif. L'objectif de cette étude est d'analyser les jeux et les logiques des acteurs dans l'application du code des marchés publics au Bénin, afin d'enrichir la sociologie de l'action publique et du développement inclusif. Cette application s'opère à travers des procédures de passation de marchés, où les acteurs en charge déploient des stratégies et diverses formes d'interactions. Pour comprendre la manière dont le code est appliqué, les jeux d'acteurs, leurs logiques et leurs interactions, une approche méthodologique qualitative a été adoptée. Celle-ci combine une recherche documentaire et des entretiens formels et informels, adaptés à la sensibilité du sujet. Au total, 323 acteurs de la chaîne des marchés publics ont été approchés. Deux techniques de traitement des données ont été utilisées : manuelle et assistée par informatique. Le cadre théorique retenu pour l'analyse et l'interprétation des résultats empiriques est la théorie de l'action sociale (actionnisme) de Talcott Parsons. L'étude, menée auprès des acteurs intervenant dans l'environnement des marchés publics au sein de certains Ministères, établissements publics, institutions et des acteurs de la société civil et du secteur privé, a examiné les trajectoires suivies par le code pour analyser les facteurs déterminant l'émergence et l'extension des relations entre acteurs. Elle a également permis d'établir un lien entre les stratégies et les logiques valorisées par les acteurs dans l'environnement des marchés publics. En définitive, il ressort que les pratiques de contournement des règles lors de l'application du code favorisent la contre-performance du système de gouvernance des marchés publics au Bénin.

**Mots-clés :** Cotonou, marchés publics, code des marchés publics, jeux d'acteurs, logiques d'acteurs, implications sociales.

# ABSTRACT

The purpose of the public procurement code is to serve the public interest. This primarily involves the acquisition of goods, the provision of services, and the execution of infrastructure projects. These activities contribute to poverty reduction and the redistribution of national wealth, thereby promoting inclusive development. This study aims to identify the strategies and rationales of actors involved in implementing the public procurement code in Benin, analyzing it through the lens of the sociology of public action and inclusive development. The code is applied through public procurement procedures, where actors employ various strategies and forms of interaction. To understand the manner in which the code is applied including the dynamics among stakeholders, their rationales, and their interactions a qualitative methodological approach was adopted. This approach combined documentary research with formal and informal interviews, which were tailored to the sensitive nature of the subject. In total, 323 actors within the public procurement chain were contacted. Two techniques for processing the data were employed: one manual and the other computer-assisted. The theoretical framework selected for analyzing and interpreting the empirical findings is Talcott Parsons' theory of social action. The study, which involved stakeholders operating in the public procurement environment across various Ministries, public institutions, and organizations as well as civil society and private sector actors examined the trajectories of the code's implementation. This was done to analyze the factors determining the emergence and expansion of relationships between actors. It also served to establish a connection between the strategies and logics prioritized by stakeholders within the public procurement landscape. Ultimately, the study concludes that practices which circumvent the rules in the application of the public procurement code contribute to the underperformance of Benin's public procurement governance system.

**Keywords** : Cotonou, public procurement, public procurement code, strategies, actors' rationales, social implications.

# INTRODUCTION

En Afrique subsaharienne, et particulièrement au Bénin, une lecture sociologique des pratiques observées dans l'application du code des marchés publics révèle qu'elles restent fortement ancrées dans les relations sociales entre les acteurs et leur perception des normes en vigueur.

Ces pratiques génèrent des « *situations complexes qui ont des implications [...], socio-économiques et politiques intimement interdépendantes* » (Olivier de Sardan 1999, p. 4). Ainsi, pour les acteurs impliqués, la passation des marchés publics ne vise pas seulement l'acquisition de biens communs pour satisfaire l'intérêt général. Elle répond également à un enjeu relationnel, contribuant à définir et à pérenniser des rapports sociaux au sein de cet écosystème.

Dans l'ordre social qui régit ces acteurs, les marchés publics sont donc un moyen d'acquérir des biens collectifs imprégnés de normes juridiques, culturelles et sociologiques, au bénéfice de l'administration. Ces biens, destinés in fine aux usagers et à la population, doivent permettre à l'administration de rendre un service public plus efficace et accessible.

Cependant, avant toute jouissance collective ou individuelle de ces biens, des règles s'imposent : le respect des procédures fixées par le code et ses décrets d'application est essentiel pour une saine gestion des deniers publics.

Pendant des décennies, l'environnement des marchés publics au Bénin a été marqué par une grande opacité et une absence de cadre législatif robuste, favorisant le laxisme, le népotisme, la corruption, l'incompétence et la gabegie (EDA, 2012). En 2004, le ministre de l'Économie et des Finances de l'époque, Abdoulaye Bio Tchané, qualifiait d'ailleurs ce secteur d'opaque. Plus loin c'est Joseph Djogbenou[1] qui, parlant des marchés publics qui qualifiait le système des marchés publics au Bénin de "système de prédation" qui a longtemps favorisé la corruption et entravé le développement. Il a donc soutenu les réformes entreprises pour le moraliser.

L'adoption de la loi n°2004-18 du 27 août 2004 a constitué une avancée majeure, modifiant l'ordonnance de 1996 et introduisant un cadre juridique modernisé.

---

1 Bénin Intelligence. (2021, 9 juillet).

Par la suite, le Bénin, membre de l'UEMOA, a intégré dans sa législation les directives communautaires 04[2] et 05[3] visant respectivement à harmoniser les procédures de passation et d'exécution des marchés, et à renforcer leur contrôle et leur régulation.

L'objectif était de se doter d'une norme commune capable de remédier aux dysfonctionnements persistants. Grâce à ces réformes, le Bénin a engagé une profonde transformation de son système de marchés publics, dans une optique d'amélioration continue et de normalisation du secteur. Il ne s'agissait pas d'une simple amélioration ou d'une codification évoluée, mais d'un changement radical de perspective. À ce jour, le gouvernement béninois sollicite les acteurs pour la mise en œuvre de cette réforme, c'est-à-dire de cette politique publique normative, assortie d'objectifs et d'indicateurs destinés à en mesurer l'impact après sa réalisation. Pourtant, malgré ces principes de gestion, l'environnement des marchés publics continue de poser problème. La situation semble stagner, alors même que les bases d'une dynamique sectorielle ont été établies. Dès lors, on est en droit de se demander : pourquoi les politiques publiques concernant les marchés publics ne parviennent-elles pas à répondre aux attentes ? Et en quoi consiste précisément l'action publique dans ce domaine? Dans cette optique, les procédures de passation des marchés publics doivent être mieux appréhendées, tant dans leur cohérence que dans leur application concrète. Il va sans dire que l'intérêt des politiques menées dans le secteur reste limité, dans la mesure où les attentes ne sont pas comblées. Le cadre normatif existant en matière de marchés publics décrit l'ensemble des moyens devant contribuer à la satisfaction des besoins d'intérêt général exprimés par l'Administration publique. Il autorise même les urgences et, dans une certaine mesure, mentionne les acteurs devant intervenir dans la chaîne de passation des marchés.

Mais ce que la loi ne précise pas et qui constitue le goulot d'étranglement observé dans la passation des marchés, c'est comment conduire les procédures, comment identifier et analyser les besoins. Ainsi, pour les besoins en entretien de véhicules, qui relèvent de marchés publics de clientèle autrefois, la loi n'a pas

---

[2] Directive n°04/2005/cm/uemoa portant procédures de passation, d'exécution et de règlement des marches publics et des délégations de service public dans l'union économique et monétaire ouest africains

[3] Directive n°05/2005/cm/uemoa portant contrôle et régulation des marches publics et des délégations de service public dans l'union économique et monétaire ouest africains

prévu ce type de prestations ; pourtant, celles-ci sont présentes dans l'environnement de toutes les administrations.

Une fois les besoins exprimés, les gestionnaires publics ou autres acteurs interprètent les textes selon leur propre compréhension et, parfois, estiment pouvoir choisir le type de marché qui s'y prête ou, à défaut, soustraient le besoin aux procédures.

C'est en ce sens qu'un acteur membre du secrétariat de la personne responsable des marchés publics d'une autorité contractante nous confie : « *on se trompe de type de marché et souvent on classe l'entretien des véhicules dans les marchés publics de services ou de fourniture, car l'entretien nécessite l'achat de pièces dont le coût dépasse celui de la main-d'œuvre elle-même* [...]». Le choix du type de marché dépend alors de l'« acteur » en face, mais aussi de son interprétation des textes.

La question qui se pose est alors de savoir comment les procédures édictées par le code sont mises en œuvre tout au long du processus de passation des marchés. Lors des enquêtes exploratoires, on peut noter ce qui suit : « *La procédure est biaisée et c'est pourquoi si cela nous échappe, on corrige le tir* (PAUSE) *Des marchés d'assurance ont été confondus avec des marchés publics de fourniture alors qu'il s'agit de marchés publics de service* », répondait un agent de la Direction nationale de contrôle des marchés publics.

Ainsi, les gaspillages inhérents à l'absence de responsabilité ne peuvent leur être reprochés en cas de mauvais choix. Il leur est simplement demandé de respecter les textes. Or, le texte, tel que conçu, est a priori destiné à traduire la logique des politiques publiques dans le secteur et constitue un levier d'action publique ; mais il semble incompris au point de ne pas atteindre les objectifs visés.

En intégrant les directives de 2004 et 2005 de l'UEMOA directives phatières, l'État s'inscrit dans une dynamique communautaire et favorise le libre-échange, toujours dans le but de rendre le secteur plus dynamique tout en le régulant. Toutefois, il apparaît que l'adoption de textes ne constitue pas une panacée ; elle doit être rigoureusement suivie grâce à une action publique plus efficace et efficiente.

À cet effet, il convient et reste nécessaire, pour une saine gestion des ressources et deniers publics, de renforcer la transparence et, plus généralement, la responsabilisation des pouvoirs publics en matière de marchés publics, et ce sans délai.

Le code des marchés publics détaille toutes les étapes du cycle de passation, d'exécution et de post-exécution depuis l'identification et l'analyse des besoins jusqu'à leur formulation, leur expression, la passation, l'exécution, le suivi et l'évaluation de l'action mise en œuvre. Il classe les démarches selon leur nature et le contexte, ou renvoie à une documentation (décrets d'application, dossier-type d'appel à concurrence) ou à un guide à destination des acteurs du système. Les marchés publics sont au cœur de la gouvernance et occupent une place importante dans le processus de développement de toute société (CNUCED, 2013). Leviers d'action publique et de développement durable, ils peuvent être perçus comme le mécanisme qui régit les types d'actions menées au niveau de l'État, des collectivités territoriales et des organismes de droit public ou privé avec participation publique. La raison d'être de cette thèse relève de l'existence de pratiques contraires aux normes, aux politiques et aux actions publiques mises en œuvre pour assainir l'environnement des marchés publics. Ces pratiques échappent au droit et aux sciences politiques, qui n'arrivent pas à encadrer le secteur, d'où les écarts observés. L'application du code des marchés publics devient un outil malléable pour les acteurs, qui s'en servent comme d'un actif personnel, en fonction de leurs perceptions individuelles. Cette inadaptation ne peut être saisie par le droit ou la science du droit, mais plutôt par une science sociale : la sociologie appliquée à l'écosystème du marché public. La sociologie est indiquée ici puisqu'il s'agit d'êtres humains, multidimensionnels, mis en concurrence pour la mise en œuvre des marchés publics. Ainsi, l'environnement des marchés publics devient un objet que la sociologie se doit d'étudier ou auquel on doit appliquer la sociologie. Une réalité sociologique s'observe ; en tant que telle, les marchés publics ne sauraient y échapper et peuvent constituer un fait sociétal à étudier sous plusieurs prismes. La présente recherche s'inscrit donc dans les champs de la sociologie des marchés publics, de la sociologie politique, de la sociologie de l'action publique, de la sociologie des organisations et de la sociologie du droit. Ce travail intitulé « *Jeux et logiques des acteurs dans l'application du code des marchés publics au Bénin : éléments de sociologie d'action publique pour un développement inclusif* » cherche à comprendre comment les acteurs de la chaîne de passation appliquent le code des marchés pour satisfaire les besoins d'intérêt général, ainsi que les jeux et logiques qui y sont associés.

Pour aborder cette problématique, il convient d'examiner la structure des actions mises en œuvre dans le cadre de la gestion et de la bonne gouvernance des marchés publics. La conduite des opérations relatives à cette gestion passe essentiellement par la passation des marchés.

Au sens réglementaire, la passation des marchés publics désigne l'activité par laquelle les pouvoirs publics mènent des procédures administratives afin de choisir une personne physique ou une entreprise titulaire du marché pour réaliser des travaux, fournir des biens ou des services contre rémunération. Ce processus, qui conduit à la réalisation de l'objet du marché, comporte plusieurs phases : la passation, l'exécution et la post-exécution. Ces phases structurent l'environnement des marchés publics et donnent lieu à des interactions continues entre les secteurs public et privé.

Les marchés publics incarnent, dans la politique de l'État central, une relation de « *faire-faire* ». Celle-ci permet à l'administration publique de se concentrer sur son rôle régalien : établir un cadre juridique, social et économique visant à garantir la liberté contractuelle des citoyens. Dans cette dynamique, diverses normes juridiques entrent en tension, suscitant parfois des confusions ou, à tout le moins, des interprétations divergentes entre les acteurs, ce qui perturbe l'ordre établi par les textes en vigueur.

Cette situation de « confusion, de collusion et d'interprétations variées » entre les normes contractuelles a conduit à un dualisme juridique. Deux régimes coexistent : celui du droit administratif, où l'« *Administration* » est le seul cadre de gestion des affaires publiques, et celui du droit des marchés publics, qui reconnaît à l'Administration la capacité de passer des marchés au regard de leurs dimensions communautaires, sociales, religieuses, économiques et politiques. Ainsi, des pratiques coutumières de gestion collective des deniers publics ont évolué vers l'institution et la généralisation de la notion de marché public. Cette transformation de la conception des marchés, opérée à un rythme accéléré au sein de l'espace administratif, a bouleversé les normes sociales préétablies et inscrit la gestion des marchés publics dans un registre hybride. Dès lors, celle-ci se trouve placée, depuis quelques années, dans un « entre-deux » où jeux, logiques et pratiques de passation se substituent aux normes juridiques en vigueur, malgré leurs rigidité. En d'autres termes, la généralisation de la propriété publique, fortement soutenue par le droit moderne, a pour effet que, dans l'espace administratif, les marchés publics se passent mal (Avamasse, 2018) et quittent les registres sociaux et juridiques marqués par des normes et des interdits pour devenir un bien purement individuel. Ce contexte institutionnel, porteur d'incertitudes et de mutations radicales dans la représentation des marchés publics, appelle également la prise en compte d'autres déterminants sociaux tout aussi significatifs pour analyser les enjeux actuels. Il s'agit, entre autres, de la saturation du secteur, de la fragmentation des entités intervenant dans la chaîne des marchés publics, ou encore d'une interprétation du code via des circulaires, etc. À la croisée de l'acteur et du système, un écart se manifeste entre les principes valorisés par le cadre politico-juridique et les pratiques développées par les acteurs. Dès lors, l'action publique dans les marchés publics peut-elle se résumer à l'ensemble des actions menées par les acteurs en vue d'atteindre des objectifs individuels ou d'intérêt général ? Cette réflexion permettra de mieux cerner les logiques qui sous-tendent les jeux et les enjeux des acteurs impliqués dans la chaîne de passation. Cette recherche s'inscrit dans le champ de la sociologie de l'action publique, centrée sur les marchés publics. Compte tenu de ce contexte polémique et des défis actuels, il importe de mobiliser des matériaux théoriques et empiriques pour analyser en profondeur la dynamique sociale engendrée par l'application du code des marchés publics. Ainsi, la présente thèse adopte une perspective socio-anthropologique pour contribuer aux réflexions sur les jeux et logiques liés à la mise en œuvre du code, en privilégiant une lecture à la fois diachronique et synchronique du phénomène. Elle propose une analyse processuelle des déterminants sociaux, des formes et manifestations actuelles, ainsi que des implications de cette réalité sociale que constitue l'application du code des marchés publics. Pour ce faire, elle est structurée entre autres en sept (07) chapitres.

Après l'introduction, le premier chapitre aborde les marchés publics en tant qu'objet sociologique et en interroge l'intérêt pour la recherche.

Le second présente la démarche et les considérations méthodologiques. Le troisième rend compte des résultats de terrain et dresse un aperçu du contexte global d'application du code au Bénin. Le quatrième analyse les dynamiques socio-organisationnelles régissant l'application du code.

Le cinquième met en lumière les logiques et implications sociojuridiques des pratiques de passation. Le sixième chapitre fait un zoom sur l'application du code comme réalité sociologique à actions publiques multiples. Enfin, le septième traite des enjeux de la régulation et esquisse des perspectives d'avenir pour les marchés publics.

La conclusion générale clôt ce travail de recherche en synthétisant les apports et en montrant comment les interactions entre les acteurs de la chaîne de passation participent à la contre-performance du système ou à l'inverse, la faiblesse d'un système juridique comme le professeur Joseph Djogbenou l'a déclaré, ne réside pas dans ses textes, mais dans le manque de confiance des justiciables envers les institutions chargées de les appliquer. Il souligne que cette défiance est le véritable poison pour l'État de droit[4]. Selon les travaux de Chabi-Kpandé (2020), la performance est un concept économique qui désigne le fait d'atteindre, voire de dépasser, les objectifs fixés. Elle constitue le résultat ultime de l'ensemble des efforts d'une organisation et s'exprime au travers de deux concepts : l'efficacité et l'efficience[5].

---

[4] Djogbenou, J. (2019, 19 novembre). *Bénin : Joseph Djogbenou - " La faiblesse d'un système, ce ne sont pas les textes, c'est... "* La Tribune Afrique. Repéré à https://afrique.latribune.fr/think-tank/tribunes/2019-11-19/benin-joseph-djogbenou-la-faiblesse-d-un-systeme-ce-ne-sont-pas-les-textes-c-est-834223.html.

[5] La performance joue essentiellement trois rôles. Le premier est relatif à l'objectif. Vue sous cet angle, la performance est entendue comme un moyen d'atteindre un objectif en liant l'efficacité et l'efficience. L'efficience étant définie comme « la capacité à réaliser des objectifs [...] qui se réfère au ratio output/input. Ainsi, l'accroissement de cette dernière provient de la maximisation de l'utilisation de ressources qui passe par l'augmentation de la production sans accroissement des coûts, ou de la délivrance d'un niveau de production ou de service donné en réduisant les dotations factorielles ». MORIN (E.), SAVOIE (A.), BEAUDIN (G.), L'Efficacité de l'Organisation - Théories Représentations et Mesures, cité par DUPOUX (J.) et GROSGEORGES (B.), Les marchés publics en France, 1ère édition, Paris, PUF, Que sais-je ?, 1977, p.5. Le deuxième sert de mesure. La performance est entendue comme un instrument de mesure. En effet la performance permet d'apporter une approche mathématique à l'action d'un acteur économique, en introduisant des indicateurs de performance sur certaines activités. Et la performance est ainsi entendue comme un élément de mesure des objectifs définis vis-à-vis des objectifs atteints. Quant au troisième, il consiste en un contrôle. Ici, la performance est appréhendée comme un outil de contrôle de l'activité. En effet par l'analyse des mesures de performance, le gestionnaire va contrôler son activité et va pouvoir analyser les composantes de son activité qui sont optimales et celles qui sont défaillantes. Pour finir, ces économistes retiennent que l'impact, l'effectivité, l'efficacité, l'efficience des politiques et la satisfaction des clients constituent des indicateurs de performance.

# CHAPITRE I : LES MARCHÉS PUBLICS, UN OBJET POUR LA SOCIOLOGIE : QUEL INTÉRÊT POUR LA RECHERCHE ?

# I. PROBLÉMATIQUE LIÉE AU SUJET DE LA RECHERCHE

La problématique est présentée en deux sections : les aspects théoriques et méthodologiques de la recherche. La première section expose la problématique de la thèse en mettant en lumière le problème posé et l'ensemble des perspectives théoriques qui l'ont guidée. La deuxième section opérationnalise les concepts majeurs utilisés dans la thèse. Elle met également en relief la justification du contexte de l'étude et présente la méthodologie adoptée.

## 1. PROBLÈME CENTRAL

Le présent travail vise d'abord à présenter l'itinéraire de construction de l'objet de la recherche, puis la démarche méthodologique adoptée pour le mener à bien. En effet, comme le souligne Fauvel (2002), « *le chercheur doit s'obliger très rapidement à choisir un premier fil conducteur aussi clair que possible, afin que son travail puisse débuter sans retard et se structurer avec cohérence* ». Bien que ce point de vue soit provisoire, il constitue la base de la recherche et, comme aime à le souligner Koenig (2002 ; 2006b), « *un projet de recherche constitue un système permettant de passer d'une intention générale à des éléments de réponses* ».

La construction de l'objet de recherche suit un processus constitué de plusieurs composantes et étapes (Saunders et al., 2003). Elle prend en compte à la fois les constats qui ont nourri l'ambition d'investiguer un sujet, le problème qui en ressort et la question de recherche qu'il suscite. Il s'agira donc, dans un premier temps, de circonscrire le problème de recherche afin d'en dégager la problématique, et ce dans un contexte où les marchés publics prennent de la valeur et deviennent des proies incontestables sous l'emprise de tous les acteurs impliqués.

Dans un second temps, il s'agit de délimiter le cadre conceptuel et thématique de la recherche. Cela implique le choix et la justification éclairés de la problématique. Le recours à un cadre théorique adapté aux questions soulevées est donc essentiel. Conformément aux préconisations de Fauvel (op. cit.), la perspective théorique doit être aménagée en fonction de l'objet de l'étude pour former un système cohérent. Cette étape permet également d'expliciter et de légitimer les techniques d'échantillonnage, de collecte et de traitement des données empiriques. Ainsi, l'objet de la recherche est mis en exergue à partir des apports théoriques, tout en contextualisant les enjeux du sujet. S'ensuit une mise en lumière précise de ces problèmes. Enfin, un cadre conceptuel offre des clarifications d'ordre thématique et notionnel.

Cette contextualisation nécessite de mobiliser une littérature abondante afin de dresser un panorama des observations institutionnelles et empiriques liées aux questions de recherche.

L'étude aborde, d'une part, les réformes engagées dans le domaine des marchés publics, leur historique et la considération qui leur est accordée, et d'autre part, les stratégies déployées par ces dernières, qui constituent le cœur de la problématique. Cette section permet de dégager et de souligner le problème posé par le sujet de recherche.

## 1.1. Contextualisation du problème

Représentant une part importante du budget national, les marchés publics constituent un puissant levier et peuvent, à ce titre, contribuer à infléchir les pratiques des acteurs concernés. Ils se révèlent ainsi naturellement être un instrument de prédilection pour la mise en œuvre d'une politique de développement durable, qui s'efforce d'allier croissance économique, progrès social et protection de l'environnement.

Dès ses débuts en 1954, la question de la place des considérations sociales dans ce secteur s'est imposée avec une acuité croissante, notamment sous l'impulsion de pouvoirs publics soucieux d'impulser une dynamique au sein d'une société civile toujours plus sensibilisée à ces enjeux. Les acteurs du développement, intervenant dans l'arène de l'action publique liée aux marchés publics, agissent selon des logiques visant non seulement à une redistribution équitable de la richesse nationale, mais aussi à une saine gestion des deniers publics. Il s'agit, en réalité, de logiques d'action concrètes qui privilégient davantage les facteurs socio-économiques et politico-juridiques que les dimensions environnementales, culturelles ou technologiques.

Ainsi, une distinction s'impose : le champ économique tend à occulter les autres facteurs, puisque le développement de ces derniers requiert également des financements. L'activité de passation des marchés publics pour la mise en œuvre de l'action publique relève du contrôle de l'État central. Le renforcement de cette fonction étatique dans « *l'adoption des règles générales concernant les rapports entre groupes sociaux [et] la légitimation des pratiques en usage* » (Lagroye et al., 2002, p. 502) et, avec lui, « *le développement de l'intervention publique dans de nombreux domaines constituent dès lors des processus sociohistoriques décisifs pour la structuration de ces sociétés* » (Dubois, 2009c, p. 1).

Dès lors, la prise en compte de l'élaboration des textes régissant la passation, l'exécution, le contrôle et la régulation des marchés publics s'érige en politique publique à part entière de l'État.

## 1.2. Mise en évidence du problème

La passation des marchés publics a véritablement pris corps pendant la colonisation, période durant laquelle les procédures étaient régies par l'arrêté n° 4241 du 31 mars 1954. Ce texte rendait applicable en Afrique occidentale française le cahier des clauses et conditions générales aux marchés de fournitures, de travaux, services de toutes espèces (Avamassè, 2013, p. 11).

Après les indépendances, une première réforme intervient avec la création de la Commission nationale de passation des marchés publics par le décret n° 189/PRMN/AE/AP du 9 juin 1967. Cette institution a consacré et impulsé la codification des règles régissant les marchés publics au Bénin. À partir de 1967, la gestion des marchés publics s'est inscrite dans le cadre pilote du Programme de restructuration et de mise à niveau (PRMN) de l'industrie des États membres de l'UEMOA. Ce programme fut élaboré dans un contexte d'ouverture des marchés liée aux négociations des Accords de partenariat économique ACP/UE. Il visait à renforcer la compétitivité d'un secteur industriel encore fragile, comme le souligne la *Politique industrielle commune* de l'UEMOA (UEMOA, 2014, p. 10).

Le Bénin a engagé une deuxième réforme en adoptant l'ordonnance n° 96-04 du 31 janvier 1996 portant code de passation des marchés publics, renforçant ainsi la quête d'une gouvernance transparente. Huit ans plus tard, une troisième réforme a lieu avec la loi n° 2004-18 du 27 août 2004, qui modifie l'ordonnance de 1996.

L'adoption des directives 04 et 05 de l'UEMOA en 2005 a instauré une hiérarchisation des règles et une typologie des acteurs. Pour internaliser ces dispositions, le Bénin a adopté la loi n° 2009-02 du 7 août 2009 portant code des marchés publics et délégations de service public, marquant une quatrième réforme et une refonte totale du système.

Cependant, le bilan de ces réformes reste mitigé. On observe de nombreuses pratiques problématiques : contournement des règles, mutisme et insuffisance textuelle, mauvaise interprétation de la loi due au profil des acteurs, ainsi que des exclusions. Le cadre des marchés publics est marqué par des pratiques qui ont conduit à l'adoption d'une nouvelle loi : la loi n°2017-04 du 19 octobre 2017 portant code des marchés publics en République du Bénin. Quatrième révision de cette politique publique à caractère normative, toujours dans un objectif d'assainissement du secteur, elle modifie et complète le code de 2009 en élargissant son champ d'application et en permettant la participation de toutes les catégories d'entreprises.

Ainsi, le Bénin a connu, de 1954 à 2009, quatre (04) textes réglementant le système des marchés publics. L'ensemble de ces réformes a instauré un mode de gestion schématisé, fondé sur une gouvernance spécifique.

Ce processus commence par l'élaboration du budget, se poursuit par la définition du plan de travail annuel, puis par l'établissement du plan prévisionnel annuel de passation des marchés publics, en fonction des objectifs de chaque autorité contractante.

Par conséquent, les marchés passés par les différentes structures étatiques, dans tous les secteurs et institutions de la République, sont strictement encadrés par ces plans de passation, qui sont élaborés et publiés sur le portail des marchés publics, accessible à tous.

Il faut comprendre que les acteurs de la chaîne de passation des marchés publics mettent en relation les besoins de fonctionnement des services publics (et parfois privés) dans le cadre des activités annuelles et du budget afférent, le tout selon un cadre normatif bien défini. Ainsi, l'adéquation entre les besoins exprimés, les marchés planifiés, passés et réellement exécutés dépend des pratiques des acteurs investis dans la gestion des marchés publics.

Par exemple, au Bénin, depuis 2003, certaines autorités contractantes n'ont pas mis en place les organes devant conduire les opérations de passation et de suivi de l'exécution des marchés publics, et ce, malgré l'existence de l'ordonnance de 1996[6] portant code des marchés publics et de la loi n°2004[7] la modifiant et la complétant.

---

[6] L'ordonnance n°96-04 du 31 janvier 1996 portant code de passation des marchés publics en République

Comment les marchés de ces autorités contractantes sont-ils passés, exécutés et payés ?

> « *Dans la pratique, les marchés publics constitueraient un mécanisme qui aspire des fonds par un bout à des fins divers, l'autre bout étant précisément celui par lequel l'argent s'échappe et constitue un instrument privilégié de l'action politique, et ce en apparence légale. Ce qui rendait ce secteur contreproductif. Tel a longtemps été le cas, et semble l'être encore ailleurs, mais en cours d'éradication total ici, où certaines structures étatiques adoptent des pratiques et des méthodes de gestion aux antipodes de l'orthodoxie financière. Cette situation relève de la mauvaise gouvernance, voire du détournement, qu'il convient de combattre... encore que l'efficacité de ce combat reste à démontrer.* (H.J. 2018 :12)

L'économie béninoise étant essentiellement fiscale, les dépenses publiques dépendent des ressources fiscales disponibles et mobilisables. Dans ce contexte, les contribuables devraient bénéficier pleinement de leurs efforts à travers un mieux-être et une « prospérité partagée », en contrepartie de leur contribution fiscale. Pourtant, les centaines de milliards de francs CFA injectés chaque année par l'État dans les marchés publics ne parviennent pas à impulser le développement ni à servir de levier économique. Face à des pratiques entravant la chaîne des marchés publics, il est légitime de s'interroger sur leur gestion.

Il importe donc d'examiner les procédures de passation, qui devraient en principe garantir la transparence à toutes les étapes : expression des besoins, élaboration du plan, exécution, contrôle et régulation. Des pratiques controversées dans ce processus pourraient compromettre l'atteinte des objectifs. Comme le soulignent Latour et Woolgar (1979, cités par Lascoumes et Le Galès, 2012 : 2) : « *L'action publique implique un renoncement à plusieurs mythes bien ancrés dans les appréhensions traditionnelles de l'appareil d'État et de ses modes de fonctionnement. Il convient ainsi de renoncer à cette vision d'un volontarisme politique tout-puissant, pour s'attarder plutôt sur la question de la mise en œuvre de ce que les pouvoirs publics affirment être leur volonté.*» Cette approche, bien connue des Science Studies, consiste à observer ce que les acteurs font réellement, et non ce qu'ils prétendent faire (Pestre, p. 128).

Durant la période précoloniale, le mode de gouvernance ne favorisait pas la reddition des comptes : les décisions étaient centralisées au palais, entre les

---

[7] Loi n°2004-18 du 27 août 2004 modifiant l'ordonnance de 1996 et ses décrets d'application

mains des chefs qui détenaient tous les pouvoirs. La gestion des administrés ne dépendait pas de la volonté populaire, mais émanait du pouvoir royal. À l'époque coloniale, on observe une délégation de pouvoir de type dérogatoire, qui ne favorisait pas davantage la redevabilité. Comme le note Olivier de Sardan (2009) : « *Sous la colonisation, qui a construit l'État moderne en Afrique (sous une forme particulièrement dérogatoire, notamment marquée par le régime de l'indigénat), [...] Leur mode de gouvernance était fondamentalement de type despotique... les prélèvements fiscaux ou humains étaient des tâches prioritaires, mais avec une forte marge de manœuvre, laissant place en particulier à de nombreux privilèges* » (p. 26).

De 1954 à 2009, la gestion des marchés publics au Bénin a connu une évolution, mais reste perçue par les acteurs comme une « turbine à gaz » servant des fins contraires aux objectifs initiaux. Ces modes d'acquisition de biens publics ont engendré des inégalités politiques, économiques et sociales. Après la période marxiste-léniniste du Parti de la Révolution Populaire du Bénin (PRPB) et la crise sociale de 1989, les politiques publiques ont été réorientées à la suite de la Conférence des forces vives de la nation de février 1990. L'avènement de la démocratie et du régime présidentiel a semblé impulser une gestion plus transparente, visant une meilleure performance.

Désormais, le mode de gouvernance intègre une planification systématique des marchés sous peine de nullité, ainsi que leur contrôle et leur régulation. Les acteurs impliqués dans l'élaboration et l'exécution des marchés sont tenus de respecter les lois financières, le code des marchés publics et toute réglementation applicable. C'est ainsi que le plan annuel de passation des marchés apparaît comme un outil de planification des marchés et définit l'ensemble des projets, leur nature, les montants prévisionnels, les structures bénéficiaires et les organes de contrôle concernés. L'élaboration, la révision du plan et la mise en œuvre des marchés mobilisent une multitude d'acteurs aux intérêts et moyens d'action variés, ce qui en fait un enjeu complexe et stratégique.

L'attribution d'un marché public influence le statut politique du potentiel lauréat et, en retour, l'ouverture et la transparence attendues rencontrent des biais. Ici, la théorie de l'acteur stratégique de Crozier se dessine : les stratégies développées par les acteurs de la chaîne de passation restent liées à leur positionnement et à leur statut. Par conséquent, les acteurs, même tenus au respect de la réglementation, ne parviennent pas en raison des rapports de pouvoir à jouer pleinement leur rôle dans la mise en œuvre de la politique publique au moyen de l'action publique. Ainsi, les enjeux liés à la passation et à l'exécution des marchés sont d'autant plus complexes que les intérêts divergent, laissant entrevoir une régulation optimale du système compromise.

Historiquement, les marchés publics ont toujours été régis par des cahiers des clauses administratives générales. Dès la période précoloniale, ces documents permettaient de satisfaire les besoins de l'administration pour des fins de service public. Ils s'imposent aux acteurs qui les appliquent aujourd'hui. Autrefois, seuls des spécialistes en droit des contrats, droit des affaires ou carrières judiciaires étaient chargés de mettre en œuvre les prescriptions de ces cahiers. Ainsi, nul ne peut procéder à des acquisitions pour le compte de l'État sans se conformer aux règles des marchés publics ; les procédures s'imposent aux acteurs, qui n'ont d'autre choix que de les appliquer.

Les acteurs évoluant dans l'écosystème des marchés publics se forgent une perception de ceux-ci et agissent en fonction, que ce soit pour en retirer un bénéfice personnel ou collectif. En référence à Durkheim, qui présente dans « *Les Règles de la méthode sociologique* » (1895 : 6) des exemples de faits sociaux tels que les « *règles juridiques, morales, les dogmes religieux et les systèmes financiers* », il souligne qu'« *un fait social se reconnaît au pouvoir de coercition externe qu'il exerce ou est susceptible d'exercer sur les individus* » (1895 : 11). Autrement dit, le fait social exerce une contrainte extérieure qui détermine les comportements. Durkheim précise : « *Est fait social toute manière de faire, fixée ou non, susceptible d'exercer sur l'individu une contrainte extérieure ; ou bien encore, qui est générale dans l'étendue d'une société donnée tout en ayant une existence propre, indépendante de ses manifestations individuelles* » (1895 : 14). Ainsi, le fait social peut être une norme formelle (comme la loi) ou informelle (comme les convenances). Les marchés publics répondent à cette définition : ils s'imposent aux acteurs en fonction de leur position et perception, et ceux-ci ne peuvent s'y soustraire.

Ce cadre permet de poser le problème de la contre-performance du système des marchés publics, qui peine à atteindre ses objectifs. Le paradoxe de l'insatisfaction croissante décrit par Tocqueville (1850 : 476) trouve ici un écho. Dès lors, pour cerner le problème, cette recherche cherche à appréhender comment les biais procéduraux et institutionnels du système de gouvernance des marchés publics, ainsi que les jeux des acteurs, limitent la performance de l'action publique au Bénin.

Malgré un cadre normatif (code des marchés publics et décrets d'application) qui interdit certaines pratiques sous peine de sanctions, comment expliquer les biais observés dans la mise en œuvre de cette politique publique ? Celle-ci s'opère via l'action publique, laquelle se construit par des jeux de langage (énoncés des acteurs), des jeux d'acteurs (construction de coalitions) et des jeux de pouvoir (imposition de certains énoncés) (Zittoun, 2013). L'action publique désigne ainsi l'action de l'administration, et contrairement à la notion de politique publique, elle met l'accent sur la mise en œuvre ici, celle de la loi portant code des marchés publics.

Une corrélation existe entre la structure chargée de la mise en œuvre et les interactions liées au fonctionnement du système. Il est donc nécessaire de mobiliser les perspectives structuro-fonctionnaliste et interactionniste pour apporter des réponses cohérentes à ces questions. Cette démarche revêt une dimension sociologique et anthropologique, puisqu'elle s'intéresse à l'analyse des conduites humaines, des relations économiques, culturelles, rituelles et juridiques entre les acteurs des marchés publics et leur environnement.

Dans le cadre de cette thèse, trois hypothèses sont formulées, puis traduites en objectifs pour opérationnaliser la recherche.

## 2. Hypothèses de recherche

Pour répondre à la question de recherche précédemment posée, une hypothèse générale a été formulée. Celle-ci se décline en trois hypothèses spécifiques qui détaillent la réponse provisoire apportée.

### 2.1. Hypothèse générale

Cette recherche postule que l'application du code des marchés publics par les acteurs contribue à la contre-performance du système de passation des marchés publics.

### 2.2. Hypothèses spécifiques

Cette recherche avance spécifiquement que :

28

➤ La transformation des intérêts collectifs en un actif individuel explique les défaillances observées dans l'application du code des marchés publics ;

➤ Les logiques valorisées par les acteurs intervenant dans les marchés publics justifient les diverses formes d'actions publiques présentes dans cet environnement ;

➤ Les implications sociojuridiques observées dépendent du traitement social et institutionnel réservé aux diverses formes d'actions publiques dans l'environnement des marchés publics.

L'opérationnalisation de ces hypothèses a guidé l'élaboration d'objectifs visant à orienter la recherche empirique.

## 3. Objectifs de recherche

La vérification des hypothèses avancées dans ce travail a nécessité l'élaboration d'objectifs qui leur sont relatifs. Ainsi, un objectif général et trois objectifs spécifiques ont été fixés. Ces derniers constituent une déclinaison de l'objectif général de la recherche.

### 3.1. Objectif général

Cette recherche a pour objectif de décrire comment l'application du code des marchés publics par les acteurs contribue à la contre-performance du système de passation des marchés publics.

### 3.2. Objectifs spécifiques

De manière spécifique, la recherche vise à :

➤ Comprendre comment la mise en application du code des marchés publics participe à la transformation des intérêts collectifs en un actif individuel ;

➤ Répertorier les formes d'actions publiques liées aux logiques valorisées par les acteurs intervenant dans les marchés publics ;

➢ Décrire les implications sociojuridiques induites par les diverses formes d'actions publiques présentes dans l'environnement des marchés publics.

## II. PERTINENCE DU SUJET ET JUSTIFICATION DU CADRE DE LA RECHERCHE

En sciences sociales, le choix d'un sujet de recherche est motivé par deux raisons principales : objectives et subjectives. Avant de développer ces aspects, intéressons-nous à ce qui sous-tend sa pertinence.

### 1. Pertinence théorique du sujet de recherche

La question des marchés publics, et plus particulièrement l'application du code qui régit leurs règles et modalités de passation, est transversale et fait appel à plusieurs disciplines des sciences sociales, telles que la sociologie, l'anthropologie, le droit, l'économie, l'histoire, etc.

Cette thèse participe ainsi au renouvellement du principe de cooptation du réseau conceptuel d'une science (économie, histoire, droit) au profit d'une autre, en l'occurrence la sociologie. En effet, l'intitulé de ce sujet de recherche trouve son fondement dans l'histoire du concept de marché public vu comme contrat[8] (acte juridique). L'utilisation du concept de marché public dans le développement d'une problématique en socio-anthropologie, pour expliquer l'introduction de l'argent dans un domaine où il est traditionnellement exclu, n'est pas nouveau. Un précurseur de ce champ thématique, le sociologue Amouzouvi (2012, p. 19), écrivait dès 1998 et 2006 : « *une lecture des discussions sur la problématique du développement fait apparaître qu'il y a eu les théories dites de modernisation qui considèrent le développement comme une transformation d'une société traditionnelle en une société moderne ou développée* ». Cette transformation de la société est perçue comme un processus linéaire qui serait une réplique de ce qui a eu lieu en Occident d'où son

---

[8] Le contrat est une convention par laquelle une ou plusieurs personnes s'obligent à donner, à faire ou à ne pas faire qqch. vis-à-vis de qqn. *in Emmanuel* Lévy et le contrat, la sociologie dans le droit des obligations de Claude Didry

idéalisation (Moore, 1963). De telles positions ont largement justifié les visions et stratégies « Top Down ou de Transfert de technologies ». On constate donc que les premières réflexions sur la théorie des marchés publics sont l'œuvre des sciences économiques et du droit. Or, les marchés publics, étudiés comme un fait économique ou juridique, cachent également une réalité sociale.

La cooptation d'un tel concept issu d'une autre science sociale pour mieux expliquer un phénomène social en sociologie nous paraît ainsi justifiée. Toutefois, du fait des réseaux conceptuels propres à chaque discipline, certaines réserves doivent être maintenues quant à l'utilisation intégrale de cette théorie sur les marchés publics.

Afin de mieux comprendre le phénomène de l'application du code des marchés publics les jeux et les logiques qui sous-tendent les pratiques et les actions des acteurs de cet environnement, nous avons choisi d'orienter nos recherches sur le concept de contrat tel que l'expliquent la sociologie juridique et la socio économie, deux disciplines qui l'abordent en rapport avec le partage des charges entre public et privé dans le cadre de projets de développement. Notre objectif est double : saisir les modes, le fonctionnement, l'organisation et le développement de ce type de contrat ; et apprécier les motivations, les interactions et les logiques développées par les acteurs présents dans l'arène.

Ainsi, à travers cette thèse, l'application du code des marchés publics n'est pas seulement considérée comme un moyen de mettre en œuvre des procédures pour passer des marchés en vue de satisfaire l'intérêt général. C'est aussi et surtout un lieu de rencontre entre acteurs de l'administration publique et du secteur privé, un espace de logiques, de régulation, de développement de liens sociaux et d'interactions. Il s'agit donc d'un phénomène social issu d'une dynamique croisée.

En effet, l'application du code des marchés publics, bien que récente du fait des réformes instituées en 2024, a émergé de la conjonction de plusieurs facteurs : l'histoire sociale du droit, les modes de gestion des relations entre secteurs d'activité, les types et formes d'évolution des rapports sociaux autour des contrats, les stratégies développées par les acteurs pour formaliser ce type de contrat[9], face aux difficultés existentielles visant à légitimer la présence et l'importance des règles, etc.

---

[9] Le contrat est perçu ici comme marchés publics. De sa définition à dans le code des marchés publics est perçu: contrat écrit passé, par lequel un entrepreneur, un fournisseur ou un prestataire de service s'engage envers l'une des personnes morales de droit public ou de droit

Ces différentes figures ou représentations de la vie sociale autour des marchés publics permettent de saisir le phénomène de l'application du code aussi bien comme une activité juridique et économique relevant des prérogatives de l'État (OCDE, 2017) que comme une pratique favorisant l'expression de différentes logiques et interactions entre les acteurs impliqués dans sa mise en œuvre. En adoptant cette définition pratique du marché public, on opte, au détriment du paradigme positiviste ou normatif, pour la primauté de l'action de l'individu sur la société (Touré, 2011, p. 22). Ce choix méthodologique offre la perspective d'un croisement de modèles d'analyse qui entremêlent l'actionnalisme ou sociologie de l'action (Touraine, 1965), la phénoménologie sociale (Schütz, 1966), l'interactionnisme symbolique (Blumer, 1969), le fonctionnalisme (Malinowski, 1970), la sociologie des cadres de l'expérience (Goffman, 1974), l'individualisme méthodologique (Boudon, 1977), l'analyse stratégique (Crozier, 1977), l'interactionnisme (Weber, 1864-1920), l'analyse du pouvoir et de la règle (Friedberg, 1993).

En effet, pour Weber, cité par Bailly (2003, p. 2), « *l'action sociale est la résultante des décisions prises par les individus, chaque individu donnant un sens à son action* », comme dans l'analyse stratégique de Crozier (1977). Ainsi, les événements qui fondent la vie sociale sont toujours le produit de l'action individuelle, donc des actions, réactions et interactions entre les individus qui composent la société. En définitive, la réalité sociale se présente à travers un « *idéaltype* » (ce qui devrait être) et un « *réel* » (ce qui s'observe réellement). Entre les règles et normes établies et leur respect par les acteurs des marchés publics, il existe un fossé, voire un décalage. Au regard de cette lecture, il est aisé de comprendre que lorsque les marchés publics prennent de la valeur et que les règles sociales de leur gestion deviennent moins claires et moins stables, les situations d'application du code deviennent de plus en plus concurrentielles.

Finalement, qualifier les marchés publics de phénomène social au sens des nouvelles trajectoires prises revient à chercher à comprendre les changements apparus dans la mise en pratique de son code, et à montrer que les transformations des intérêts ou la satisfaction des besoins généraux en intérêts individuels ou collectifs ne sont rien d'autre que le fruit de la renégociation des principes par les acteurs sociaux pour établir de nouveaux rapports entre eux et autour des marchés publics. Dans cette approche processuelle et compréhensive

---

privé visées par la présente loi, soit à réaliser des travaux, soit à fournir des biens ou des services moyennant rémunération.

de l'application du code et des logiques et motivations des acteurs, l'interactionnisme wébérien apparaît comme la démarche offrant le plus de possibilités, de légitimité et de lisibilité pour appréhender cette réalité sociale. Car, selon Amouzouvi (2012, p. 23, citant Blumer, 1969 ; Rock, 1979 et Corcuff, 1995), « *il considère comme données de base pour l'analyse sociologique, les explications, les descriptions, les motivations ainsi que les intentions des acteurs dans leur contexte social* ».

## 2. Raison subjective

Les règles des marchés publics doivent-elles faire l'objet de contournements lors de l'application du code ? Nous ne saurions répondre à cette question dans cette thèse pour des raisons de neutralité et de distanciation requises du chercheur. Malgré cela, nous restons convaincus d'une chose : notre mentor en marchés publics, AVAMASSE Adjaï Benjamin, enseignant, nous a toujours inculqué un amour et un profond respect pour cette activité de la puissance publique, ainsi que pour le respect des textes, en attirant chaque fois notre attention sur les risques post-réalisation lorsque le code n'est pas respecté lors de la passation des marchés. C'est avec lui que nous avons reçu nos premières leçons et appris les usages des textes pour bien conduire les procédures. Souvent, ces cours ou débats se concluaient par ce refrain qui nous revient en cette occasion d'écriture scientifique :

> « *Il faut toujours respecter les textes, ne suivez pas ceux qui cherchent à tordre le cou aux textes, il y a toujours un risque dont vous ne pourriez maîtriser et ayez toujours votre code à portée de mains, lisez et n'ayez pas peur de dire la vérité à l'autorité tout en lui préconisant des solutions légales pour l'accompagner (…).* » (Extrait des entretiens *sine data* avec AVAMASSE Adjaï Benjamin, enseignant en administration des marchés publics et développement durable).

En évoluant dans cette recherche, cet amour enchâssé dans un profond respect de la « chose sacrée » s'est renforcé au point où, après l'obtention du diplôme de cycle I en 2013 à l'École Nationale d'Administration et de Magistrature, nous avons opté pour la spécialité norme et société au regard des politiques publiques à caractère normatif. L'objectif était de rester au contact des réalités du monde des marchés publics. Plus tard, en 2015, avec les stages professionnels au Ministère de l'Économie et des Finances auprès d'AVAMASSE Adjaï Benjamin, et les encadrements du Dr Monique KOUARO

OUASSA, spécialiste du développement durable et directrice de thèse (qui nous a accueilli depuis la licence en sociologie), en accord avec le Dr SINA D. Ilyass, spécialiste des questions de normes et sociétés et Conseiller Technique au Suivi des Réformes du Ministère de l'Économie et des Finances, nous avons eu la chance pendant six (06) ans de parcourir plusieurs autorités contractantes[10], de même que l'ensemble du cadre institutionnel, les réformes dans le secteur des marchés publics, les actions des acteurs ainsi que les éléments factuels quotidiens auxquels la mise en application du code est soumise. Ces immersions fréquentes et parfois longues dans ce milieu social ont permis de vivre plus en profondeur les réalités, pour ne pas dire les tendances lourdes qui minent la praxie sociale de ses acteurs.

Aujourd'hui, d'après les constats empiriques, il semble qu'outre les problèmes communs à toutes les administrations soumises au code, le principal et le plus récurrent au niveau de certaines entités administrative reste le contournement des règles. Mais ce contournement n'est forcément pas une violation des textes car le texte en lui-même offre cette opportunité ; et les acteurs la saisisse. Par conséquent, ils sont coupables de rien en fin de compte. Ce constat avait déjà été noté lors de précédents travaux de recherche dans le cadre de l'obtention du Diplôme d'Études Approfondies en sociologie du développement à l'École Doctorale Pluridisciplinaire de la FLASH, dont cette thèse est le prolongement. Cette recherche a présenté un bref aperçu des « *procédures de passation des marchés publics dans les administrations publiques à l'épreuve du jeu des acteurs : éléments pour une sociologie de l'action publique* » (Manuscrit Derrick, 2018). Choisir de revenir sur cette problématique, certes ancienne mais qui garde toute son originalité vu son développement et les incertitudes qu'elle laisse planer sur les politiques menées par le pouvoir central pour rendre le secteur plus transparent ainsi que sur le devenir des biens administratifs et du secteur privé, n'est donc pas *ex nihilo*. Ce choix est fortement imbriqué dans tous les faits susmentionnés. Il répond aussi au souci d'établir un état des lieux complet du développement de ce fait social, afin d'alimenter les débats scientifiques avec des idées novatrices susceptibles, au niveau des autorités locales et nationales, à défaut d'endiguer ce phénomène de « *néocolonialisme agraire contemporain* », de le circonscrire et de lui donner

---

[10] Elle se définit comme l'ensemble des entités, qu'elles soient publiques ou privées, qui agissent au nom de l'État dans le domaine des marchés publics en utilisant des contrats.

une orientation plus certaine pour le développement du secteur et du monde des marchés publics en général.

## 3. Raison objective

L'intérêt guidant le choix de ce sujet de recherche s'explique par l'insuffisance de données quantitatives et qualitatives sur la question des marchés publics au Bénin en général. L'état de la question permet de dégager un constat fondamental : il semble y avoir peu de données statistiques et d'études sociologiques au Bénin pour présenter un état des lieux du phénomène de la mise en application du code, qui pourtant est en pleine expansion au vu des réformes récentes mentionnées dans ce travail.

Dans ce contexte, mener une étude sociologique, et qui plus est en sociologie du développement, pourrait avoir un double sens : contribuer aux théories d'analyse de l'action publique en contexte de pays en développement, cas du Bénin ; et servir de tremplin aux autorités à divers niveaux pour élaborer des politiques publiques à caractère normatif dans le domaine des marchés publics. De plus, elle permettra, de façon inclusive, de mieux axer les objectifs du secteur de la commande publique au Bénin sur les objectifs de développement durable, et de proposer au niveau international, à l'UEMOA, des réformes des directives 04 et 05 portant sur la passation et le contrôle des marchés publics ; directives qui sont d'ailleurs en cours de révision mais ne semblent pas répondre aux attentes du Bénin.

Mais pourquoi le choix de Cotonou ? La réponse trouve sa source dans le cadre institutionnel des marchés publics : on constate que l'ensemble des grandes instances en charge des réformes (ARMP, DNCMP) ont leur siège dans la ville de Cotonou centre, où tout est en réalité concentré.

## 4. CADRE DE LA RECHERCHE

Le présent travail de recherche porte sur les marchés publics au Bénin. Le terrain ayant servi d'investigation est Cotonou et ses environs. Ville capitale économique du Bénin, Cotonou constitue à elle seule une commune et un département : le Littoral. La commune de Cotonou à la date des recherches est limitée au nord par la commune de Sô-Ava et le lac Nokoué, au sud par l'océan

35

Atlantique, à l'est par la commune de Sèmè-Kpodji et à l'ouest par celle d'Abomey-Calavi. Elle couvre une superficie de 79 km² (Akomagni, 2006) et compte une population de 679 012 habitants, dont 375 872 hommes et 353 140 femmes (INSAE, 2015). Située dans le golfe de Guinée, Cotonou, issu de « *Ku-Tonu* » qui signifie « *embouchure du fleuve de la mort* » en langue fon, fut fondée en 1830[11] sous le règne du roi Guézo. Selon les informations inscrites au Plan de développement communal (2008), la ville doit sa création à l'abolition de la traite des Noirs et est devenue la porte d'entrée du Bénin. Ce pays d'Afrique de l'Ouest est situé entre le Burkina Faso et le Niger au nord, le Togo à l'ouest, le Nigeria à l'est et l'océan Atlantique au sud. Bien que Porto-Novo soit la capitale administrative officielle, Cotonou, de par son importance démographique et son rôle majeur dans l'économie, tient lieu de capitale économique et politique.

**Figure 1: Le Bénin dans le monde**      **Figure 2 : Le Bénin en Afrique**

On peut lire à partir des figures 1 et 2 que le Bénin est un petit pays de l'Afrique de l'Ouest situé entre la République du Togo et la République Fédérale du Nigéria. La capitale du Bénin est Porto-Novo. Cotonou en est la Capitale économique.

---

[11] La date de création de Cotonou varie selon les sources. On peut ainsi trouver quelques ouvrages faisant référence à la fin du XVIIIème siècle. Toutefois, la version officielle donne 1830 comme date de référence.

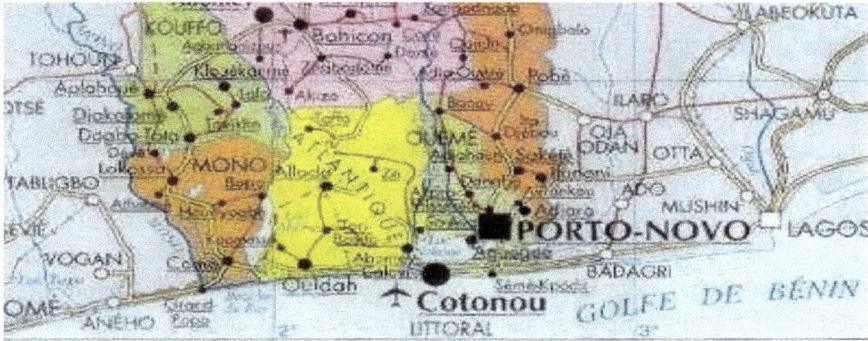

**Source** : Capo 2008

On peut ainsi lire sur la figure 3 que la ville de Cotonou est située sur le golfe du Bénin, au bord de l'océan Atlantique. Cotonou est la seule commune de son département (le Littoral), ce qui témoigne de son importance.

Le cadre de l'étude a ainsi porté sur cette ville. Cependant, le champ d'investigation ne s'est pas limité aux seules structures administratives de Cotonou intervenant fortement dans la chaîne de passation des marchés. En effet, la concentration de la quasi-totalité des forces économiques et politiques du Bénin à Cotonou offre à la ville un potentiel démographique impressionnant en journée. La plupart des populations quittent chaque matin les cités-dortoirs (Abomey-Calavi, Sèmè-Podji, Porto-Novo)[12] pour leurs diverses occupations et y retournent le soir.

Il est ainsi arrivé que des entretiens soient réalisés avec d'autres acteurs en dehors de Cotonou. De même, l'observation et le vécu des jeux et logiques m'ont amené à l'hôpital de zone d'Allada, au regard de l'objet de la recherche, et dans les communes de Lokossa, Bassila, Kalalé, Bembèrèkè et Sinendé. Cependant, Cotonou demeure le cadre de l'étude car elle regroupe la majorité des grandes structures administratives chargées de la passation, du contrôle et de la régulation des marchés publics. Il s'agit par exemple du Ministère de l'Économie et des Finances, de la Chambre de commerce et d'industrie du Bénin, de l'Agence nationale des transports terrestres, de l'Autorité de régulation des marchés publics, du Ministère de la Santé, du Port autonome de Cotonou, de la Société Béninoise d'énergie électrique, de la Société nationale

---

[12] Villes du Sud-Bénin partageant des limites avec Cotonou.

des eaux du Bénin et des Agences, pour ne citer que ceux-ci. Ensuite, elle abrite le siège des deux grandes instances indispensables dans la chaîne de passation des marchés publics que sont, respectivement, la Direction nationale de contrôle des marchés publics pour le contrôle *a priori* et *a posteriori* des marchés dont les montants sont supérieurs ou égaux aux seuils nationaux et l'Autorité de régulation des marchés publics, chargée de réguler le système de passation, de contrôle et d'exécution des marchés publics de tout le Bénin.

Il est nécessaire de la présenter ici brièvement Cotonou. Porte océane du Bénin (ex-Dahomey), dont elle est la première ville, l'origine de Cotonou, liée à l'emprise des rois d'Abomey depuis le XVIIIème siècle, s'ancre dans le champ de l'histoire de l'esclavage et de la colonisation. « *Il est rapporté qu'à la fin du XIXème siècle, Cotonou s'est développée à partir de quelques villages de pêcheurs situés à l'est et à l'ouest de la lagune. En 1888, le territoire de la ville a été cédé à la France par le roi d'Abomey, ce qui accéléra son développement. Bâtie au-dessous du niveau de la mer sur un terrain sablonneux et marécageux cause des inondations dont la ville est sujette en saison des pluies, le plan architectural de Cotonou est typique d'une urbanisation africaine peu européanisée. Ville cosmopolite, Cotonou réunit toutes les ethnies du pays. À partir du noyau originel Toffin, peuple lacustre, la cité s'est progressivement enrichie de toutes les ethnies du Bénin. Aujourd'hui, Cotonou est devenue une représentation du Bénin en miniature et sa croissance accélérée est en train de donner naissance à une vaste "région urbaine" allant de Porto-Novo (à l'est) jusqu'à Ouidah (à l'ouest) et Abomey-Calavi (au nord). Cotonou, aujourd'hui ville-département, a connu un développement important tant du point de vue architectural, économique que démographique. Principal centre économique du Bénin, elle en est "pratiquement" le centre politique et administratif. Suite à la réforme administrative et territoriale dont l'aboutissement a été l'organisation des élections communales et municipales de 2003, la ville de Cotonou dispose d'une administration locale décentralisée et nourrit l'ambition d'être l'une des villes phares de l'Afrique de l'Ouest. Malgré sa superficie relativement réduite (75 km²), elle est l'unique ville du Bénin dont le périmètre correspond à une circonscription territoriale, preuve s'il en fallait de son importance. Commune régie par un statut administratif particulier, la ville de Cotonou compte 13 arrondissements qui regroupent 145 quartiers de ville dont les principaux sont : Placodji, Sikècodji, Gbédokpo, Gbéto, Ayélawadjé, Missessin, Sègbèya, Sodjèatinmè, Yénawa, Sènadé, Avotrou, Dantokpa, Aïdjedo, Ahouansori, Saint-*

*Michel, Dagbédji, Sainte-Rita, Kouhounou, Fifadji, Cadjèhoun, Djomèhountin, Gbégamey, Houénoussou, Vodjè, Dandji...* » (PDC, 2008).

Capitale économique de la République du Bénin, Cotonou abrite aujourd'hui la quasi-totalité du potentiel économique et politique du pays. Elle accueille les services administratifs, les ambassades, les agences de coopération, le marché international et constitue le point de transit d'une partie des échanges commerciaux des pays enclavés de l'hinterland. On comprend donc qu'elle ait une population sans cesse croissante. Cela se remarque nettement sur les différents axes routiers de la ville. En effet, que ce soit à l'entrée est ou ouest, on observe des congestions sur les principales artères de Cotonou les matins et soirs de semaine. Ces congestions permanentes ne sont pas dues à l'exiguïté des voies, mais aux nombreuses populations qui entrent dans la ville ou en sortent matin, midi et soir. C'est donc Cotonou et ses environs qui constituent le cadre d'étude de la présente recherche lorsqu'il s'agit de faire intervenir les profils des acteurs de la chaîne de passation des marchés publics, puisque tous ces acteurs sont formés à l'École nationale d'administration (ENA), située à l'université d'Abomey-Calavi, et au Centre de droit administratif et territorial (CeDAT) de la faculté de droit et des sciences juridiques et politiques de la même université.

Lors de la collecte des données, les structures et institutions publiques ont constitué les principaux champs d'investigation. Il s'agit, d'une part, des entités publiques : l'administration, les ministères, les agences, les établissements publics et parapublics, les sociétés d'État, les autorités administratives indépendantes (organes de régulation) et les organes de contrôle ; et d'autre part, du secteur privé, notamment les chefs d'entreprise ; tous étant des intervenants dans les marchés publics.

## 5. Clarification des concepts

Il ne s'agit pas de définitions substantialistes ou normatives visant à saisir l'essence des choses, mais simplement de définitions de convention et de clarification, dans l'ambition de fournir aux lecteurs les acceptions stabilisées que ces termes vont revêtir dans la perspective développée ici (Olivier de Sardan, 1995). Ainsi, lorsqu'on parle de marchés publics, cela renvoie généralement à la relation entre le public et le privé.

De quoi s'agit-il donc ? Une lecture croisée de la doctrine montre qu'il s'agit d'une activité représentant une part importante du budget des États et constituant un puissant levier pouvant infléchir les pratiques des acteurs économiques. Il se révèle ainsi un instrument de prédilection pour la réalisation d'une politique de développement et d'une redistribution de la richesse nationale, qui s'efforce d'allier croissance économique, progrès social, protection de l'environnement et bonne gouvernance via une saine gestion des deniers publics. Depuis ses débuts dans les années 1990, cette acuité n'a cessé de croître, sous l'impulsion de pouvoirs publics soucieux de donner le ton et d'une société civile davantage sensibilisée. Les marchés publics forment un noyau dur de l'action publique et de la société. À ce titre, puisqu'ils sont ancrés dans les finances publiques, Leroy en propose une lecture financière de l'action publique, tandis que Gnahoré en offre une analyse sociologique des réalités de la passation, de l'exécution des marchés attribués et des solutions optimales.

Pour une analyse sociologique des réalités de passation, les dépenses effectuées dans le cadre des marchés publics visent à tracer les sillons d'une croissance économique forte, durable et soutenue à partir de l'action publique. Les marchés publics sont couramment définis comme « *un contrat écrit passé, par lequel un entrepreneur, un fournisseur ou un prestataire de service s'engage envers l'une des personnes morales de droit public ou de droit privé visées par la présente loi, soit à réaliser des travaux, soit à fournir des biens ou des services moyennant rémunération* » (loi n° 2017-02 du 19 octobre 2017 portant code des marchés en République du Bénin, art. 4). Mais cette définition a connu une évolution avec la loi n° 2020-26 du 29 septembre 2020 portant code des marchés publics en République du Bénin.

En effet, il existe plusieurs façons de les définir. Selon que l'on se place sur le plan juridique, économique ou social, il peut s'agir de :

- Marchés publics relevant du droit de la commande publique et de règles précises encadrant les actions des acteurs publics (expression des besoins, planification, lancement de la procédure, sélection de l'attributaire, signature, exécution…) ;
- Marchés publics au cœur de la décision politique ; ils constituent un des principaux leviers de l'action publique et expriment des choix de société. Ainsi, par eux, les acteurs publics s'assignent une pluralité de missions visant à améliorer l'efficacité de l'achat public, à favoriser la prise en compte de choix de politique publique (développement durable, innovation) ou encore à s'inscrire dans la rénovation des pratiques managériales d'un secteur public plus ouvert à la concurrence.

Leur périmètre s'est accru avec le champ de l'intervention publique. À l'origine limités aux fonctions régaliennes (défense, justice, police…), les marchés publics concernent aujourd'hui tous les domaines de l'action publique. Historiquement, les marchés publics modernes ont succédé aux marchés publics classiques avec l'avènement des directives 04 et 05 de 2005 de l'UEMOA, modifiant ainsi les conceptions économiques et la répartition institutionnelle du pouvoir contractuel. Le glissement de la période classique à la période moderne date de l'entre-deux-guerres.

Les marchés publics, en tant que discipline scientifique, ont pour objet l'étude des moyens et techniques dont disposent les personnes morales publiques pour se doter des biens destinés au fonctionnement de l'administration de l'État et à l'accomplissement de ses missions. Ils regorgent d'une multitude de procédures administratives instaurées pour lutter contre les risques de malversation et garantir la qualité de l'achat public. Il en a découlé un principe de neutralité économique et sociale de la réglementation « *selon laquelle la dépense publique qui s'effectue à l'occasion d'un marché ne doit pas être l'instrument d'autre chose que de la réalisation du meilleur achat ou meilleur coût* » (Piveteau, 2001 : 490).

Le domaine des marchés publics n'est pas aisé à circonscrire. Pendant longtemps, leur étude s'est limitée aux problèmes de bonne gestion des deniers publics par les personnes publiques, avec un objectif de transparence. De ce point de vue, le marché public est considéré comme un acte écrit créant une relation entre des acteurs, dans lequel chacun s'engage à fournir une chose.

Les marchés publics étant un contrat, on observe que, dans une perspective historique et anthropologique, le contrat se définit comme une modalité contraignante de réalisation des échanges entre les hommes, reposant sur l'implication des parties. Il constitue un échange entre les hommes, l'un représentant l'État (le public) et l'autre un privé (individu ou société) (MacNeil, 1981 : 23). Pour les acteurs de la chaîne de passation, l'échange perpétuel avec leur cocontractant donne lieu à une collaboration qui va au-delà de la relation de travail. Cet échange est considéré par Granovetter (1985) comme une transaction qui s'englobe dans des structures sociales, lesquelles créant de l'opportunisme, un comportement d'exception plutôt que la règle, venant ainsi déroger aux normes en vigueur.

Pour Pontier (2004), les marchés publics ne sont qu'une technique, parmi d'autres, applicable à certaines relations de l'administration, ayant pour objet la livraison de produits ou l'accomplissement de services ou de travaux. Cette présence de plusieurs parties confère à chacune un qualificatif permettant de cerner son rôle et ses obligations. Dans cette logique, l'acteur principal est celui qui éprouve un besoin et qui va à la rencontre de l'offre via une demande de concurrence. Une relation de client à acheteur s'installe. Le demandeur ou acheteur, dans l'environnement des marchés publics, désigne le contractant ou l'autorité contractante : celui qui est chargé de passer le marché. C'est donc la partie publique contractante, appelée personne morale de droit public, qui confie l'exécution d'une mission de service public à une personne morale de droit public ou de droit privé (Loi n° 2017-04 du 19 octobre 2017). C'est cette définition qui est retenue dans la présente recherche.

Par ailleurs, dans tout échange, on retrouve deux ou plusieurs parties. En économie, c'est la rencontre de la demande et de l'offre. Le demandeur exprime son besoin ; il est désigné comme le contractant ou personne publique. L'offreur est le cocontractant ou le particulier ; on peut aussi parler de vendeur et d'acheteur. Dans le système des marchés publics, on parle de soumission, qui représente la volonté manifeste de l'offreur envers la puissance publique. De la définition de la loi béninoise, il ressort que c'est un acte d'engagement écrit au terme duquel un soumissionnaire fait connaître ses conditions et s'engage à respecter les cahiers des charges applicables.

Quant au plan de passation des marchés publics, c'est un outil de gestion et de planification qui privilégie la performance. Il combine des actions prioritaires se traduisant en marchés à réaliser sous des contraintes de ressources. Il vise à accroître l'utilisation efficace et équitable des deniers publics pour promouvoir la croissance, améliorer la situation des entreprises qui contribuent à la richesse nationale, le niveau des revenus et, par conséquent, réduire la pauvreté.

En somme, un marché public, outre son sens normatif, peut se définir comme le mécanisme par lequel les administrations de l'État réalisent un ensemble cohérent d'actions d'investissement et de fonctionnement pour atteindre des objectifs d'intérêt général. L'ensemble de ces mécanismes participe au développement auquel aspire le Bénin. En ce sens, chaque action menée par les acteurs de la chaîne s'inscrit dans l'action de développement.

En se référant à Olivier de Sardan (1995), l'action de développement peut être résumée par le concept de « développement ». Il le définit comme « *l'ensemble des processus sociaux induits par des opérations volontaristes de transformation d'un milieu social, entrepris par le biais d'institutions ou d'acteurs extérieurs à ce milieu mais cherchant à mobiliser ce milieu, et reposant sur une tentative de greffe de ressources et/ou techniques et/ou savoirs»* (1995 : 13). Il faut donc comprendre que le développement implique la présence de plusieurs catégories d'acteurs, chacun ayant un rôle déterminé à jouer pour une action cohérente.

La régulation sociale, selon Reynaud (1970), est une théorie développée en sociologie des organisations. Elle met la négociation et les règles au centre des rapports sociaux et cherche à comprendre comment les règles permettent à un groupe de se structurer et d'élaborer une action collective. Dans les organisations, le pouvoir est souvent associé à une ligne hiérarchique pyramidale, identifiant clairement ses détenteurs. Dans les années 1970, les sociologues ont montré que le pouvoir se construit dans les actions interindividuelles. Cette approche affirme que tout le monde détient du pouvoir, les supérieurs comme les subordonnés, selon la position de l'individu. Les sociologues en concluent que l'organigramme ne fournit pas tous les liens d'autorité ; d'autres liens plus diffus existent.

Pour le sociologue Reynaud (1989), les règles du jeu sont au cœur de l'action sociale et de toutes les formes d'organisation. Lorsqu'elles sont écrites et explicites, ces "régulations de contrôle" prennent la forme d'organigrammes, de règlements intérieurs ou de contrats de travail, formalisant des obligations et établissant des liens de subordination (ex. : « *Il est interdit de fumer* » ; « *Les employés doivent respecter les horaires* »). Jean-Daniel Reynaud précise qu'il ne s'agit là que d'une forme de régulation et que d'autres sont "bricolées" de l'intérieur par des acteurs collectifs (communautés, groupes, clans) cherchant une relative indépendance. Certes, la théorie de la régulation sociale a raison d'insister sur la création de règles ne provenant pas du sommet. Toutefois, il ne faut pas oublier que l'existence de ces groupes (syndicats, etc.) provient souvent de la réglementation étatique.

Dans le même ordre d'idée, Reynaud (2004) estime que nous pouvons observer, enregistrer et analyser le comportement individuel : ce sont des individus qui parlent, qui se battent pour des intérêts dans un système. Il affirme que beaucoup de systèmes sociaux peuvent être représentés comme des jeux où comptent des intérêts, et les règles qui gouvernent le système sont objet de négociation entre les acteurs en place. C'est ainsi que dans les marchés publics, les règles préétablies sont exposées à des négociations sous l'influence des types d'acteurs et des intérêts en jeu. En effet, les acteurs de la chaîne de passation sont liés par des relations motivées par l'atteinte d'objectifs définis.

## 6. Délimitation thématique du sujet de recherche

La présente recherche s'inscrit dans la sociologie de l'action publique. Elle se propose d'examiner les pratiques et les stratégies développées par les principaux acteurs de la chaîne des marchés publics pour la mise en œuvre de la politique publique normative qu'est la loi portant code des marchés publics.

Ce travail prend en compte les comportements, les interactions et les relations qui s'observent au sein des acteurs chargés de mettre en œuvre cette activité de puissance publique, d'une part, et entre les individus, d'autre part. Si l'on s'en tient aux objectifs de la sociologie, que Boudon (2012) définit comme le souci de comprendre le comportement de la société, il semble aisé d'inscrire cette recherche dans cette discipline. Toutefois, loin de se limiter à l'étude des comportements humains et de leurs interactions, cette étude intègre également une dimension de développement durable.

Selon Biaou (2005), le développement durable comporte trois composantes : la durabilité écologique, le développement économique (durabilité économique) et la justice sociale (durabilité sociale). La durabilité écologique met l'accent sur la lutte contre la pollution, la préservation des ressources, les économies d'énergie et la transmission du capital naturel aux générations futures.

Une compréhension des modes d'exploitation des ressources par les communautés, des finalités des produits qui en sont issus et des stratégies développées qui ne visent pas à pérenniser ces ressources ne contribue en rien à la durabilité écologique. Par conséquent, cette recherche, qui revêt une double posture, ne peut que s'inscrire dans la sociologie du développement, entendue ici comme l'étude du fonctionnement de la société dans sa démarche visant à préserver la triple durabilité : écologique (environnementale), économique et sociale.

## 7. État de la question

Les marchés publics concernent l'ensemble des administrations publiques: État, administrations publiques locales (collectivités territoriales et organismes divers d'administration locale) et administrations de sécurité sociale (personnes morales de droit public et de droit privé). Il s'agit donc des administrations qui concourent à la satisfaction de l'intérêt général. Les marchés publics sont généralement définis et identifiables à partir de cinq éléments constitutifs :

- l'acte : le contrat écrit ;
- le vendeur ou l'offrant : entrepreneurs, prestataires, fournisseurs ;
- le bénéficiaire ou l'acheteur : personnes morales de droit public ou de droit privé ;
- l'objet du marché : réalisation de travaux, fourniture de biens ou de services ;
- la contrepartie : rémunération.

L'analyse des marchés publics en sciences sociales constitue un terrain privilégié pour appréhender de multiples dimensions du politique et du social. À partir d'une vaste revue de littérature internationale inédite en français nourrie d'illustrations empiriques empruntant aux différentes disciplines des sciences sociales, cette contribution invite à saisir les marchés publics en mobilisant les concepts de la sociologie politique, du droit des contrats, de l'action publique et des sciences de l'administration.

Les marchés publics y apparaissent au cœur des processus de construction et de transformation des États. Ils génèrent des conflits et des compromis sociaux, objets de nombreuses régulations politiques. Ils constituent une arène essentielle où se jouent des enjeux liés à l'affirmation de choix politiques, à la constitution et à la reconnaissance de groupes sociaux, ainsi qu'à des processus de redistribution des richesses. Enfin, ils formalisent des obligations entre le personnel administratif représentant l'État et les opérateurs économiques, et sont le lieu d'enjeux de consentement, de résistance aux normes, de contournement des règles et de légitimation des gouvernants. Cette recherche se penchera sur deux orientations :

- la passation des marchés comme révélateur de relations de pouvoir et de contournement des règles entre groupes socio-économiques et entre gouvernants;
- l'étude des instruments de mise en œuvre de cette politique publique comme élément d'analyse des modes d'action de l'État.

Les marchés publics constituent un levier du politique et du social : ils s'inscrivent dans un environnement où se déploient des jeux politiques et sociaux dont ils sont à la fois le produit et l'enjeu notamment à travers le choix du mode de passation et du titulaire du marché. Indispensable lubrifiant de l'action publique, les marchés publics apparaissent souvent comme une activité réservée à quelques initiés. Pourtant, il ne s'agit pas d'une activité sacralisée, dont l'exercice serait entouré de tant de mythes qu'elle devrait être réservée à des initiés. C'est précisément pourquoi certains auteurs s'interrogent : la commande publique, composée des marchés publics, peut-elle être l'instrument d'autre chose que la recherche de la meilleure prestation au meilleur coût ? Loin d'être un questionnement purement technique, les commandes publiques constituent un enjeu central dans les sociétés contemporaines, avec l'avènement de nouveaux textes et la montée en puissance du développement durable, intégrant explicitement des objectifs sociétaux extrinsèques aux prestations contractuelles.

À l'inverse, cette nouvelle vision suscite elle-même des difficultés, notamment quant à sa conciliation avec des principes fondamentaux demeurant inchangés, ou les contradictions potentielles entre des objectifs nombreux et divers. Cet ensemble évolue dans un environnement incertain où la maîtrise des flux relationnels et des jeux d'acteurs ne peut être appréhendée en amont. L'efficacité ou la performance d'un tel système ne peut émerger dans son environnement actuel si l'objectif premier des marchés publics reste la protection des intérêts financiers de la personne publique.

Ainsi, la mise en œuvre d'une politique publique protectionniste conduit à des procédures administratives instaurées pour lutter contre les risques de malversation et, progressivement, pour garantir la qualité des achats et la performance du système.

Les travaux de Parsons (1937) décrivent les organisations comme des sous-systèmes d'un système social global, chaque organisation reproduisant une structure sociale commune et se distinguant par les fonctions qu'elle met en œuvre. Parsons identifie quatre fonctions générales assurées par toute organisation : la reproduction des normes et des valeurs, l'adaptation, l'exécution et l'intégration. Parsons et d'autres proposent une classification des organisations selon leurs fonctions et introduisent un vocabulaire associé à la structure formelle. L'individu y est relativement délaissé, intégré dans un système de valeurs « abstraites » visant à modéliser l'entreprise comme structure.

En entreprise ou dans les grandes organisations, cette tendance a une forte influence et prend parfois le nom de culture d'entreprise. Les cadres et agents de l'administration, quel que soit leur grade ou échelon, se sentent liés à leur organisation économiquement et socialement, ce qui peut conduire à l'aveuglement moral et à l'autocensure. De cette analyse parsonienne, la performance du système dépend des acteurs qui valorisent la culture d'entreprise.

C'est à Marc Leroy (2006) que l'on doit la réflexion sur les raisons des dépenses de l'État les marchés publics constituant, de prime abord, des dépenses pour ce dernier. Son analyse consiste à considérer l'État comme un agent homogène et à s'interroger sur les motifs de ses dépenses. La réponse réside dans l'image qu'incarne l'État : garant de l'intérêt général, dont la satisfaction passe par les actions mises en œuvre par les administrations, encadrées par des normes visant à réaliser les objectifs fixés.

La fonction première des marchés publics est ainsi le mécanisme par lequel les administrations, quelle que soit leur forme juridique, utilisent ces normes pour contribuer à la satisfaction des besoins d'intérêt général, dans un esprit de gestion efficace des deniers publics.

Notre revue de littérature donne un aperçu de la manière dont de nombreuses disciplines droit, sciences économiques et sociales, voyant dans les marchés publics, de par leurs acteurs, leurs fondements, leurs mécanismes et leurs enjeux, un objet de recherche central, ont commencé à produire une littérature grise, d'expertise ou académique, apportant des éléments de réponse épars et spécifiques à chaque approche, à certains questionnements critiques spontanément générés par les marchés publics.

De notre côté, le souci de faire des marchés publics un objet d'étude sociologique susceptible de conduire à un sujet (ouvrant la voie à une multitude de questionnements. Les marchés publics ne peuvent être assimilés à un sujet) imposait non seulement d'éviter tout débat idéologique, mais aussi de remplacer les considérations générales par une étude bien délimitée. Si la première injonction faite au doctorant en sciences sociales est certainement « *d'aller sur le terrain* », cette approche suppose de savoir comment aborder l'objet et quel sujet intéresse le chercheur… ou, à défaut, de pouvoir choisir rapidement un « *terrain* » qui pourra « *parler* ». Le terme « *terrains* » peut recouvrir des significations différentes selon les circonstances, les objets étudiés et les approches disciplinaires.

Au début de notre thèse, que existait-il comme terrains et pistes de recherche sur les marchés publics ? Le constat fut celui d'une littérature très limitée sur le sujet. Toutefois, la définition juridique des marchés publics celle contenue dans le code des marchés publics indique que les marchés publics sont des « *contrats* ». En s'appuyant sur cette nature contractuelle, une explication sociologique s'impose.

À ce titre, les marchés publics sont considérés comme des outils et modalités de commande publique organisant la mise en place de contrats à court terme par lesquels un donneur d'ordre public exprime le souhait d'acquérir un bien, un service ou de réaliser des travaux, qu'il communique via un plan de passation de marchés à toutes les entreprises désireuses et capables de fournir la mission de service public. La personne publique paie la rémunération afférente, éventuellement liée à la qualité de la prestation (disponibilité, maintien en bon état), et assure la mise à disposition de la prestation objet du contrat à l'issue d'une procédure concurrentielle. Le secteur public rembourse ainsi, à l'extinction du contrat, les prestations préfinancées par le secteur privé.

Il s'agit d'un échange entre acteurs aux objectifs opposés : intérêt général pour l'un, maximisation du profit pour l'autre. Harmoniser cette relation contractuelle suppose un cadre formel le contrat. Chaput (2000) analyse le contrat comme un mécanisme élémentaire du droit, au même titre que la responsabilité. Il y a contrat lorsque deux personnes conviennent d'obtenir un résultat qui les intéresse mutuellement un accord pour « *faire bouger les choses* ». « *Un obstacle barre notre route, nous sommes deux et nous allons unir nos forces pour pousser l'obstacle dans le fossé. C'est un mariage si l'on veut, c'est une société embryonnaire et la société est un contrat.* ». Le contrat le plus usuellement cité est la vente. Avant la monnaie, il y avait l'échange : « *J'ai un trop-plein de production, vous en avez autant de votre côté. Ce n'est pas la même production, nous allons échanger nos productions. Ou, si vous voulez conserver la vôtre, et si vous avez de l'argent, vous allez acheter la mienne.* ». L'achat-vente est un phénomène interindividuel qui reflète une institution sociale et se traduit par une production publique. Mbumba Nzuzi (2011) renseigne sur le contenu de la production publique et privée de l'État, sur la nécessité pour un pays de disposer d'une forme juridique précise et de réorganiser l'administration sectorielle et territoriale en s'appuyant sur l'organisation des finances publiques. L'auteur plaide en faveur de l'organisation des activités de l'État et de ses modes de production pour assurer aux citoyens un développement socioéconomique durable et un avenir pour les jeunes et les générations futures. Ainsi, outre l'effet protectionniste sur les deniers publics, un esprit de durabilité imprègne l'environnement contractuel des marchés publics. Si les marchés publics constituent une discipline scientifique à part entière en sciences juridiques et économiques, on peut se demander pourquoi la sociologie et l'anthropologie s'y intéressent. La figure ci-après clarifie le positionnement observé ici :

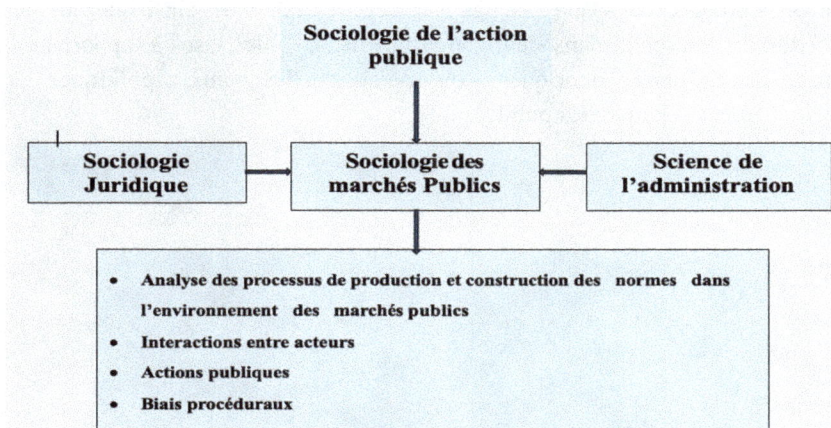

**Figure 4 : Positionnement sociologique sur l'étude des marchés publics**

**Source :** Réalisé par l'auteur

La sociologie des marchés publics se fonde sur une interdisciplinarité avec la sociologie politique, la sociologie des organisations, les sciences de l'administration et la sociologie de l'action publique. En effet, la sociologie politique analyse la mise en œuvre des influences et des rapports de pouvoir dans l'action publique. La sociologie des organisations, quant à elle, se concentre sur les institutions et leurs structures en interaction. Les sciences de l'administration ou science administrative s'intéressent aux dimensions normatives de la gestion des affaires publiques et privées. Enfin, la sociologie de l'action publique étudie les modalités de mise en œuvre des politiques publiques à travers les outils qui y sont associés.

Ainsi, ces différentes disciplines fournissent un socle théorique et en partie empirique à l'analyse sociologique des marchés publics. La sociologie des marchés publics s'intéresse aux interactions entre les acteurs sociaux et institutionnels impliqués lors des procédures de passation, d'exécution, de contrôle et de régulation des marchés, en lien avec la norme. Toutes ces sciences possèdent deux ancrages communs : l'homme en tant qu'acteur et l'espace social dans lequel il évolue, à savoir les secteurs public et privé. La sociologie des marchés publics, qui se situe au carrefour de ces disciplines, a pour objet d'étude l'analyse des procédures de passation, des interactions entre acteurs, des actions publiques telles que perçues à travers les marchés, ainsi que des biais procéduraux présents dans leur environnement. Elle vise à apporter des contributions tant théoriques qu'opérationnelles aux politiques de développement des marchés publics.

# CHAPITRE II : DEMARCHE METHODOLOGIQUE DE LA RECHERCHE

# I. CONSTRUCTION MÉTHODOLOGIQUE DE LA RECHERCHE

Cette partie présente le parcours méthodologique adopté ainsi que les principaux outils mobilisés pour la collecte et l'analyse des données empiriques. Cette recherche, qui s'étend de la collecte d'informations à leur interprétation, revêt un caractère descriptif. Il s'agit en effet de décrire et d'analyser les jeux et logiques d'acteurs dans l'application du code des marchés publics. L'accent est mis particulièrement sur les éléments décrivant la mise en œuvre du code par les acteurs lors de la passation des marchés. Des données statistiques secondaires ont servi à affiner la description. La dimension analytique s'appuie sur les données recueillies, en lien avec les variables de l'étude. Une analyse de contenu a été combinée à une analyse statistique. L'étude est donc de nature qualitative, mais s'appuie sur des données quantitatives secondaires disponibles.

## 1. NATURE DE L'ÉTUDE ET MÉTHODES D'INVESTIGATION

Ce travail repose sur une démarche qualitative, complétée par l'exploitation de données quantitatives secondaires, compte tenu de la sensibilité des questions abordées et de l'analyse interactionniste des jeux d'acteurs qu'il requiert. Qualitative, dans la mesure où il s'agit de recueillir les discours des informateurs, d'analyser les relations entre acteurs dans l'application du code des marchés publics, ainsi que les pratiques observées. Il s'agit également de comprendre les comportements des différents acteurs intervenant dans la chaîne des marchés publics, en vue de leur analyse et interprétation. L'approche socio-anthropologique, qui encadre les recherches tant qualitatives que quantitatives, est définie par Olivier de Sardan (1995 : 10) comme « *l'étude empirique multidimensionnelle de groupes sociaux contemporains et de leurs interactions, dans une perspective diachronique, et combinant l'analyse des pratiques et celle des représentations* ».

Le choix de techniques et de méthodes d'investigation adaptées s'avère indispensable. Les outils employés ont pris en compte le discours des acteurs du système des marchés publics. Ainsi, cette étude relève à la fois des approches qualitative et quantitative. Pour Deslauriers (1991), la méthode qualitative produit et analyse des données telles que les discours, les écrits et les comportements observables ; les techniques utilisées doivent donc rendre compte des savoirs et expériences des acteurs.

Afin de mieux comprendre l'histoire des marchés publics et les dynamiques ayant influencé leur évolution, la méthode historique a été mobilisée. Saghui (2011 : 60-61) la définit comme suit :

> « *Étant un moyen pour établir l'origine et la chronologie des phénomènes sociaux, elle cherche à comprendre les antécédents. En fait, il s'agit d'un processus se déroulant dans le temps et l'espace, c'est-à-dire que la méthode historique amène à faire une explication diachronique des différents éléments qui ont marqué l'évolution du fait social* ».

L'approche retenue permet d'intégrer à la fois les effets des politiques publiques dans le domaine des marchés publics et les processus d'appropriation, de contournement ou de détournement de ces politiques par les acteurs concernés. Elle favorise également une recherche compréhensive, au sens wébérien, pour saisir les actions des individus dans leur propre perspective, en explicitant leurs objectifs, logiques, motivations et valeurs de légitimation. Enfin, ce choix, combiné aux démarches compréhensives et processuelles, oriente vers une approche contextualisée à l'échelle locale la Commune de Cotonou, marquée par la présence plusieurs grandes administrations motrices des réformes, qui sont elles-mêmes des acteurs appliquant le code des marchés publics dont elles sont rédactrices, soit par participation, ou soit par contribution voire chef de conduite de la réforme.

## 2. SOURCES D'INFORMATION DE LA RECHERCHE

Les données de cette recherche proviennent de deux types de sources : documentaires et orales. Appréhender la question des marchés publics nécessite en effet une revue documentaire approfondie. Une littérature abondante dans des domaines connexes à la sociologie est disponible dans les centres de documentation institutionnels et classiques. Ce travail a permis d'obtenir des données sur la gestion des marchés publics entre 1996 et 2020, ainsi que de prendre connaissance des réformes intervenues au Bénin.

> ➢ **Sources orales**

Il s'agit des personnes rencontrées lors de l'enquête exploratoire. Ces « *personnes-ressources* » acteurs administratifs, élus nationaux, agents techniques et groupes d'acteurs, responsables et contrôleurs des marchés publics, représentants du secteur privé ont livré, sur la base de leurs expériences sociale, professionnelle, culturelle et cultuelle, des avis et réponses relatifs à l'application du code des marchés publics. Leurs contributions ont permis d'identifier le rôle du cadre institutionnel dans le développement d'actions et pratiques, de recenser les procédures ayant fait l'objet de scandales, et d'enrichir les investigations documentaires.

## ➢ Sources écrites

Une synthèse bibliographique a été réalisée à partir de travaux portant sur les marchés publics, leur transformation en Afrique et au Bénin, etc. Cette étape a permis de retracer le profil historique des marchés publics et les dynamiques socio-économiques et juridiques sous-jacentes à leur évolution. Toutefois, au-delà des travaux d'économistes, de juristes et d'acteurs de la société civile ou des Nations Unies, on constate un manque d'études socio-anthropologiques sur les marchés publics en tant qu'objet sociologique. Ce retard doit selon nous être comblé par la recherche sociologique objectif principal de cette thèse, car dans cette « *prise de valeur* » émergente, les problèmes sociaux deviendront plus endémiques que les problèmes économiques.

La collecte documentaire s'est déroulée dans plusieurs centres ; les types et natures des informations recherchées sont consignés dans le tableau I ci-après.

**Tableau I : Organisation pratique de la recherche documentaire**

| N° | TYPE DE BIBLIOTHÈQUE / DOCUMENTATION | NATURE DES DOCUMENTS | TYPES D'INFORMATIONS OBTENUES |
|---|---|---|---|
| 1 | Bibliothèque centrale de l'UAC | Livres, mémoires, rapports et thèses de doctorat | Informations générales, thématiques et conceptuelles |
| 2 | Centre de documentation de la FLASH | Mémoires de maîtrise, de DEA et thèses de doctorat | Informations thématiques |
| 3 | Centre de formation de l'administration centrale des finances (CFACF) | Rapports d'activité, d'ateliers de travail, revues trimestrielles, semestrielles et annuelles | Données statistiques, procédures des marchés, réformes sur les marchés publics |
| 4 | Bibliothèque de l'Institut Français du Bénin (IFB) | Livres, articles et dictionnaires spécialisés. | Informations générales et conceptuelles ; défis actuels du développement en Afrique subsaharienne ; démocratie africaine ; méthodes et techniques de recherche en sciences sociales. |
| 5 | Direction Nationale du Contrôle des Marchés Publics (DNCMP) | Rapports, lois, arrêtés, décrets d'application et rapports d'études. | Informations spécifiques sur les marchés publics et les réformes. |
| 6 | Autorité de Régulation des Marchés Publics (ARMP) | Livres, rapports d'études, lois, arrêtés, décrets d'application, décisions. | Informations générales, thématiques et spécifiques sur les marchés publics et leur gestion. |
| 7 | Centre de documentation du PNUD à Cotonou | Livres, rapports et documents généraux. | Informations sur les questions et le développement socioéconomique. |

55

| N° | TYPE DE BIBLIOTHÈQUE / DOCUMENTATION | NATURE DES DOCUMENTS | TYPES D'INFORMATIONS OBTENUES |
|---|---|---|---|
| 8 | Internet (www.cairn.info, www.revues.org, www.memoiresonline.com) | Mémoires, thèses, articles, ouvrages, actes de colloques, rapports. | Informations générales, thématiques, contextuelles et conceptuelles ; études sociologiques sur les marchés publics. |

**Source : Données de terrain, 2019-2021.**

56

La recherche sur les marchés publics est un travail complexe. Les travaux de recherche documentaire ne suffisent pas pour appréhender la réalité de ce sujet. Ainsi, les sources orales ont constitué un paramètre essentiel de recueil d'information. Le point de vue des acteurs spécialistes des marchés publics est considéré comme primordial pour analyser l'organisation et la gestion des marchés publics.

## 3. ÉCHANTILLONNAGE

Compte tenu de nos hypothèses de recherche, cette étude est à dominance qualitative. Toutefois, des données quantitatives (telles que le nombre d'acteurs connaissant le code des marchés publics, le nombre d'acteurs ayant le profil requis, etc.) ont été collectées pour renforcer la qualité de l'analyse. Cela a notamment permis de quantifier le nombre d'acteurs identifiant l'ingérence de types de pouvoir dans l'attribution des marchés, et de déterminer les statistiques liées au registre des relations intervenant dans la passation des marchés.

### 3.1. Définition du groupe cible et techniques d'échantillonnage

Ce travail porte sur les marchés publics et implique un certain nombre d'acteurs. En effet, les marchés publics concernent tous les acteurs intervenant dans la chaîne ou le système des marchés publics au Bénin. Le choix de ces acteurs se justifie par leur statut et leur rôle dans le processus de passation, d'exécution, de contrôle, de régulation et de réforme.

### 3.2. Choix des enquêtés

Le choix raisonné de sélection du premier groupe cible constitué des acteurs chargés de la collecte des besoins, également appelés départements techniques ou services techniques s'est opéré selon les critères suivants :
1) Être agent dans un département technique ;
2) Être chargé de la collecte des besoins faisant l'objet d'un marché à passer ;
3) Avoir le statut de chef de département technique ;

4) Disposer de documents attestant de son titre ainsi que de ceux relatifs à la collecte des besoins.

Au total, 94 chefs de départements techniques intervenant dans la chaîne de passation des marchés ont été recensés, en fonction des rôles joués par chaque acteur. Le Code des marchés publics ne définit pas explicitement qui sont les chefs de départements techniques, en dehors de l'organe de passation (PRMP et Commission de passation des marchés), de l'organe de contrôle (DNCMP, DDNCMP, DCMP et CCMP) et des tiers payeurs (Direction Générale du Budget, Trésor, les DAFs ou comptables pour les structures à budget autonome). L'existence des départements techniques dépend des activités et des missions de l'autorité contractante. Le Code des marchés publics de septembre 2020 dispose, en son article 23 du titre III :

> « La nature et l'étendue des besoins doivent être déterminées avec précision par l'autorité contractante avant tout appel à concurrence ou toute procédure de négociation par entente directe. Les marchés publics conclus par l'autorité contractante doivent avoir pour objet exclusif de répondre à ces besoins en prenant en compte des objectifs de développement durable dans leurs dimensions économiques, sociales et environnementales. Cette disposition ne doit pas avoir pour effet de soustraire des marchés aux règles qui leur sont normalement applicables en vertu de la présente loi. » (Loi n°2020-26 du 29 septembre 2020, portant Code des marchés publics en République du Bénin, titre III, chapitre premier : 15).

Ainsi, le choix de retenir d'abord les chefs de départements techniques répond notamment au besoin d'apprécier la qualité et la précision des besoins exprimés, et de vérifier si les marchés passés sur cette base sont conformes à l'article précité. La deuxième catégorie cible comprend les acteurs de la passation et du contrôle des marchés publics. Ils ont été identifiés sur la base de leur implication dans la passation des marchés au niveau des autorités contractantes et des organes de contrôle interne et national. Pour cette catégorie, le choix s'est porté sur :

• 8 personnes responsables des marchés publics pour définir les profils, comprendre les logiques et stratégies développées dans la conduite des procédures, ainsi que leur positionnement en tant qu'acteurs incontournables ;

• 6 contrôleurs des marchés publics au niveau interne et 6 agents contrôleurs des marchés publics au niveau Nationale, choisis en fonction de leur rôle de contrôle a priori et a posteriori.

Pour le troisième groupe cible les entreprises soumissionnaires, outre le choix raisonné, la technique de boule de neige a été utilisée. Celle-ci permet de considérer chaque acteur comme un « *maillon d'une chaîne* » (Amouzouvi, 2012 : 31) et d'identifier progressivement d'autres personnes à interviewer. Cette stratégie se justifie par le fait que la soumission à un marché public implique souvent plusieurs entreprises (liens familiaux, relationnels, religieux, politiques, etc.), et rarement une entreprise sans connexion. Au total, 185 soumissionnaires sur une population mère de 880 sont prévus pour l'enquête.

La quatrième catégorie cible a été identifiée sur la base de son implication dans la régulation. Le choix s'est porté sur : dix (10) cadres, dont cinq (5) impliqués dans les réformes au niveau de l'organe de régulation, pour cerner les logiques et stratégies les positionnant comme acteurs clés dans la régulation et les réformes ; trois (3) députés en raison de leur rôle dans la commission des lois au parlement ; deux (2) responsables d'ONG dont les centres d'intérêt convergent vers les marchés publics. Une cinquième catégorie a été choisie en fonction des obligations de publicité prévues par la loi. L'article 53 de la loi n°2020-26 dispose :

> « *Sauf dans le cas des marchés publics passés par la sollicitation de prix ou par le régime du seuil de dispense et sous réserve d'exceptions évoquées aux chapitres 2 et 3 du titre II de la présente loi, les marchés publics doivent faire l'objet d'un avis d'appel à la concurrence porté à la connaissance du public par une insertion faite, au minimum dans le quotidien de service public et sur le portail web national des marchés publics et le journal des marchés publics. En cas de nécessité, l'avis peut être inséré dans toute autre publication nationale et/ou internationale de large diffusion ainsi que sous le mode électronique, selon un document modèle dont les mentions obligatoires sont fixées par décret pris en Conseil des ministres. Cette disposition concerne également les avis de préqualification.* » (Loi n°2020-26 du 29 septembre 2020, titre III, chapitre VII : 33).

En conséquence, le choix s'est porté sur 5 structures de publication intervenant dans le processus de passation (La Nation, CCIB, mairie, chambre des métiers, chambres consulaires), identifiées sur la base de leur rôle dans la publicité des marchés publics pour la question de la transparence.

Une sixième catégorie les intermédiaires s'est révélée lors de la recherche. Il s'agit d'agents ou de cadres de l'autorité contractante en lien avec des entrepreneurs ou fournisseurs, facilitant les contacts avec la PRMP, le contrôleur ou d'autres acteurs.

Un total de neuf (9) intermédiaires a été identifié avec difficulté, car ils craignaient qu'il ne s'agisse d'un audit. Il a fallu expliquer que l'objectif final qu'est d'améliorer les conditions des acteurs de la chaîne ainsi que de réviser la loi, afin qu'ils puissent s'ouvrir et collaborer avec moins de réserve et de méfiance. Ces cibles, considérées comme des acteurs secondaires dans la gestion et l'accès aux marchés publics, ont été identifiées grâce à un échantillonnage raisonné. Les entretiens ont été menés de manière inductive jusqu'à saturation par catégorie d'acteur. La collecte des données s'est déroulée en deux phases :

- La première, de 2013 à 2019, lors des immersions auprès de certaines structures de l'Eat, et qui a permis un contact quotidien avec les informateurs, une observation directe et participante, et un recueil riche d'informations sur les marchés publics.
- La deuxième, d'avril 2019 jusqu'à la finalisation et ce auprès du secteur privé, et qui a facilité des échanges avec d'autres structures et acteurs, notamment à Cotonou et Porto-Novo.

La répartition des cibles et de l'effectif total est résumée dans le tableau II.

## Tableau II : Répartition des enquêtés

| N | Catégories d'acteurs | Nombre de sujets touchés | Fréquence (%) |
|---|----------------------|--------------------------|---------------|
| 1 | Chefs de départements ou de services techniques | 94 | 29 |
| 2 | Acteurs de la passation et du contrôle des marchés publics | 20 | 6 |
| 3 | Acteurs chargés de la régulation et des réformes | 10 | 3 |
| 4 | Soumissionnaires | 185 | 57 |
| 5 | Structures de publicité | 5 | 2 |
| 6 | Intermédiaires | 9 | 3 |

| T o t a l | | 323 | 100 |
|---|---|---|---|
| | | | |

Source : **Réalisé à partir des données de terrain, 2020.**

Au total, pour les besoins de l'enquête, 323 personnes ont été approchées et interrogées, soit 20,93 % d'une population mère (toutes tendances confondues) comptant 1 543 personnes.

Étant donné que la recherche est davantage qualitative que quantitative, les informateurs ont été choisis en privilégiant une proportion importante d'acteurs impliqués dans la passation, le contrôle, l'exécution, la régulation, ainsi que les soumissionnaires.

La présente recherche est de nature essentiellement qualitative. Cependant, des données quantitatives secondaires, qui apparaîtront dans la présentation des résultats, serviront à préciser certaines informations liées à l'objet d'étude. Les données quantitatives ont porté sur les caractéristiques statistiques des composantes des pratiques contribuant à la contre-performance du système de passation des marchés publics. L'ensemble de la collecte de données a été mené avec l'assistance de dix collègues en quatrième année d'études de sociologie-anthropologie et de deux docteurs du département de sociologie. Sur la base du questionnaire réalisé, ils ont été chargés de recueillir des informations afin d'obtenir des éléments précis sur l'application du code des marchés publics. Ces informations proviennent d'agences étatiques, des ministères, de l'Autorité de régulation des marchés publics, et d'autres structures spécialisées.

Outre les techniques d'entretien et de prise de notes (lors de la recherche documentaire) développées ci-dessous, des photographies et des enregistrements audios ont également été réalisés afin de vérifier l'essentiel des données interprétées. L'écoute et les notes post-entretien ont été ponctuellement utilisées.

Ces photographies ont été employées dans cette recherche non comme preuve des faits observés, mais comme un matériau à part entière (Dion et Ladwein, 2005). Il ne s'agissait pas de faire dire aux images ce qu'elles signifient, mais de laisser les photographies parler (Hall, 1986). J'ai proposé des usages sociologiques des images photographiques, c'est-à-dire de développer un mode d'argumentation fondé sur l'image. Ce travail ethnologique consiste à décoder l'ensemble des clichés, les sélectionner, les organiser et les assembler pour reconstruire et comprendre une réalité sociale qui n'est pas automatiquement visible dans le quotidien des acteurs. Il est important de souligner que ces clichés ne sont cependant pas facilement appréhendables sur le terrain.

## 4. Variables de l'étude

Il s'agit, entre autres, des biais procéduraux, des pratiques de passation de marchés, des stratégies de contournement du code, des logiques valorisées par les acteurs dans l'environnement des marchés publics. Les différentes variables de cette recherche ont servi de référence pour la conception des outils de collecte.

## 5. Informations recherchées

Les spécificités du secteur des marchés publics, notamment les dynamiques des réformes, leurs implications dans l'application du code, les modalités de production des normes, les caractéristiques des acteurs producteurs et applicateurs de ces normes, les interactions et les manifestations des biais procéduraux constituent le premier volet des données recherchées. Pour chaque informateur, un entretien biographique (Amouzouvi, 2005) a été mené, en accordant une attention particulière aux perceptions, actions et attitudes face aux pratiques de passation, notamment les contournements des textes, les déviances et les comportements opportunistes.

Dans la rédaction de cette thèse, les recherches se sont concentrées sur les spécificités des procédures et la manière dont les acteurs les mettent en œuvre, ainsi que sur les stratégies développées face à ces spécificités.

## 6. Techniques et outils de collecte de données qualitatives

La méthodologie, bien que principalement qualitative, a reposé sur quatre techniques : l'analyse documentaire, l'entretien informel, l'entretien formel et l'observation participante. L'approche qualitative permet de comprendre les logiques composites et hétérogènes des acteurs, ainsi que les actions mises en œuvre pour appliquer le code. Selon les opportunités économiques, les mutations politiques et sociales et les choix délibérés des acteurs, les perceptions et pratiques varient et peuvent revêtir plusieurs formes : gains faciles, intérêts individuels, symboliques, patrimoniaux, religieux ou politiques. Pour décrypter ces logiques, la recherche a combiné plusieurs techniques qualitatives.

### 6.1. L'analyse documentaire

Elle a consisté à rencontrer les acteurs chargés de la régulation et du contrôle des marchés publics, ainsi que d'autres structures, pour obtenir des documents pertinents permettant d'évaluer les acquis et limites de la réforme de la « Gestion Axée sur les Résultats ». Cette technique était nécessaire pour disposer de données, textes et dispositions normatives sur les marchés publics, afin de porter un regard objectif sur les analyses. Ce travail s'est appuyé sur une grille de lecture.

### 6.2. Observation participante

Technique fréquemment utilisée, elle consiste à vivre de façon prolongée avec le groupe social étudié (Malinowski, 1985). Dans ce cas, des visites de courte durée (deux à trois jours) ont été effectuées dans les structures impliquées dans la gestion des marchés publics. Une immersion prolongée a été réalisée depuis le début de la thèse, permettant de mieux comprendre les pratiques de passation et les acteurs. L'approche s'inspire de Petit (2000) et Bonnerat (2002), pour qui le cadre rigide d'une enquête ne suffit pas à comprendre les pratiques et logiques des acteurs. Les entretiens suscitant souvent méfiance ou imprécision, l'observation directe a été indispensable pour compléter les enquêtes et offrir une base de discussion.

Cette observation visait à gagner la confiance du groupe et à constater de visu certaines pratiques (relations de pouvoir, processus selon les modes de passation, etc.). L'immersion intermittente du chercheur (de septembre 2013 à aujourd'hui) dans les instances de passation a permis de se familiariser avec les acteurs et de « vivre » les réalités liées aux marchés publics. Cette expérience, réalisée dans le cadre de fonctions de Personne Responsable des Marchés Publics et Contrôleur, a permis d'identifier les zones d'incertitude, d'établir le répertoire et la biographie des acteurs, et d'analyser les usages sociaux dans

l'application du code et leurs implications juridiques et économiques. Parmi les critères retenus :
- la disponibilité des crédits,
- le choix du mode en fonction des objectifs,
- la présence d'intérêts extérieurs au code,
- l'accessibilité des marchés publics,
- la détermination des prix,
- les résultats du choix des titulaires et les risques de sélection adverse,
- les aléas moraux, etc.

### 6.3. Observation directe

Elle permet d'obtenir, à l'insu des interlocuteurs, des ressentis qu'ils n'osent ou ne parviennent pas à exprimer. Les observations ont été faites de deux manières : flottantes ou focalisées, guidées par une grille d'observation (Annexe II). Il s'agissait d'observer, même dans les situations banales, les pratiques contribuant à la contre-performance du système, afin de cerner leurs rationalités. Comme le souligne Assogba (2004), dans les sociétés africaines, l'essentiel se trouve souvent dans l'informel et le banal.

### 6.4. L'entretien informel

Outil de collecte où la conversation est orientée, il permet de neutraliser certains biais et de s'approcher de l'interaction ordinaire. Confrontés à des réticences, nous avons adopté des postures adaptées. Les entretiens informels s'inscrivent dans une démarche classique d'observation et peuvent être couplés à d'autres outils (entretiens semi-directifs, débats). Formaliser une démarche informelle est complexe, mais un « bricolage méthodique » permet de s'adapter au terrain.

Cette méthode vise à accorder une large expression aux informateurs (acteurs de la chaîne, responsables administratifs, etc.), les amenant à analyser eux-mêmes l'organisation et le fonctionnement des procédures. Elle met en lumière comportements, discours, pratiques et connaissances. Les échanges sont guidés par des thématiques pour éviter les digressions. Les entretiens ont été réalisés à l'aide d'un guide, s'inspirant de la méthode de W. F. Whyte (1996) à

Cornerville. Cette approche a été utilisée auprès des chefs de service, Personnes Responsables des Marchés, contrôleurs et intermédiaires. L'entretien informel a concerné les acteurs de la régulation (10), les intermédiaires (9), les structures de publicité (5) et les acteurs de la passation et du contrôle (20). Les résultats ont été complétés par des données quantitatives secondaires.

## 6.5.  L'entretien formel

Conduit sur la base d'un guide semi-structuré, il permet d'obtenir des informations de façon détendue et d'aborder des sujets non prévus. Les entretiens semi-structurés, souvent menés par des chercheurs expérimentés, nécessitent une relation de confiance pour poser des questions de suivi. Ils sont particulièrement utiles auprès des soumissionnaires. D'autres outils (dictaphone, appareil photo) ont été mobilisés pour la collecte.

## 7. « Ni pour », « ni contre » les jeux et logiques développés dans l'application du code des marchés publics : la neutralité méthodologique comme principe de base.

Comme dans l'observation participante, cette recherche a été conduite dans une démarche « ni pour, ni contre » les jeux et logiques des acteurs. Il s'agit de respecter l'autre et d'observer égalitairement les sociétés et cultures (Charles de Lespinay, 1999). Le chercheur s'est mis à la place des acteurs pour appréhender, avec empathie, les réalités sociales qu'ils vivent. Les représentations et stratégies des acteurs ont été comprises en rejoignant l'autre dans son expérience intérieure, comme le recommande le théorème de Thomas.

## 8. Le chercheur dont j'ai pris le rôle

Comme le note Amouzouvi (2005), la distanciation peut échouer lorsque le chercheur est impliqué dans son sujet. Ayant été acteur dans la chaîne de passation, j'ai pu être auteur et victime des logiques et stratégies décrites. La difficulté a été de me conformer aux exigences de rigueur et de vérifiabilité, sans tomber dans le rôle de censeur. La distanciation m'a permis d'éviter certains biais éthiques et techniques.

## II.   Techniques et outils d'analyse des données

Cette partie présente l'itinéraire méthodologique suivi pour obtenir les réponses à la recherche.

### 1.  Dépouillement et analyse des données collectées

Le traitement des données a combiné un dépouillement manuel et informatique (Word, Excel). Le traitement manuel par thématique a favorisé la triangulation. Les données ont été inscrites dans des tableaux pour appréhender l'évolution des chiffres. Les entretiens enregistrés ont été transcrits à l'aide du logiciel Sound Organizer. Deux techniques complémentaires ont été utilisées : traitement manuel et statistique descriptive. Pour les données qualitatives :
1) transcription littérale des discours ;
2) saisie des informations ;
3) découpage thématique : regroupement des éléments par thème et recherche de cohérence inter-entretiens ;
4) recoupement des points de vue issus des entretiens et observations.

### 2.  Exploitation des citations et verbatims

Pour faciliter la compréhension, les citations sont intégrées au texte entre guillemets, en italique et en police 11. Les verbatims sont mis en retrait, avec guillemets et interligne 1,5. Contrairement aux citations, les verbatims sont accompagnés de renseignements sur les informateurs (qui refusent souvent que leur nom apparaisse).

### 3.  Modèles théoriques de référence

La théorie principale est l'actionnisme (Talcott Parsons, Max Weber, Alain Touraine), qui considère que tout système social peut être compris à partir de l'action des agents. Chester Barnard (1938) souligne que l'efficacité et l'efficience de l'action dépendent de la conciliation des buts organisationnels et des motifs individuels. D'autres théories ont été mobilisées :

- L'interactionnisme de Blumer, qui postule que les individus agissent en fonction du sens qu'ils donnent aux choses, sens issu de l'interaction et modifié par l'interprétation.

- Le choix rationnel (Boubou, 2012), qui explique les actions par les raisons et le sens que leur donnent les acteurs.

- L'action publique (Lascoume et Le Galès, 2007), qui met en lumière les actions collectives et individuelles dans la passation des marchés.

- Le paradigme du développement inclusif (Sondarjée, 2014), centré sur le développement humain et l'appropriation locale.

Ces théories, issues de la sociologie du droit, de l'action publique et des sciences administratives, éclairent les logiques, enjeux et stratégies des acteurs, ainsi que les contraintes du système. La théorie de l'action est privilégiée, les autres servant de fondement aux interprétations.

## 4. Limites et difficultés de la recherche

Dès le début de cette étude, l'objectif affiché était de procéder à une évaluation globale de l'application du code des marchés publics, afin d'établir une comparaison entre les dispositions écrites et les pratiques réelles. Cela devait permettre de se positionner par rapport aux perspectives alarmistes concernant le non-respect ou le contournement des textes. Cependant, compte tenu de l'immensité de la tâche, du temps de recherche disponible et, surtout, du refus ou de l'absence de coopération dans le domaine des marchés publics, les ambitions initiales ont dû être revues à la baisse.

Par ailleurs, cette recherche n'a pas pu englober tous les aspects escomptés, notamment parce que nous avons préalablement été acteur dans l'audit des marchés publics, une activité de contrôle a posteriori qui suscite la méfiance. Les acteurs concernés craignaient que nous conservions cette posture dans le but de les sanctionner. Ainsi, lors des entretiens, il a souvent fallu adopter une approche discursive, feignant parfois l'ignorance ou la simple curiosité, pour obtenir des informations. Le domaine des marchés publics est complexe, et ses dysfonctionnements qui s'étendent sur une longue période et impliquent de multiples niveaux ne sont pas aisément saisissables.

De plus, les structures béninoises en charge de la mise en œuvre des marchés publics se sont montrées peu accessibles pendant la période de collecte des données. Elles n'ont que rarement mis à disposition les rapports ou documentations qui auraient pu nourrir nos travaux. Certaines ont simplement renvoyé vers leur site internet, lequel est souvent dépourvu de documentation utile[13] si ce n'est des informations basiques sur les activités[14] ou le personnel. Ces sites, rarement actualisés, ont considérablement limité notre accès aux informations spécifiques aux marchés publics du pays (SANGA, 2016).

Les réalités socioculturelles locales constituent également un frein majeur pour tout chercheur souhaitant accéder à des rapports souvent classés confidentiels sur ordre des autorités politiques, lesquelles pratiquent parfois « deux poids, deux mesures » dans l'application des textes vis-à-vis des actes répréhensibles commis durant la passation des marchés.

Comme le relève SANGA (2016), « Toute vérité n'est pas bonne à dire ». De fait, nombreux sont les chercheurs qui hésitent à documenter certains faits de corruption ou de collusion de peur de représailles réelles ou mystiques. Notre recherche n'y fait pas exception. C'est pourquoi, bien souvent, seule la qualité du répondant est indiquée, ce dernier refusant que son nom apparaisse dans le document. Il convient également de noter que beaucoup de gestionnaires de marchés publics ou de chefs d'entreprises prestataires se montrent réticents à communiquer des documents relatifs aux marchés auxquels ils participent. Certains refusent même d'en parler dès lors que l'on se présente comme chercheur sur ce sujet. Ceux qui ont accepté de se confier l'ont fait sous couvert d'un anonymat strict, allant parfois jusqu'à menacer de nier et de poursuivre en justice en cas de divulgation de leur identité, de leur entreprise ou de leur fonction.

Les difficultés rencontrées sont inhérentes à toute démarche scientifique et humaine. La première tient à la sensibilité et à la complexité du sujet. La pratique de la passation des marchés, sous l'égide du code, évolue souvent dans un double registte officiel et officieux que seuls les initiés comprennent. Cela complique l'obtention d'informations auprès des enquêtés, notamment des acteurs clés (directeurs, chefs de services, intermédiaires, grands chefs

---

[13] Les documents utiles incluent : rapports, statistiques, études de faisabilité, documentation de projet d'infrastructure, documents relatifs aux marchés publics passés ou en cours.
[14] Les activités se limitent généralement à des comptes rendus de sorties, visites, séminaires sans documentation substantielle, curriculum vitae, photos du personnel, etc.

d'entreprise), souvent aussi impliqués en politique. Ils redoutent que leurs propos ne se retournent contre eux, malgré les garanties d'anonymat.

La deuxième difficulté relève de l'indisponibilité des sources textuelles nécessaires pour dépasser le stade de l'essai. Nous avons souvent dû recourir à des intermédiaires. Par ailleurs, l'abondance de la littérature juridique sur les marchés publics a parfois conduit à une forme de « gloutonnerie livresque », au détriment de l'analyse sociologique. De même, le manque d'études spécifiques en dehors de travaux généraux réalisés par la Banque mondiale ou des ONG n'a pas permis de saisir pleinement certaines réalités sociologiques préalables.

S'ajoute à cela l'absence de données précises et fiables : statistiques sur les marchés, informations concernant les commissions informelles (comme les fameux « 10% »), ou encore la nature des contrats non officiels entre parties prenantes. Notre propre position ne nous a pas permis de poursuivre assidûment certains acteurs clés, dont plusieurs nous ont échappé.

Enfin, la phase de collecte des données, débutée en décembre 2019 après la première soutenance de thèse, a coïncidé avec la crise sanitaire de la COVID-19. Celle-ci a bouleversé les modes de vie et entravé les déplacements. Certains entretiens ont dû être conduits par téléphone, limitant ainsi la capacité à capter les intentions véritables des informateurs. Les propos recueillis consistaient souvent en des indications sur des acteurs à contacter ou sur des procédures spécifiques.

Après notre deuxième point d'étape, nous avons dû porter assistance à notre sœur aînée, testée positive à la COVID-19, pendant plus de trois mois. S'y sont ajoutées les charges liées aux soins de notre mère âgée de soixante-huit ans, dont l'état de santé s'est dégradé en raison de jeûnes répétés pratiqués par conviction religieuse ayant entraîné des dysfonctionnements organiques et une hospitalisation. Nous avons nous-mêmes présenté, en décembre 2021, des symptômes évocateurs de la COVID-19, mais avons opté pour une automédication non supervisée pendant deux semaines, par crainte d'un diagnostic positif.

Malgré ces contraintes familiales, sanitaires et professionnelles qui n'ont pas entamé notre motivation mais ont retardé la collecte et la rédaction, nous avons persévéré, en nous appuyant ponctuellement sur des amis pour la saisie et le traitement des données. Des problèmes de santé personnels, notamment une inflammation de l'œil gauche ayant occasionné une perte temporaire de visibilité, ont également compliqué le travail.

# CHAPITRE III : CONTEXTE GLOBAL D'APPLICATION DU CODE DES MARCHES PUBLICS AU BENIN

## I. L'ENVIRONNEMENT INSTITUTIONNEL DES MARCHÉS PUBLICS AU BÉNIN : UN TERREAU POUR L'ACTION PUBLIQUE

Le Bénin a longtemps été marqué par de profondes mutations sociopolitiques, dont les choix idéologiques ont souvent influencé la gouvernance économique.

Avec l'avènement du Renouveau démocratique en 1990, à la suite de la Conférence des forces vives de la Nation, de nouvelles orientations et d'importantes réformes économiques ont bouleversé les habitudes, notamment après la dévaluation du franc CFA intervenue en 1994.

De nos jours, l'assainissement des finances publiques impose une gestion rigoureuse des ressources économiques et de celles dédiées aux projets de développement. Ainsi, l'acquisition de biens et services ou la réalisation d'infrastructures doivent nécessairement suivre les procédures de marchés publics en vigueur dans le pays.

Un tel sujet présente un intérêt certain, au regard des problèmes majeurs que rencontrent de nombreux pays en développement, lesquels constituent autant d'entraves à leur croissance économique (Normandin, 2016).

Au Bénin, l'importance accordée aux marchés publics comme facteurs essentiels de relance de la croissance économique, de lutte contre la pauvreté et de redistribution des richesses a été clairement affirmée à travers les Orientations stratégiques de développement (OSD) du gouvernement et les stratégies de réduction de la pauvreté qui en découlent.

Ainsi, dans sa stratégie de relance de la croissance et de réduction de la pauvreté pour la période 2011-2015, le Bénin a retenu, parmi ses axes opérationnels, le développement des infrastructures (CAPOD, 2010) ainsi que le développement de tous les secteurs nécessitant des moyens matériels ; ce qui participe, dans le cas présent, à la conduite des opérations relevant des marchés publics.

Pour ce faire, plusieurs réformes entrent en ligne de compte, dont celles relatives à la législation de cette activité du pouvoir public : il s'agit de l'adoption d'un code de conduite définissant l'ensemble des règles, démarches et méthodes régissant la passation des marchés publics.

Il convient ici de présenter les codes des marchés publics mais à travers la loi n° 2017-04 du 19 octobre 2017 portant code des marchés publics en République du Bénin en vigueur au moment de la recherche et ce dans une logique de temporalité.

Rappelons que pendant longtemps, l'environnement des marchés publics au Bénin n'a été encadré par aucune loi, ce qui l'a exposé à divers fléaux tels que la corruption, le favoritisme, le clientélisme, le détournement et le népotisme (EDAH, 2012). Les marchés publics constituent l'un des défis majeurs et un enjeu central de la gouvernance économique. Devenus une préoccupation mondiale pour une gestion transparente des deniers publics, ils sont de plus en plus considérés comme un instrument de politique publique et un levier pour impulser un changement économique, social et environnemental. Au Bénin, l'importance des marchés publics n'est plus à démontrer : selon Social Watch Benin, près de 52 % à 65 % des dépenses du budget de l'État sont exécutées par leur biais (article CMPB, 2019). Avec l'avènement du Renouveau démocratique, l'assainissement des finances publiques est devenu un impératif catégorique. C'est dans le souci de réglementer les dépenses publiques, notamment celles relevant des marchés publics, que l'ordonnance n° 96-04 du 31 janvier 1996 portant code des marchés publics en République du Bénin a été adoptée. Toutefois, l'introduction de cette ordonnance n'a pas contribué à l'éradication de ces fléaux (GODJO, 2013).

À cet effet, l'État béninois, membre de l'Union économique et monétaire ouest-africaine (UEMOA), a entrepris de nouvelles réformes conformément à la directive n° 04/2005/CM/UEMOA portant sur les procédures de passation, d'exécution et de règlement des marchés publics et des délégations de service public dans l'UEMOA, ainsi qu'à la directive n° 05/2005/CM/UEMOA relative au contrôle et à la régulation des marchés publics et des délégations de service public. Ces réformes ont conduit à l'adoption de la loi n° 2009-02 du 7 août 2009 portant code des marchés publics, puis de la loi n° 2017-04 du 19 octobre 2017 portant code des marchés publics en République du Bénin, toujours dans l'objectif de réglementer l'environnement des marchés publics.

Ce dernier code, en vigueur au moment de l'étude a connu une actualisation en 2020 et, se subdivise en six (06) parties :
- Dispositions générales ;
- Cadre institutionnel ;
- Procédures de passation des marchés publics ;
- Exécution et règlement des marchés publics ;
- Contentieux et sanctions relatifs aux marchés publics ;
- Dispositions transitoires et finales.

Il s'agit ici de mettre en lumière les structures mises en place par le code des marchés publics et celles existant au ministère de l'Économie et des Finances.

Le code des marchés publics, dans sa subdivision par le législateur, a institué des structures dénommées « organes » : les organes de passation (PRMP et CPMP devenu en 2020 le COE et la COE), les organes de contrôle (CCMP, DNCMP avec ces sous contrôleurs) et l'organe de régulation (ARMP).

## I.1. LE CADRE INSTITUTIONNEL DES MARCHÉS PUBLICS À TRAVERS LE CODE DES MARCHÉS PUBLICS AU BÉNIN

### I.1.1. ORGANES DE PASSATION (LA PRMP ET LA COE)

Il s'agit de la Personne responsable des marchés publics (PRMP) et de la Commission d'ouverture et d'évaluation (COE).

#### 1. La Personne responsable des marchés publics (PRMP)

Consacrée à l'article 11 du code[15] des marchés publics, la Personne responsable des marchés publics est mandatée par l'autorité contractante (personne morale de droit public ou privé agissant pour le compte de l'État ou de ses démembrements) pour mettre en œuvre les procédures de passation et d'exécution des marchés. En application de la loi, la PRMP est chargée de conduire la procédure de passation jusqu'à la désignation de l'attributaire et l'approbation définitive du marché. La PRMP exerce trois rôles principaux : la conduite de la procédure de passation, la signature du marché et le suivi de son exécution. Elle peut se faire représenter dans l'exercice de ses fonctions, excepté pour le choix de l'attributaire et la signature du marché. Le législateur lui permet également de se faire assister par la Commission de passation des marchés publics (CPMP).

---

[15] code de 2017

La PRMP est désignée parmi les cadres disposant d'une formation spécifique et/ou d'une expérience avérée dans le domaine des marchés publics. Sa nomination intervient comme suit :
- Pour les institutions de l'État : par le président de l'institution ;
- Pour les départements ministériels : par le ministre concerné ;
- Pour les préfectures : par le préfet ;
- Pour les établissements publics : par le directeur général ou équivalent ;
- Pour les communes : par le maire ;
- Pour les autres autorités contractantes visées à l'article 3[16] : par le directeur général ou équivalent. Ses missions incluent notamment :
- Planifier les marchés dont les montants prévisionnels hors taxes excèdent le seuil de dispense ;
- Publier l'avis général de passation des marchés publics ;
- S'assurer de la réservation du crédit avant l'approbation du marché ;
- Élaborer les dossiers d'appel à concurrence avec les services techniques compétents ;
- Lancer les appels à concurrence ;
- Publier le procès-verbal d'ouverture des offres et les résultats d'attribution ;
- Rédiger ou coordonner la rédaction des contrats ;
- Suivre ou coordonner le suivi de l'exécution administrative des marchés ;
- Organiser ou coordonner la réception des ouvrages, fournitures et services ;
- Tenir les statistiques et indicateurs de performance ;
- Rédiger un rapport trimestriel à l'attention de l'autorité contractante ;
- Mettre en œuvre des procédures d'enregistrement et d'archivage modernes.

La PRMP est désignée parmi les cadres de catégorie A échelle 1 (ou équivalent hors administration), disposant idéalement d'une expérience d'au moins quatre (4) ans dans le domaine des marchés publics. Elle a rang de directeur technique et est nommée pour un mandat de deux (2) ans renouvelables, sous réserve d'évaluations satisfaisantes.

Le législateur reste toutefois imprécis quant à la « formation spécifique » requise, qui devrait normalement être en lien avec le domaine concerné. De même, l'utilisation du terme « idéalement » concernant l'expérience nécessaire

_____

[16] Code de 2017

peut sembler atténuer l'exigence de compétence pour une fonction aussi sensible.

Les manquements susceptibles d'être une cause d'imputabilité à charge d'une PRMP incluent notamment et entre autres :

1) Faux en écritures publiques ;
2) Corruption passive ou active ;
3) Non-respect du secret des délibérations ;
4) Divulgation du contenu des offres ;
5) Blocage délibéré portant préjudice à l'organisme public ;
6) Violation des textes législatifs et réglementaires ;
7) Manquements répétés aux délais réglementaires ;
8) Contre-performances significatives ;
9) Toute autre faute lourde sanctionnable.

## 2. La Commission d'ouverture et d'évaluation (COE)

La COE est une commission ad hoc mise en place pour assister la PRMP dans chaque procédure de passation. Elle est composée comme suit :
- La PRMP ou son représentant (président) ;
- Le directeur technique concerné ou son représentant ;
- Le responsable financier ou son représentant ;
- Un juriste ou un spécialiste des marchés publics.

Pour les communes, la composition est élargie à deux (2) conseillers communaux.

La COE a pour missions :
- Procéder à la réception, l'ouverture et le dépouillement des offres ;
- Valider les résultats de la sous-commission d'analyse des offres ;
- Réexaminer le dossier en cas d'observations de l'organe de contrôle ;
- Élaborer le rapport spécial de passation pour les procédures de gré à gré.

## I.1.2. ORGANES DE CONTRÔLE (LA DNCMP ET LA CCMP)

L'article 14 du code prévoit deux organes de contrôle : la Direction nationale de contrôle des marchés publics (DNCMP) et la Cellule de contrôle des marchés publics (CCMP).

## 1. La Direction nationale de contrôle des marchés publics (DNCMP)

Placée sous la tutelle du ministre de l'Économie et des Finances, la DNCMP est chargée de la publication des plans de passation et exerce des contrôles qu'on peut énumérer comme suit :
- Un contrôle a priori des procédures de passation pour les marchés supérieurs aux seuils réglementaires ;
- Un contrôle a posteriori pour les marchés inférieurs aux seuils ;
- Un visa pour les marchés financés par les budgets autonomes des sociétés et offices d'État.

Au niveau départemental, le contrôle est assuré par des délégations placées sous son autorité, sauf pour certaines compétences exclusives (gré à gré, appel d'offres restreint, etc.).

## 2. La Cellule de contrôle des marchés publics (CCMP)

Créée auprès de chaque autorité contractante, la CCMP exerce un contrôle a priori sur toutes les opérations de passation, depuis la planification jusqu'à l'attribution du marché. Pour les ministères, institutions et préfectures, son chef est désigné par la DNCMP. Ses missions incluent notamment:
- Valider le plan de passation ;
- Valider les dossiers d'appel à concurrence ;
- Assister à l'ouverture des plis et signer le procès-verbal ;
- Valider le rapport d'analyse et le procès-verbal d'attribution ;
- Examiner juridiquement et techniquement le projet de marché ;
- Viser les contrats ;
- Contrôler l'exécution des marchés ;
- Participer aux réceptions ;
- Établir des rapports semestriels et annuels ;
- Apporter un appui technique.

La CCMP est composée d'un chef de cellule, d'un juriste ou spécialiste, d'un ingénieur des travaux, de deux cadres de catégorie A échelle 1, et de toute personne jugée nécessaire.

### I.1.3. ORGANE DE RÉGULATION (ARMP)

La régulation désigne les actions visant à maintenir l'équilibre dans des systèmes complexes. Dans le domaine administratif, elle confie à des entités publiques (autorités administratives indépendantes, agences, etc.) des tâches nouvelles, exprimant une nouvelle forme de gouvernance administrative. Elle consiste en « une technique d'intervention de nature politique dans un secteur qui le requiert parce que les intérêts de la nation sont en jeu ; le garde-fou du fonctionnement spontané d'un secteur technique ; le moyen dynamique pour accompagner la transformation d'un secteur ; l'art de donner à chaque opérateur la part qui lui revient et d'assurer l'équilibre entre tous »[17].

L'Autorité de régulation des marchés publics (ARMP) incarne cette volonté de transparence administrative. Placée sous la tutelle de la présidence de la République, dotée de la personnalité juridique et d'une autonomie de gestion, elle a pour mission d'assurer la régulation du système de passation des marchés publics et des délégations de service public. Elle comprend deux organes : le Conseil de régulation et le Secrétariat permanent.

### 1. Le Conseil de régulation

Organe délibérant et décisionnel, il définit et évalue la politique générale de l'ARMP. Il est composé de douze (12) membres représentant l'administration publique, le secteur privé et la société civile. À la lumière de la loi n° 2020-26 du 29 septembre 2020, cet effectif, auparavant pléthorique, a connu une diminution drastique, passant de douze (12) à six (06) membres. Outre son président nommé en Conseil des ministres, il comprend :

- Un juriste représentant le ministre de la Justice ;
- deux membres du secteur privé désigné par la CCI Bénin (soit un cadre spécialiste et un spécialiste BTP, commerce ou services) ;
- deux membres de la société civile (lutte contre la corruption, bonne gouvernance, éthique).

---

[17] FRISON-ROCHE (M.-A.), « Les différentes définitions de la Régulation », in LPA, La régulation : monisme ou pluralisme ? 1998, p. 5.

Deux commissions en dépendent :

## a) Commission de règlement des différends

Chargée d'examiner les recours, de proposer des mesures conservatoires, de commander des vérifications, de concilier les parties et de statuer sur les irrégularités.

## b) Commission de discipline

Propose des sanctions contre les candidats, soumissionnaires ou titulaires de marchés en cas de violation des règles, ainsi que des mesures d'exclusion à l'encontre des agents publics fautifs.

## 2. Le Secrétariat permanent

Instance administrative et opérationnelle, il prépare et met en œuvre les décisions du Conseil de régulation. Dirigé par un secrétaire permanent, il comprend plusieurs directions (réglementation et affaires juridiques, formation et appuis techniques, statistiques et suivi-évaluation, financière et comptable).

Ses missions incluent notamment:
- Préparer le budget, les rapports d'activités et les comptes ;
- Gérer l'ARMP sur les plans technique, administratif et financier ;
- Préparer et exécuter les décisions du Conseil ;
- Appuyer les commissions ;
- Élaborer les outils stratégiques et opérationnels ;
- Proposer la nomination et les sanctions du personnel ;
- Participer aux sessions du Conseil et en assurer le rapport ;
- Assurer le suivi-évaluation du système des marchés publics.

# II. DES PROCÉDURES DE PASSATION DES MARCHÉS PUBLICS : LES ÉTAPES DE LA PASSATION

Elles constituent l'ensemble des étapes obligatoires pour la passation de tout marché public. Aucune ne peut être ignorée ou contournée sans risquer de compromettre l'ensemble du processus. Elles débutent par l'expression d'un besoin par une personne morale de droit public ou privé (office, structure sous tutelle, entreprise d'État, établissement public, collectivité territoriale, etc.) ou tout organisme bénéficiant du concours financier ou de la garantie de l'État. Ce besoin une fois identifié et exprimé, est confié aux autorités contractantes qui sont tenues d'élaborer un plan prévisionnel annuel de passation des marchés publics sur le fondement de leur programme d'activités. Cette étape de la passation constitue le socle dans le processus de passation des marchés décrit dans le code des marchés publics en plus elle est la seule partie qui comporte plus de 73 articles, et est plus considérée dans cette recherche. La schématisation des étapes dans le processus de passation des marchés permettra en effet, de décrire au regard du code les différentes phases par lequel les acteurs sont soumis pour la passation d'un marché

**Figure 5 : Les étapes de la passation des marchés publics**

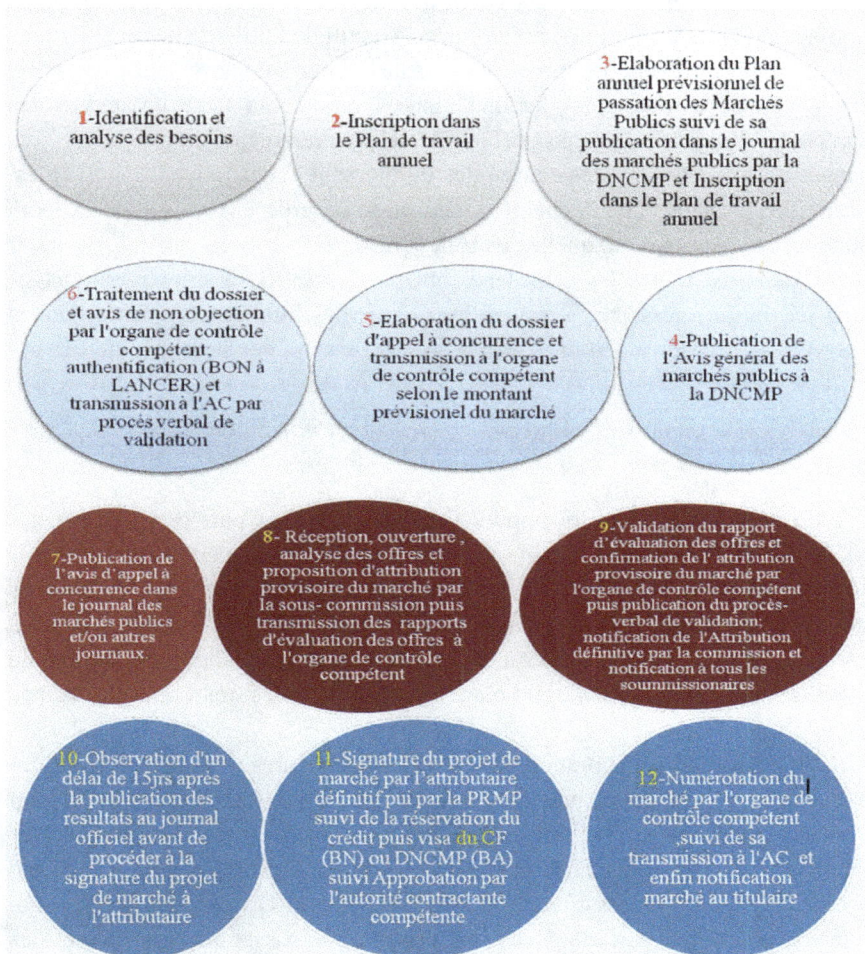

**1**-Identification et analyse des besoins

**2**-Inscription dans le Plan de travail annuel

**3**-Elaboration du Plan annuel prévisionnel de passation des Marchés Publics suivi de sa publication dans le journal des marchés publics par la DNCMP et Inscription dans le Plan de travail annuel

**6**-Traitement du dossier et avis de non objection par l'organe de contrôle compétent; authentification (BON à LANCER) et transmission à l'AC par procès verbal de validation

**5**-Elaboration du dossier d'appel à concurrence et transmission à l'organe de contrôle compétent selon le montant prévisionel du marché

**4**-Publication de l'Avis général des marchés publics à la DNCMP

**7**-Publication de l'avis d'appel à concurrence dans le journal des marchés publics et/ou autres journaux.

**8**- Réception, ouverture , analyse des offres et proposition d'attribution provisoire du marché par la sous- commission puis transmission des rapports d'évaluation des offres à l'organe de contrôle compétent

**9**-Validation du rapport d'évaluation des offres et confirmation de l' attribution provisoire du marché par l'organe de contrôle compétent puis publication du procès-verbal de validation; notification de l'Attribution définitive par la commission et notification à tous les soummissionaires

**10**-Observation d'un délai de 15jrs après la publication des resultats au journal officiel avant de procéder à la signature du projet de marché à l'attributaire

**11**-Signature du projet de marché par l'attributaire définitif pui par la PRMP suivi de la réservation du crédit puis visa du CF (BN) ou DNCMP (BA) suivi Approbation par l'autorité contractante compétente

**12**-Numérotation du marché par l'organe de contrôle compétent ,suivi de sa transmission à l'AC et enfin notification marché au titulaire

**Source** Réalisé à partir des données de terrain, 2020

Les douze (12) étapes ci-dessus constituent le cadre auquel sont assujettis les acteurs de la chaîne de passation dans l'exécution de leurs tâches quotidiennes. Loin d'être un processus long, il faut constater que toutes ces étapes sont nécessaires à la formalisation du contrat. Chaque étape présente une particularité selon le registre de relation qui prévaut dans la passation des marchés. Les pratiques observables dans les procédures de passation des marchés publics se manifestent à certains stades et prennent différentes formes selon les acteurs en place et les types de marchés, à telle enseigne qu'il est impossible de répertorier et de prédire avec exactitude l'attitude des acteurs face à un marché à travers les procédures. Ainsi, pour atteindre leurs objectifs, chaque acteur, à travers les actions menées lors de la mise en œuvre des procédures, poursuit sa propre stratégie, entièrement imprévisible car changeante, compte tenu des contraintes du moment et des moyens disponibles. À cet effet, les acteurs de la chaîne de passation superposent constamment leurs conduites aux données auxquelles ils sont confrontés.

Toutefois, toutes les étapes ne font pas l'objet d'un suivi rigoureux. Il s'agit ici de faire ressortir, à travers les propos des informateurs, les pratiques observées au niveau de certaines étapes au sein de certaines structures de l'État.

## II.1.    La phase de préparation : De la 1ère à la 5ème étape

Conformément à la loi portant Code des marchés publics au Bénin, les procédures de passation d'un marché commencent nécessairement par l'identification et l'analyse des besoins. Cette tâche incombe aux acteurs intervenant au niveau des départements techniques. Une fois le budget voté ou lorsque les ressources sont mises à disposition, s'ensuit l'élaboration du plan de travail annuel, dont découle le plan de passation des marchés de l'année suivante.

À l'étape de l'élaboration du plan, les procédures sont choisies, ce qui permettra au public d'avoir une idée des marchés à passer. L'exécution du plan de passation relève des structures initiatrices des besoins inscrits au plan. Il leur revient de transmettre les TDR ou les spécifications techniques au département de la PRMP pour la passation du marché y afférent. On retrouve ici la toute première phase qui sert de base aux organes de passation pour passer les marchés, conformément au Code des marchés publics. Il s'agit d'étapes préalables qui nécessitent un assemblage d'informations permettant de lancer le marché. Les étapes une (1) à cinq (05) sont exploitées par les acteurs pour la passation de tout type de marché. À travers ces étapes, le législateur est resté sommaire dans la description des différentes composantes de chacune. De ce fait, les acteurs intervenant sur la chaîne font apparaître des pratiques fondées sur les non-dits du législateur.

**Étapes 1 à 3 :** Ces trois étapes sont liées ; lorsque la première est contournée, cela impacte les autres. Selon un informateur :

> « *La majorité des marchés qui échappent à cette étape sont souvent des marchés passés par gré à gré en raison de l'urgence et sur instruction des autorités gouvernementales, évidement pour des fins nobles, n'allez pas voir autres choses en dessous.* » affirmait un cadre en service à la direction de l'exécution du budget (DEB) à la Direction Générale du Budget (DGB).

Ainsi, l'absence de ces trois étapes a pour conséquence directe la non-réservation de crédit pour le financement. Mais les acteurs en place, face à un tel cas, sont contraints de prélever sur des crédits réservés pour certains marchés ayant fait l'objet d'une identification préalable, afin de réaliser le marché qui n'était ni identifié ni planifié. Cela expose donc au détournement non seulement des activités initialement prévues, mais aussi des fonds alloués à cet effet, ou carrément sur des fonds appelés « crédits globaux ».

**Étape 5 :** Selon les discours des informateurs, la rédaction des dossiers d'appel à la concurrence se fait en vertu des articles 56 à 67 du Code des marchés publics en République du Bénin en vigueur au moment de l'étude, et aussi en conformité avec les dossiers types d'appel d'offres mis à la disposition des autorités contractantes par l'Autorité de Régulation des Marchés Publics (ARMP). En termes techniques, les acteurs des services de la PRMP désignent cette rédaction sous le terme de « montage de dossier ». Dans le montage de ces différents dossiers, la procédure diffère et l'essentiel se joue au niveau du contenu.

> « *Au cours du montage du dossier, le tour se joue sur les spécifications techniques du besoin faisant l'objet du marché et les pièces administratives à fournir pour être éligible, à telle enseigne que le présumé titulaire du marché, une fois en possession du dossier, se retrouve dans les spécifications demandées* » ; affirme un contrôleur admis à la retraite.

L'explication rationnelle de cette pratique réside dans le résultat escompté par les acteurs. Mais il en découle un problème d'asymétrie d'information, d'inégalité de traitement entre les potentiels candidats[18] manifestant le désir de compétition, et un manque de transparence, pourtant édicté à l'article 5 du Code des marchés publics.

---

[18] Il s'agit des entreprises soumissionnaires des marchés publics.

« *Le dossier d'appel à concurrence a une force que nul ne peut estimer. Ce caractère lui est transmis une fois que les organes de contrôle compétents donnent leur avis de non-objection. Il se révèle que les contenus des dossiers d'appel d'offres soient orientés vers le ou les potentiel(s) entreprise(s) qui seront titulaires.* » (le contrôleur, op. cit.)

Selon la finalité du marché et des objectifs que veulent atteindre les acteurs, les éléments constitutifs de l'offre varient, qu'il s'agisse d'un marché de fourniture, de travaux, de services ou de prestations intellectuelles. Par exemple, pour un appel d'offres lancé pour la fourniture de mobilier de bureau par une agence publique, il a été demandé, parmi les pièces à fournir, un chiffre d'affaires annuel moyen minimum des activités de fourniture de meubles et tables (fabrication locale) d'un montant de 150 000 000 FCFA pour les trois dernières années (2009, 2010, 2011). Selon un candidat ayant consulté le dossier :

« *Malgré qu'il s'agisse d'un appel d'offres, ce point a été mis pour orienter car, de tous ceux qui ont consulté le dossier, il n'y avait qu'un nombre limité de fournisseurs qui pouvaient le produire ; et le tour est joué.* »

Il ressort de l'avis de ce candidat que pour atteindre le but fixé, les acteurs de la chaîne de passation trouvent toujours les moyens nécessaires pour y parvenir. Mais ces moyens sont souvent issus des situations et des contraintes du moment.

## II.2.    La phase de mise en œuvre : La 8ème étape

La huitième étape est celle liée à la réception des offres après la publication de l'avis. À ce stade, on relève deux types de pratiques mises en œuvre par les acteurs : la première liée aux heures de réception et d'ouverture des offres, et la deuxième liée aux heures ainsi qu'au nombre de plis reçus à l'heure indiquée. S'agissant des pratiques issues des heures de réception des offres et de l'ouverture :

« *Il y a en effet certains soumissionnaires qui arrivent quelques minutes après l'heure limite de dépôt des offres. Nous acceptons des fois car le soumissionnaire se fond en supplications jusqu'à ce que l'on accepte ; ce qui est contraire aux dispositions de l'article 79 du code des marchés publics que, mais tu restes dans l'espoir que, derrière, si c'est le propriétaire de l'offre lui- même, il va vous glisser quelque chose à la fin, ou si c'est un envoyé, nous lui chargeons la commission, car le fait de prendre ces offres hors délais peut nous causer des problèmes* » ; affirme un informateur en service à la PRMP d'une autorité contractante.

S'agissant des pratiques en lien avec le nombre de plis reçus à l'heure indiquée :

« *Nous venons parfois en retard du fait qu'on n'a pas pu finir de monter notre offre à temps réel, pour des questions de réajustement sur le prix en fonction des gens à qui il faut donner de l'argent après, car je ne fais pas le commerce pour rouler à perte ni soumissionner aux marchés pour devenir pauvre ou fermer mon entreprise.* »

Il ajoute :

« *Parfois, nous ne venons plus si le montage de notre offre n'est pas finalisé ; mais retenez aussi que le dépôt obligatoire de notre offre dépend de l'information reçue. La loi oblige les agents du service des marchés publics à recevoir pour certaines procédures minimums trois (03) offres avant l'ouverture, mais nous nous renseignons sur le nombre de plis déposés à 30 mn et à 20 mn de la clôture. S'il n'y a que deux offres qui sont déposées, alors que la réglementation dit qu'en absence de trois plis, il n'y a pas d'ouverture ; on ne dépose plus, et cela nous donne le temps de finir. Mais attention, Monsieur, il y a des moments où nous venons pour être certains de l'information fournie par notre informateur, car à quelques secondes près de l'heure de dépôt, il y a des entreprises qui viennent déposer leurs plis. Si tel est le cas, on dépose notre offre non bouclée. (PAUSE) Mais là, un autre scénario entre en jeu, et ce sont seulement les gens des services marchés publics qui peuvent vous l'expliquer ; je ne vais pas dévoiler leur secret.* » affirme un soumissionnaire retardataire.

Dans le processus de réception des offres, il faut comprendre, de l'avis de cet informateur, qu'un mécanisme entier est mis en place entre le dépôt des offres et leur ouverture, en fonction des buts poursuivis.

## II.3.  La phase d'attribution du marché : De la 9ème à la 12ème étape

Cette phase prend en compte quatre (04) étapes.

**Étape 9** : À cette étape, au niveau de certaines structures étatique, les procès-verbaux d'ouverture et d'attribution ne serait quasiment pas publiés. La raison avancée est la suivante :

« *Les soumissionnaires ont le droit d'adresser une demande écrite au cas où ils ne seraient pas retenus ; c'est au niveau de l'article 89 du code. Alors, je ne vois pas pourquoi il faudrait perdre du temps à publier tous les procès-verbaux, et surtout, savez-vous combien de pages cela fait ? Non ! On ne peut pas les publier, d'ailleurs personne ne fera rien dans la mesure où on se connait entre acteur, même si depuis 2016 les choses ne sont plus comme avant, mais ont réfléchis quand même sur d'autres alternative, vraiment c'est fatiguant se travail de fourmi* » affirme un cadre du service des marchés publics. »*

(PAUSE)

« *D'abord, nous avons des problèmes de connexion à internet ; pour publier les avis d'appel à concurrence sur le SIGMAP, ou les avis généraux, et les plans de passation, on y met trop de temps. Qu'en serait-il des procès-verbaux qui font au moins 10 à 20 pages pour ce qui est des marchés de travaux ?* » affirme un cadre en service au niveau du département marchés publics d'un établissement public.

**Étapes 10, 11 et 12** : De l'avis des informateurs, le délai d'attente de 10 jours n'est souvent pas pris en compte.

« *Généralement, pour l'approbation du marché, le projet de marché fait un circuit de 10 jours, car il faut considérer le fait qu'il ne s'agit pas d'un seul "projet" de marché qui est mis dans le circuit et, surtout, les signataires ont d'autres attributions outre celle relative à la signature des marchés. C'est ce qui explique parfois ce dépassement de délais ; mais pour les marchés passés de gré à gré, en une journée, tout le circuit est fait et la notification du marché est faite, en raison des instructions qui suivent les projets de marché issus des grés à gré.* » affirme un cadre d'exécution de contrôle et de finances.

Ainsi, de la signature du projet de marché à l'approbation des marchés passés de gré à gré, on comprend que le pouvoir influence les éventuels délais.

Les différents biais observés au niveau des étapes décrites requièrent un système de renforcement et d'amélioration des dispositifs des marchés publics, indispensables pour la gestion des deniers publics et l'assainissement des finances publiques.

Si plusieurs auteurs ont montré le rôle important du renforcement des capacités humaines sur la gestion des marchés publics, (OCDE, 2008) peu ont abordé le renforcement du système lui-même. Or, le système de passation tel que conçu à travers les douze étapes favorise l'infiltration de biais. Comme le souligne le PNUD (2011) dans « les bonnes pratiques » :« *Le processus ou plan de renforcement des capacités ne doit pas être traité comme un modèle à reproduire fidèlement, mais plutôt comme un processus itératif visant à créer un cadre institutionnel viable. Pour que ce processus fonctionne, il faut que chaque pays se l'approprie. Il faut aussi que les parties prenantes y adhèrent, que les besoins soient évalués de manière réaliste, que le programme de renforcement des capacités soit planifié et que sa mise en œuvre fasse l'objet d'un suivi attentif et d'une gestion souple. »*

De même, AVAMASSE (2017), reprenant les conclusions de l'OCDE (2008) sur la Déclaration de Paris, expose « les engagements pris par les donneurs et les pays partenaires au sujet du renforcement des systèmes nationaux de passation de marchés publics ». Les objectifs, l'orientation et le calendrier d'un programme de renforcement doivent faire partie intégrante de la stratégie globale d'un pays, avec un accent particulier sur le rôle du secteur privé.

Par ailleurs, des auteurs comme Azondekon et Gassare (2013) suggèrent, en s'appuyant sur les technologies de l'information, une série de mesures pour lutter contre la corruption et disloquer le couple corruption-marchés publics. Ils estiment que « *la manifestation de la volonté politique dans les actes à travers la culture de reddition des comptes et le contrôle citoyen de l'action publique sont indispensables* ».

En somme, l'environnement institutionnel des marchés publics, tel que présenté, se prête à un réel espace d'action publique. Pourtant, les acteurs, bien que dotés d'outils et de mécanismes, développent des rapports qui tendent à compromettre l'efficacité et l'équité du système. Un écart notable s'observe ainsi entre les actions édictées par le législateur inscrites dans une dynamique futuriste pour justifier les objectifs du Développement Durable et celles menées par les acteurs sur le terrain, ce qui fragilise in fine le cadre institutionnel.

# CHAPITRE IV : ANALYSE DES PROCÉDURES DE PASSATION DES MARCHÉS PUBLICS ET DE LA DYNAMIQUE DES ACTEURS IMPLIQUÉ

Les dynamiques des acteurs intervenant dans la chaîne de passation des marchés publics dépendent de chaque procédure mise en œuvre pour satisfaire un besoin exprimé par des bénéficiaires directs ou indirects. Ainsi, à chaque niveau de la procédure, on retrouve une multitude d'acteurs administratifs, qui jouent un rôle et assument une responsabilité définie par la loi portant code des marchés publics. La description de chaque rôle et responsabilité permet de situer la place de chaque acteur dans l'ensemble du processus de passation, depuis la phase de planification jusqu'à la notification de l'ordre de service de commencement. Il s'agit en effet d'un acte déclencheur dans le processus de passation, marquant le début des obligations contractuelles ou des relations contractuelles.

## I. Les procédures de passation des marchés : le processus de planification des marchés publics à passer

Le processus de planification se subdivise en deux phases : l'élaboration du plan de passation et sa mise en œuvre effective. C'est autour du document nommé Plan de Passation de Marchés Publics[19] que tous les acteurs de la chaîne de passation se mobilisent et interagissent. Plus qu'un simple document, il constitue un outil de planification des dépenses relatives à la satisfaction des besoins d'intérêt général et détaille l'ensemble des ressources financières mobilisées par chaque structure décentralisée de l'État pour des objectifs de service public.

À travers le processus de planification des marchés au moyen du plan de passation, des actions sont menées qui permettent de révéler les rôles des acteurs et les intérêts en jeu, l'argent constituant l'un des moteurs contribuant à la mise en œuvre des stratégies développées dans la chaîne de passation des marchés publics. C'est par cet outil que les rôles de chaque acteur seront décrits.

---

[19] C'est la décret N° 2018-231 du 13 Juin 2018 portant procédure d'élaboration des plans de passation des marchés publics qui constituent le moyen de contrainte faite aux acteurs avant la passation d'un marché.

## I.1. La phase d'élaboration du Plan de Passation des Marchés Publics

La phase d'élaboration du plan de passation, préalable au lancement de toute procédure de marchés publics, est déterminante. En effet, tout marché qui n'a pas été préalablement planifié est frappé de nullité absolue.

De façon schématique, les acteurs impliqués et leurs rôles respectifs peuvent être définis comme suit :

**Figure 6 : Description de la phase de l'élaboration du plan de passation des marchés publics**

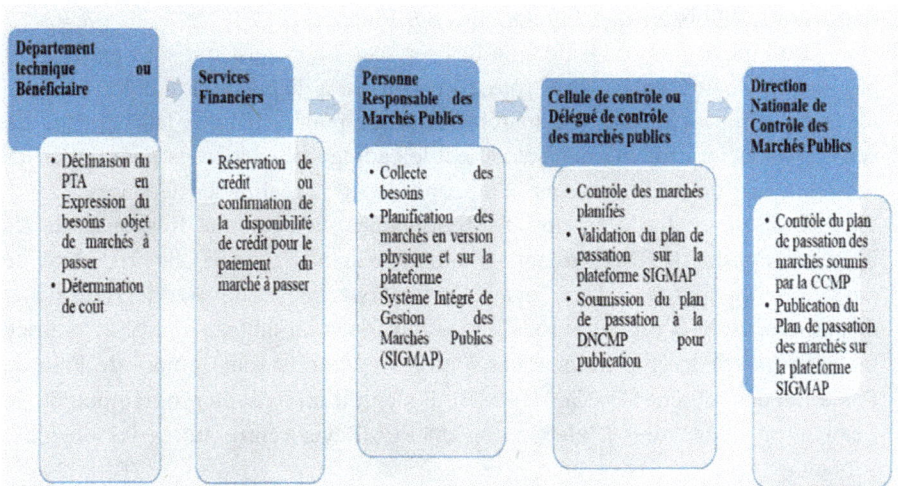

| Département technique ou Bénéficiaire | Services Financiers | Personne Responsable des Marchés Publics | Cellule de contrôle ou Délégué de contrôle des marchés publics | Direction Nationale de Contrôle des Marchés Publics |
|---|---|---|---|---|
| • Déclinaison du PTA en Expression du besoins objet de marchés à passer<br>• Détermination de coût | • Réservation de crédit ou confirmation de la disponibilité de crédit pour le paiement du marché à passer | • Collecte des besoins<br>• Planification des marchés en version physique et sur la plateforme Système Intégré de Gestion des Marchés Publics (SIGMAP) | • Contrôle des marchés planifiés<br>• Validation du plan de passation sur la plateforme SIGMAP<br>• Soumission du plan de passation à la DNCMP pour publication | • Contrôle du plan de passation des marchés soumis par la CCMP<br>• Publication du Plan de passation des marchés sur la plateforme SIGMAP |

**Source :** Réalisé à partir des données de la recherche, 2020

Toute structure étatique a pour vocation de satisfaire un service public. À cette fin, et à travers les fonctions régaliennes de l'État, la satisfaction des besoins d'intérêt général se traduit par une ou plusieurs expressions de besoins émanant de l'État via ses démembrements, lesquels disposent en leur sein de départements techniques[20], bénéficiaires directs ou indirects des besoins à satisfaire.

---

[20] Les départements techniques sont fonction du secteur d'activité des structures publics et du type de service public rendu.

Chaque année, au niveau de l'État, un budget est voté et alloué à toutes les structures étatiques, quelle que soit leur forme juridique. Sur la base de cette allocation, les structures étatiques s'engagent dans une démarche d'acquisition de biens, de réalisation de travaux ou de fourniture de services afin de rendre le service public disponible. Pour ce faire, elles sont tenues, comme le prescrit la réglementation, de s'assurer de l'effectivité, de la disponibilité et des limites des fonds, afin d'exprimer le besoin en termes monétaires.

Rappelons que le budget de l'État résulte du budget sectoriel par objectifs et ressources de chaque structure (ministère, institution, office, société d'État, société para-publique, organisme, agence), établi sur la base du cadre budgétaire défini par le Ministère de l'Économie et des Finances.

Le budget proposé est connu des services financiers, qui sont gardiens et régulateurs des dépenses. Leur rôle est de mettre à disposition le crédit et de le réserver au profit de chaque marché à passer pour satisfaire les besoins. Le service financier effectue non seulement le cadrage des dépenses pour éviter les dépassements de crédit, mais aussi un contrôle sur la réalité des dépenses.

Dans la chaîne d'actions institutionnelles, la Personne Responsable des Marchés Publics (PRMP) assume l'entière responsabilité de la procédure de passation des marchés. Une fois le besoin exprimé et le crédit confirmé et disponible, celle-ci regroupe tous les besoins dans un tableau synthèse, matrice faisant ressortir le type de marchés à passer, et connu sous le nom de Plan de Passation des Marchés Publics (PPMP). Il s'agit d'un outil de programmation de l'exécution budgétaire. L'élaboration du PPMP vise entre autres les objectifs suivants :

- Bon agencement des besoins par ordre de priorité, évitant le recours abusif aux marchés de gré à gré liés à l'urgence de la dépense ;
- Promotion de la transparence et de la concurrence grâce à la publication du PPMP ;
- Bons allotissements ou regroupements assurant l'efficacité et des économies d'échelle au niveau de la commande publique ;
- Constitution d'un bon outil de gestion ;
- Supervision de la progression générale ;
- Bonne estimation de la charge de travail (nombre de contrats attendus, sollicitation des membres des commissions, durée estimée de chaque marché).

Au regard de ces objectifs, les opérations concourant à l'élaboration du PPMP sont les suivantes :

- La définition du projet et des délais ;
- L'identification de la nature et de l'étendue des besoins en fonction des activités de la structure ;
- La quantification de chaque besoin ;
- Le regroupement des besoins par catégorie de prestations (travaux, fournitures, services) et par nature ;
- L'estimation des montants ;
- Le choix des méthodes de passation ;
- L'établissement des priorités et l'identification des chemins critiques.

La Personne Responsable des Marchés Publics doit remplir le plan de passation des marchés suivant un modèle type dont le contenu s'énonce comme suit :
- La source de financement ;
- La ligne budgétaire ;
- La nature de la prestation ;
- Le mode de passation souhaité (Appel d'Offres International [AOI], Appel d'Offres National [AON], Appel d'Offres Restreint [AOR] avec ou sans préqualification, gré à gré, demande de renseignement et de prix ou de cotation, demande de proposition avec SBQC, méthode de moindre coût, etc.) ;
- Les différentes durées ou dates limites, allant de la préparation du Dossier d'Appel d'Offres (DAO) ou des Termes de Référence (TDR) jusqu'à l'approbation des contrats de marchés (en tenant compte des délais pour les avis de non-objection, les signatures, etc.).

Dans ce processus, on retrouve deux organes de contrôle intervenant selon leur champ de compétence : la Cellule de Contrôle des Marchés Publics (CCMP) et la Direction Nationale de Contrôle des Marchés Publics (DNCMP).

Une fois le projet de Plan de Passation des Marchés établi par la PRMP sur la base des informations communiquées par les départements bénéficiaires et le service financier, il est soumis à la CCMP pour validation. Les points faisant l'objet d'une attention particulière lors de l'examen du PPMP par la CCMP sont :
- Le respect du canevas ;
- Le respect des délais de dépôt des projets de PPMP ;
- Le respect des délais réglementaires et le réalisme des autres délais ;
- Le respect des seuils (lien entre procédures de passation et montant) ;

- La vérification que les délais de validité des offres des soumissionnaires ne seront pas dépassés ;
- La justification de l'allotissement ;
- La précision de la nature de la prestation (éviter des mentions telles que « acquisition de divers matériels ou diverses fournitures ») ;
- La répartition temporelle des dépenses afin d'éviter une concentration des factures à honorer à un moment donné ;
- L'existence et l'exactitude de la ligne budgétaire conformément à la loi de finances, aux accords de crédit ou au budget autonome de la structure;
- La prise en compte effective du montant des dépenses engagées mais non liquidées dans le montant estimé de l'inscription budgétaire.
- Les PPMP ayant fait l'objet d'observations sont retournés pour corrections éventuelles et/ou corrigés directement sur support électronique.

Les PPMP validés par la CCMP sont publiés par la DNCMP dans le *Journal des Marchés Publics* et le SIGMAP. Ils peuvent également être publiés dans un organe de presse à large diffusion. Il convient de noter une nuance soulevée par les acteurs de la chaîne concernant les marchés de défense et de sécurité : les marchés considérés comme secrets défense ne doivent pas figurer dans le PPMP. Cependant, les ministères en charge de la sécurité et de la défense doivent planifier tous les autres marchés.

Cette information amène à s'interroger sur le déroulement des marchés relatifs à la défense et à la sécurité. En réponse à cette préoccupation, la secrétaire de la PRMP d'un ministère intervenant dans ce domaine déclare :

> « Nous n'avons que deux types de méthodes pour passer ces marchés ; nous faisons des appels d'offres restreints nationaux ou internationaux et des grés à gré, comme l'exige le décret[21] sur les marchés de défense et de sécurité. »

Le décryptage du décret mentionné par cette informatrice révèle que les Plans de Passation des Marchés (PPM) de sécurité et de défense sont établis par la PRMP mais ne sont pas publiés au même titre que les PPM relatifs aux marchés ne relevant pas de la défense et de la sécurité. Ainsi, les structures de l'État vouées à la défense et à la sécurité sont assujetties à deux types d'outils de programmation de l'exécution budgétaire.

---

[21] Décret N° 2018-233 du 13 Juin 2018 fixant les procédures et modalités de passation des marchés publics relatifs aux besoins de défenses et de sécurité nationale exigent le secret.

De l'analyse des données recueillies, il ressort que les PPMP peuvent être actualisés si nécessaire (par exemple, si le besoin est déjà satisfait ou n'est plus nécessaire). Toute mise à jour doit être validée et publiée dans les mêmes conditions que la version initiale. Il est également indiqué qu'aucun marché ni aucune négociation par entente directe ne peut avoir lieu si le PPMP n'est pas validé et publié, d'où l'importance d'élaborer un bon PPM. Ainsi, tout marché ne figurant pas dans un PPMP (à l'exception des marchés secrets de défense) est nul et de nul effet au sens de la réglementation sur les marchés publics, engageant clairement la responsabilité de la PRMP, garante de la procédure.

## I.2. La phase d'exécution du Plan de Passation des Marchés Publics

L'exécution ou la mise en œuvre du plan de passation est régie par la loi portant code des marchés publics en République du Bénin et fait l'objet d'une veille par des organes internes ou externes. La Personne Responsable des Marchés Publics est l'acteur principal dans la mise en œuvre du Plan de Passation des Marchés Publics publié par l'organe de contrôle externe[22] qu'est la Direction Nationale de Contrôle des Marchés Publics.

Après la validation et la publication des PPMP, ceux-ci sont mis en œuvre. Cependant, un préalable est nécessaire : la PRMP, responsable légale des procédures, doit s'assurer de la mise en place et de la disponibilité du financement avant le lancement de la consultation, conformément à son PPM, et ce jusqu'à la conclusion du marché.

Dès le début de la phase d'exécution, il est nécessaire d'assurer un bon suivi du chronogramme, depuis l'élaboration des dossiers[23] servant à passer les marchés jusqu'à la signature du contrat. Les organes de contrôle externes et internes compétents (CCMP, DNCMP et service financier) doivent s'assurer que les passations de marchés sont cohérentes avec le PPMP. Cette cohérence est une condition préalable à la validation de la procédure et aux décaissements.

Bien que l'exécution du PPMP incombe à la PRMP, elle n'échappe pas à des actions de contrôle. En effet, dans le processus de mise en œuvre du PPMP, intervient un autre type d'organe de contrôle : l'Autorité de Régulation des

---

[22] L'externalité est relative à toutes les autres structures étatiques sauf le Ministre de l'Économie et de Finances (MEF) car cette Direction est logée dans l'enceinte du MEF
[23] Il est mis en place des dossiers types pour permettre une harmonisation des dossiers devant servir à passer des marchés. Ces dossiers types sont régis par les décrets d'applications.

Marchés Publics (ARMP). Ce contrôle constitue une forme de régulation à la fois juridique et sociale. Il contribue d'une part à veiller au respect des dispositifs sociaux d'accès aux marchés publics pour prévenir les recours générateurs de tensions sociales lors de la passation des marchés, et d'autre part à surveiller l'application du code des marchés publics.

À ce titre, l'ARMP peut adresser une note d'interpellation à tout acteur impliqué directement ou indirectement dans la chaîne de passation pour des questions relatives au non-respect du code des marchés publics et des textes connexes. Cela peut se faire par une interpellation orale ou écrite. Les acteurs concernés doivent apporter des réponses adéquates aux structures compétentes.

Par ailleurs, des recours ou revendications émanent parfois des entreprises soumissionnaires évincées, qui luttent pour le respect des dispositifs sociaux d'accès et des textes. Quant à la société civile, son rôle dans la participation citoyenne à la gestion des fonds publics reste faible, malgré sa double représentation au sein de l'ARMP, dont les actions de visibilité restent minimes.

Au-delà des interpellations ou auto-saisines de l'ARMP, les actions des entreprises évincées prennent la forme de pressions pour contraindre les acteurs à appliquer le code des marchés publics, se manifestant par des recours et dénonciations contre leurs pratiques.

Toujours dans cette phase d'exécution, l'évaluation du PPMP est effectuée à mi-parcours ou a posteriori, en vérifiant le respect des procédures et des délais, la publication ou la révision du PPMP, et l'absence de morcellement des commandes. L'évaluation permet de faire le point sur les difficultés rencontrées et de formuler des propositions d'amélioration. À cette étape, plusieurs activités impliquant différents acteurs sont réalisées pour apprécier la transparence dans la gestion des fonds publics. La PRMP fournit les documents nécessaires pour permettre à ces acteurs d'accomplir leur devoir.

**Figure 7 : Le contrôle de l'exécution du plan de passation des marchés publics**

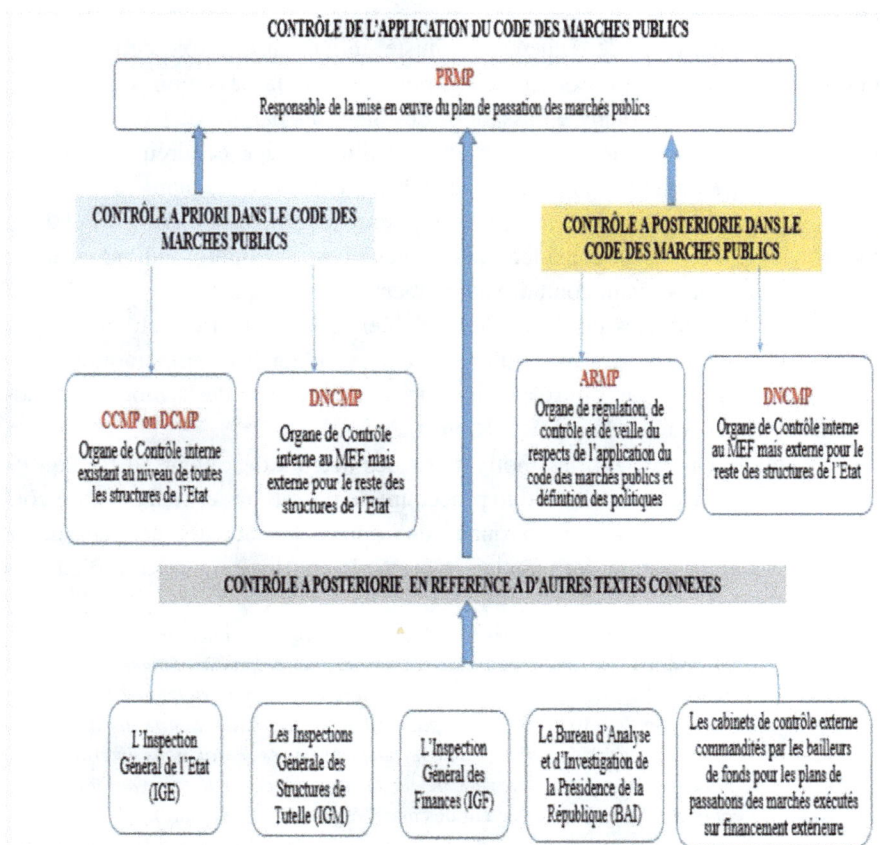

CONTRÔLE DE L'APPLICATION DU CODE DES MARCHES PUBLICS

**PRMP**
Responsable de la mise en œuvre du plan de passation des marchés publics

**CONTRÔLE A PRIORI DANS LE CODE DES MARCHES PUBLICS**

**CONTRÔLE A POSTERIORIE DANS LE CODE DES MARCHES PUBLICS**

**CCMP ou DCMP**
Organe de Contrôle interne existant au niveau de toutes les structures de l'Etat

**DNCMP**
Organe de Contrôle interne au MEF mais externe pour le reste des structures de l'Etat

**ARMP**
Organe de régulation, de contrôle et de veille du respects de l'application du code des marchés publics et définition des politiques

**DNCMP**
Organe de Contrôle interne au MEF mais externe pour le reste des structures de l'Etat

CONTRÔLE A POSTERIORIE EN REFERENCE A D'AUTRES TEXTES CONNEXES

L'Inspection Général de l'Etat (IGE)

Les Inspections Générale des Structures de Tutelle (IGM)

L'Inspection Général des Finances (IGF)

Le Bureau d'Analyse et d'Investigation de la Présidence de la République (BAI)

Les cabinets de contrôle externe commandités par les bailleurs de fonds pour les plans de passations des marchés exécutés sur financement extérieure

**Source :** Réalisé à partir des données de la recherche, 2020

Comme l'indique la figure ci-dessus, le contrôle de l'exécution du plan de passation des marchés est déterminé par la constitution de corps de contrôle examinant le rapport de gestion des marchés passés au regard des plans de passation de l'année.

Dans les procédures de contrôle, on observe l'intervention de plusieurs organes ou institutions de la République, tels que cités sur la figure. Les dynamiques entre ces différentes institutions et structures se caractérisent par la nature des actions développées par chaque acteur en tant qu'individu, par rapport aux objectifs de la structure qu'il représente. Ces dynamiques peuvent être définies par des facteurs politiques, de bonne gouvernance, de reddition de comptes et d'intérêts.

Il convient donc de rechercher le juste milieu entre le rôle de l'acteur en tant que représentant d'un organe et sa posture dans la passation d'un marché durant l'exécution du plan de passation. Les analyses partant de l'individu pour expliquer les phénomènes collectifs au sein d'un groupe éclairent l'action de chacun des acteurs représentant un organe dans l'exécution du plan.

Le courant utilitariste, incarné par Jeremy Bentham (1748-1832) et John Stuart Mill (1806-1876), considère que la recherche de l'intérêt individuel est le but de l'individu, pouvant conduire au bonheur.

Pour les partisans de l'« école autrichienne », dont Friedrich von Hayek (1899-1992), le subjectivisme seul permet d'expliquer les comportements des individus : il s'agit, par l'introspection, de rendre compte de la motivation des actions et des croyances humaines (Riutort, 2014)[24].

Dans le cas présent, les motivations des acteurs découlent du rôle qu'ils jouent dans la mise en œuvre d'une procédure de passation des marchés. Le côté subjectif reste un caractère marquant qui anime les acteurs au sein de la commission de passation des marchés. Comme le confirme un ex contrôleur des marchés publics :

> « C'est d'abord "moi" qui suis en jeu, on me dit acteur ; regardez ma position sur la chaîne, mais ça ne me donne pas à manger. Nous prenons des risques à valider des dossiers non-sens parfois, et j'essaie d'arranger le dossier, et alors (pause) hum et alors...ce que je dis c'est autre fois ça. Aujourd'hui si tu te hasard...certes la loi nous interdits formellement cela à travers le code d'éthique, mais tu vas faire comment ?» (L.S. A: ex acteur des marchés publics à la retraite).

Ces propos révèlent quand même qu'au-delà de la tâche accomplie, l'acteur attend une reconnaissance, quelle qu'en soit la forme. Sa logique se résume à une relation gagnant-gagnant. Cependant, les objectifs escomptés ne semblent pas toujours rencontrer ces attentes.

L'analyse qui suit se concentre sur la réalité informelle qui se joue dans les interstices de cette procédure, révélant un système sous tension où les logiques individuelles et collectives entrent en conflit.

---

[24] Philippe Riutort, (2014), Les sociologies de l'action sociale : Les acteurs et le contexte dans Précis de sociologie, Presses Universitaires de France, p.183 à 219

Le problème central n'est pas une défaillance technique du processus, mais une **dérive systémique où la procédure est détournée de sa finalité initiale**. Le cadre légal, conçu pour garantir la transparence, l'égalité de traitement et l'efficacité de la dépense publique, devient un théâtre où se jouent des stratégies individuelles de pouvoir, de rente et de survie professionnelle.

Cette phrase-clé de l'acteur : « *C'est d'abord ''moi'' qui suis en jeu... ça ne me donne pas à manger* » résume ce conflit. L'acteur public est tiraillé entre :

- **Son rôle formel** : garant impersonnel de la règle pour l'intérêt général.

- **Sa condition réelle** : un individu cherchant une reconnaissance (matérielle, symbolique, hiérarchique) souvent absente dans le système.

Ainsi, plusieurs facteurs interdépendants expliquent cette dérive :

### a) L'Asymétrie d'Information comme Monnaie d'Échange :

Comme on le note, la "détention de l'information" est un moyen de pouvoir clé. Chaque acteur détient un fragment d'information cruciale. La tentation est forte d'utiliser ce fragment comme une monnaie d'échange pour obtenir des faveurs, accélérer ou bloquer un dossier d'ordre public qui doit contribuer au développement, ou se créer un capital de reconnaissance. Cela crée un "marché de l'information" parallèle qui court-circuite la transparence officielle.

### b) La Faiblesse des Incitations Positives :

Le système semble fonctionner sur un modèle punitif (crainte du recours, de la nullité du marché, des sanctions) plutôt que sur la récompense. Où sont les incitations pour la PRMP qui élabore un PPMP exemplaire ? Pour le contrôleur qui valide un dossier complexe avec célérité et rigueur ? L'absence de reconnaissance positive pousse les acteurs à en chercher une ailleurs, souvent dans des circuits informels.

### c) La Complexité et la Lourdeur Procédurale :

La multiplication des organes de contrôle (CCMP, DNCMP, ARMP, Service Financier), chacun avec ses délais et ses exigences, crée un environnement bureaucratique kafkaïen. Cette complexité :

- **Offre des prétextes** pour justifier des retards ou des blocages.

- **Multiplie les points de veto** où un acteur peut, pour un motif subjectif, ralentir tout le processus.
- **Épuise les agents intègres** et favorise ceux qui maîtrisent les "astuces" pour naviguer dans le système.

### d) Le Décalage entre la Règle et les Ressources :

La réglementation est exigeante (élaboration du PPMP, dossier d'appel à concurrence, contrôles multiples) mais les administrations sont souvent sous-dotées en moyens humains et techniques. Les PRMP et contrôleurs sont en sous-effectif, manquent de formation continue et sont sursollicités. Cette pression constante est un terreau fertile pour la recherche de "solutions" informelles sans que l'on ne soit confronté aux conséquences et risques suivants :

- **Inefficacité économique** : Retards dans la réalisation des projets publics, morcellement des commandes, choix du soumissionnaire non pas le plus à même de bien faire le travail, mais le plus habile à naviguer dans le système informel.
- **Défiance et Opacité** : La défiance des entreprises (qui dénoncent) et la frilosité des agents (qui refusent de s'identifier) sont les deux faces d'un même mal : l'opacité. Cela sape la légitimité de l'action publique.
- **Corruption** : Bien que non explicitement mentionnée, le système décrit est un incubateur à corruption "grey area" (favoritisme, népotisme, passe-droits) qui peut, dans les cas extrêmes, dégénérer en corruption pure.

A ce titre les solutions ne doivent pas seulement être techniques, mais aussi managériales et culturelles à savoir :

### a) Lutter contre l'asymétrie d'information par le numérique :

Généraliser et interconnecter les plateformes (comme le SIGMAP) pour que toutes les informations (PPMP, budgets, avis de marchés, procès-verbaux) soient accessibles en temps réel à tous les acteurs habilités. Un seul point de vérité réduit le pouvoir de nuisance de ceux qui thésaurisent l'information.

### b) Réformer la gestion des ressources humaines

Une réforme en cours et a donné lieu à la création du fichier national des PRMP. Mais il serait plus intéressant de créer un statut particulier valorisant les PRMP et contrôleurs : formation certifiante, rémunération alignée sur la complexité de la tâche, plan de carrière attractif. Aussi, instaurer un système de reconnaissance qui vas récompenser les équipes qui respectent les délais et obtiennent de bons retours des entreprises, plutôt que de ne se focaliser que sur les erreurs à punir.

### c) Simplifier et Clarifier :

- **Audit des procédures** : identifier et supprimer les étapes redondantes ou purement formelles qui n'ajoutent pas de valeur. Mettre en place un système d'audit systématique à la fin de chaque procédure afin de contraindre l'acteur à réparer le dommage de façon immédiate et non après coup. ce système ne doit pas être englouti dans le système des audits interne.

- **Clarifier les rôles** : définir précisément le périmètre de chacun (notamment entre CCMP, DNCMP et autres acteurs) pour éviter les doublons et les conflits de compétence.

### d) Instaurer un Dialogue Structuré :

Il s'agira de créer des cadres formels de dialogue entre acheteurs publics, contrôleurs et entreprises **en amont** des procédures (pour des consultations sur des projets complexes) et **en aval** (pour des retours d'expérience systématiques). Cela canalise les tensions et réduit le besoin de recours contentieux.

### e) Protéger les Lanceurs d'Alerte (un outil très efficace) :

Pour ce niveau de responsabilité des acteurs, il faut Mettre en place une cellule indépendante (différente de l'ARMP, ou autre structures) et confidentielle où les agents (comme le contrôleur cité) et les entreprises pourraient signaler des pressions ou des pratiques douteuses sans crainte de représailles. Cela brise l'omerta.

Le système béninois des marchés publics est à un carrefour. Il possède un cadre légal solide et des institutions de contrôle. Son défi n'est plus d'édicter de nouvelles règles forcément, mais de transformer la culture administrative qui l'anime. Il s'agit de faire évoluer les logiques des acteurs d'une défensive individuelle ("**moi d'abord**") vers une logique collective de performance et de service public. Cette transformation passe par une modernisation des outils, une valorisation des ressources humaines et une simplification courageuse des processus. Sans cela, la fabrique des moyens restera orientée vers la satisfaction d'intérêts particuliers, au détriment de l'intérêt général.

## II. La mobilisation des moyens et dynamiques des acteurs dans le processus de passation d'un marché public

Cette partie décrit comment la mobilisation des moyens par chaque acteur[25] représentant un organe et intervenant dans le processus de passation d'un marché une fois les règles de planification respectées participent à l'attribution d'un marché. Ce processus débute, outre la planification préalable exigée par le législateur, par l'élaboration d'un dossier d'appel à concurrence soumis aux entreprises désireuses de participer à un marché public, pour aboutir à l'attribution du marché à une entreprise potentielle. Elle analyse le contenu des actions induites par la représentation des acteurs à travers la multiplicité des moyens mobilisés face aux objectifs assignés et fixés par les acteurs en présence pendant l'élaboration du dossier.

### II.1. La fabrique des moyens dans la quête d'élaboration d'un dossier d'appel à concurrence orienté pour la passation d'un marché public : comment les marchés sont passés.

Un dossier de passation de marché est communément associé à l'ensemble des documents permettant de passer des marchés. Il s'agit du dossier d'appel à concurrence. Ce document comprend les renseignements nécessaires à l'élaboration de la soumission, à l'attribution du marché et à son exécution. Son but est de donner à tous les soumissionnaires[26] éventuels admis à concourir des informations adéquates et de leur offrir une chance égale de soumissionner pour les biens, travaux ou services à acquérir.

Ses fonctions sont de décrire les biens, travaux et services projetés ; d'informer les soumissionnaires sur les critères d'évaluation ; de définir les conditions du marché ; et d'instruire les candidats sur la procédure de soumission des offres.

On rencontre différents types de dossiers lors de la passation d'un marché public, le dossier type étant choisi en fonction du type de marché. Le terrain en révèle trois types, classés par famille :

-    La famille des dossiers type d'appel d'offres (dossiers type d'appel d'offres pour les marchés de travaux, de services ou de fournitures ; dossier

---

[25] Il faut entendre par acteur ici, les intervenants au niveau de l'administration et les soumissionnaires (fournisseurs et prestataires de services).
[26] Il s'agit des entreprises et sociétés qui participent aux marchés publics

de préqualification pour les marchés d'équipements et de travaux ; demande de proposition pour les marchés de prestations intellectuelles) ;

- La famille des dossiers type de demande de renseignement et de prix pour les marchés de travaux, de fournitures, de prestations intellectuelles ou de services ;

- La famille des dossiers type de demande de cotation pour les marchés de travaux, de fourniture, de prestations intellectuelles ou de services.

La catégorisation en famille dépend du seuil de passation[27] du marché, qui détermine l'organe assurant le contrôle ainsi que le type de contrôle (a priori ou a posteriori).

Ainsi, pour chaque document type à renseigner pour la passation d'un marché, la Personne Responsable des Marchés Publics acteur principal et responsable de la mise en œuvre de la passation et de l'exécution du marché doit fournir les documents suivants, compte tenu de leur importance : le plan de passation, les spécifications techniques, la description des prestations, le dossier type concerné, l'accord de crédit, et le certificat ou l'attestation de disponibilité du crédit. Dans ce processus, interviennent des acteurs clés détenant des rôles spécifiques.

**Tableau III : Les rôles des intervenants dans l'élaboration d'un dossier d'appel à concurrence pour la passation d'un marché.**

| N° | ACTEURS | ROLES |
|----|---------|-------|
| 1 | SERVICES TECHNIQUES | Ils élaborent tous les supports et les spécifications techniques, puis les transmettent à la PRMP. |
| 2 | SERVICES FINANCIERS | Ils budgétisent le montant du marché à passer et confirment sa disponibilité à la PRMP pour lui permettre de lancer la procédure. |
| 3 | PRMP | Elle élabore et met en œuvre le Plan de Passation des Marchés Publics (PPMP). Elle passe chaque marché inscrit au plan selon le calendrier de planification et après saisine des services techniques. |
| 4 | CCMP | Elle valide le PPMP. Elle effectue des contrôles a priori ou a posteriori sur les dossiers d'appel à concurrence qui lui sont soumis par la PRMP, dans la limite de sa compétence. |

---

[27] Ce sont les montants prévisionnels hors taxes fixés par voie réglementaire à partir desquels, tout marché public est soumis aux procédures de la loi portant code des marchés publics en République du Bénin

| N° | ACTEURS | ROLES |
|---|---|---|
| 5 | DNCMP | Après l'approbation du PPMP par la CCMP, la DNCMP procède à sa publication. Elle réalise des contrôles a priori sur les dossiers qui lui sont soumis par la PRMP, dans la limite de sa compétence. En fin d'année, elle effectue un contrôle a posteriori sur l'ensemble des dossiers de passation de l'autorité contractante. |
| 6 | ARMP | Elle intervient en cas de recours formulés contre des parties du dossier d'appel à concurrence jugées non exhaustives, ambiguës ou orientées. |

**Source :** Réalisé à partir des données de la recherche, 2020.

Les stratégies développées dans la passation des marchés constituent la façon dont un acteur réalise ses objectifs en fonction des contraintes auxquelles il est soumis et des « moyens » dont il dispose. La stratégie est orientée vers le futur : en essayant de prévoir les comportements des autres acteurs sur la chaîne de passation, l'acteur cherche à y répondre et à anticiper pour des finalités intrinsèques.

Les stratégies représentent la logique (structurelle, à long terme) des pratiques (conjoncturelles, à court terme). En tant que telles, elles ne sont pas directement observables, mais (re)construites par le chercheur. Elles sont la logique des pratiques des acteurs (Hesseling et Mathieu, 1986)[28].

Il s'agit de faire ressortir les mécanismes et stratégies de persuasion adoptés (avant, pendant et après) par les acteurs en présence dans la chaîne de passation pour faire de chaque marché passé un actif personnel au détriment d'un objectif collectif. Ainsi, les actions et stratégies menées par chaque intervenant participent au lancement du dossier pour la passation d'un marché.

On observe ici un « **jeu de l'information** », où la détention de l'information est l'un des moyens les plus utilisés dans l'application du code pour passer des marchés. Chaque acteur détient une partie de l'information sur chaque marché à passer par la PRMP informations que la PRMP peut ne pas détenir ou ne détenir que partiellement. C'est pourquoi chaque acteur, au cours des entretiens, schématise comment l'usage de son information et comment

---

[28] Hesseling Gerti, Mathieu Paul. (1986). Stratégies de l'Etat et des populations par rapport à l'espace. In : Crousse Bernard (ed.), Le Bris Emile (ed.), Le Roy Etienne (ed.). Espaces disputés en Afrique Noire : pratiques foncières locales. Paris : Karthala, 309-325. (Hommes et Sociétés). ISBN 2-86537-146-8

l'information détenue de par son rôle dans l'élaboration d'un dossier de passation participe à la satisfaction d'un objectif individuel au détriment du collectif que son statut lui confère via l'organe auquel il appartient.

Cependant, pour les besoins d'information sur les pratiques et dynamiques en cours, il convient d'expliquer la finalité du travail en cours. On observe un refus catégorique de la part de ces acteurs de divulguer leur identité, comme en témoigne le verbatim ci-dessous :

> « *Je ne vous dirai pas mon nom ; que cherchez-vous ? Et si c'est bien ici qu'on vous a envoyé poser votre question ? Car seul ce que je vous dirai est important pour votre travail, et je ne veux pas que l'information sur mon lieu de travail se retrouve dans votre document, s'il vous plaît. Sinon, je vais tout nier.* » (Extrait d'entretien avec un acteur financier, 24 septembre 2021 ; niveau d'instruction : master 2 en finance-comptabilité).

## Encadré 1 : Information détenue par le service financier

**Encadre 1 :** information détenue par le service financier

« Q : comment intervenez-vous dans la passation des marchés à travers l'élaboration des dossiers d'appel à concurrence

R : Les marchés sont passés en fonction du montant disponible et des seuils de passation qui ne sont rien d'autre que les montants par niveau. Ce qui fait qu'avant de passer un marché, la PRMP nous écrit pour confirmer la disponibilité du crédit ou montant. C'est lorsque nous confirmons qu'ils sont aisés de monter leur dossier et de le lancer. Mais pourquoi nous, en fait pendant l'élaboration du budget, c'est mon service et précisément moi qui fait la matrice des prévisions pour les coûts des activités qui ont des besoins objet de marché à passer. En le faisant, si on doit acheter le bien ou réaliser des travaux par exemple à mille francs, moi je peux mettre trois milles. Je le fais pour deux raisons ; la première c'est pour éviter la sous-estimation et ne pas avoir des problèmes financiers pendant la réalisation du marché et la deuxième est personnel dans le sens où je suis le seul à détenir le prix réel du marché à passer, ce qui fait que si le marché est passé, et que les autres acteurs ne composent pas avec moi, je gâte le marché. (*Temps d'arrêt dans le discours : l'informateur laisse entrevoir un sourire au coin des lèvres et continue ses propos*). Vous s'avez, qui que ce soit sur la chaîne, est obligé de composer avec moi, sinon il ira dire le prix que j'ai affiché ne sachant pas que c'est un faux prix que moi seul d'ailleurs peut justifier, et par derrière je trouve quelqu'un qui vient postuler au marché et je lui dis de baisser son coût et comme c'est le moins disant que les textes nous recommandent, c'est celui que j'ai placé qui gagne et je me mets le surplus dans la poche ni vu ni connue. Rappelez-vous aussi que c'est moi qui confirme la disponibilité, dans le même temps je suis habilité à leur dire après qu'il y a indisponibilité de crédit et ceci est dû à des virements de compte à compte pour régler d'autres problèmes ; et là ils sont coincés. Mais s'il m'associe, même si le crédit n'est pas disponible, je vais racler sur autre ligne pour les satisfaire. De même pour le paiement du marché, je les attends là aussi au cas ou on ne m'aurait pas associé. Et dans ce dernier cas, c'est le prestataire qui va en souffrir et même si les autres ne m'associe pas, lui il est obligé de mettre la main dans la poche sinon il ne sera pas payé ou en tout cas je ne vais pas vite traiter son dossier de paiement. C'est comme ça, et il n'a rien à faire. On doit tous manger, même si c'est un peu un peu. » (Extrait d'entretien avec acteur du service financier en date du 24 septembre avec un agent d'un service financier lors de l'élaboration du budget de l'année 2021, niveau d'instruction master 2 en finance comptabilité).

De l'analyse de cet extrait, il ressort que l'acteur du service financier constitue une pièce maîtresse du processus de passation des marchés. Bien que sa responsabilité ne soit pas formellement établie par les textes, son rôle s'avère déterminant tout au long de la chaîne. Il intervient en amont de la passation et en aval, lors du paiement de la prestation.

L'information détenue par cet acteur fonde tout marché passé dans le cadre d'application du code. Cependant, il n'est pas le seul intervenant. La présence d'une pléthore d'acteurs, mus par des intérêts tant collectifs qu'individuels, confère toute son importance à l'un de ces préalables à la passation du marché. Chacun use de son rôle pour contribuer à l'alourdissement des règles édictées.

Tout dossier d'appel à concurrence comprend nécessairement des documents communément appelés cahier des charges ou caractéristiques techniques des biens ou services faisant l'objet du marché. Ces documents sont rédigés par les services techniques de l'administration ou par des consultants externes. À ce niveau également, l'information semble régir les pratiques, puisque le drap est aussi tiré du côté des acteurs chargés de mettre à disposition les cahiers des charges ou spécifications techniques.

Dans ce processus que ce soit le service financier ou le service technique, on observe que le contenu des informations détenues par ces entités relève essentiellement du domaine pécuniaire, bien que leurs compétences soient diverses et variées. Les deux acteurs orientent et convergent leurs actions vers « l'argent ». *Le gain constitue le but principal visé par chaque acteur* ; les moyens mis en œuvre représentent les rôles de chacun avant, pendant et après l'élaboration du dossier d'appel à concurrence. L'extrait ci-dessous illustre les données de notre analyse.

**Encadré 2 : Information détenue par un autre service technique avec les mêmes questions de l'encadré 1.**

Bonjour, la question que vous me posez est délicate. J'y répondrai donc sous couvert d'anonymat. Si vous êtes d'accord, nous pouvons commencer. Je suis ingénieur en Bâtiment et Travaux Publics, titulaire d'un master en ingénierie du bâtiment. J'exerce également en tant que conseiller pour plusieurs structures, tant publiques que privées. Mon rôle dans la passation des marchés de travaux consiste principalement à rédiger les cahiers des charges. Le processus est le suivant : on me décrit le besoin qu'il s'agisse d'une rénovation, d'une construction ou d'une étude et je me rends sur le site concerné pour établir les différents éléments constitutifs du dossier. C'est à ce stade, grâce à mon expertise, que les devis quantitatifs que je rédige font la part belle aux quantités. Et c'est là que tout se joue : je suis le seul à maîtriser les quantités et la nature exacte des matériaux. Dans mon action, des PRMP ou d'autres acteurs me contactent pour obtenir une estimation du coût approximatif. De mon côté, je réalise effectivement une évaluation financière que je soumets au client. Cette évaluation inclut toujours ma marge personnelle. Quelle que soit l'entreprise qui remportera le marché, je saurai m'arranger avec elle. Sinon, je pourrais refuser de réceptionner l'ouvrage ou lui mettre des bâtons dans les roues. Même avec un cahier des charges détaillé, si l'entreprise ne sait pas s'y prendre, elle devra dépenser plus. « L'entreprise qui remporte le marché, si elle est spécialisée, se rendra compte que les quantités sont surévaluées. Mais, tenons-nous bien : dans une logique de profit permanent, elle ne dira rien lors de la soumission. C'est sur le terrain que je la rappellerai à l'ordre, et elle sera alors obligée de partager avec moi. » Pour satisfaire les demandes des promoteurs, qui réclament souvent un pourcentage sur le marché, j'utilise une pratique que nous appelons dans notre jargon le « coefficient de perte », fixé à 1,6 %. Il s'agit d'une marge ajoutée sur les quantités pour parer aux imprévus et assurer l'achèvement du chantier. Ensuite, j'applique une autre marge sur les coûts unitaires, de telle sorte que la multiplication de la quantité par le coût unitaire gonfle subtilement le montant total du marché. Les autres acteurs de la chaîne n'étant pas ingénieurs, la question du 1,6 % leur est étrangère ; cette marge me revient. S'agissant de la circulation de l'information lors de l'élaboration du dossier d'appel à concurrence, à mon avis, personne dans la chaîne ne détient la véritable information. C'est bien là le problème.

Ces informations concernent le plus souvent le volet financier. Je constate souvent que les services financiers avec lesquels je travaille me demandent de réajuster mon estimation à la hausse, la jugeant trop basse, afin que j'y inclue leur part. Ils ignorent (Temps d'arrêt dans le discours : l'informateur esquisse un sourire et reprend) que j'ai déjà intégré ma marge. Mes intérêts s'en trouvent ainsi doublés. On dit souvent : « Que veut le peuple ? » Moi, je satisfais la demande. Toutes ces négociations restent confidentielles entre le service financier et moi-même. Il arrive que le coût final soit si élevé que ces mêmes services affirment qu'il n'y a pas de crédit disponible. Mais, dès que je leur souffle que leur part a été incluse, les crédits deviennent soudainement disponibles. C'est une jungle. Il m'arrive, sincèrement, de refuser certaines demandes en arguant que le coût est déjà trop élevé. Pourtant, les services financiers, qui se croient tout-puissants pour une raison qui m'échappe, viennent malgré tout négocier. Je cède parfois, car je souhaite non seulement conserver mon contrat et satisfaire les différentes parties, mais aussi voir mes factures traitées rapidement. Par conséquent, les demandes émanant du service financier, des promoteurs, du directeur de la structure concernée, ou même d'un ministre, sont parfois prises en compte. (Temps d'arrêt dans le discours : l'informateur respire, se lève pour faire un aller-retour vers la fenêtre, puis demande :) J'espère que mon nom ne figurera pas dans votre document. (*Il reprend ensuite.*) Il existe un second volet, qui concerne le lancement du dossier après son élaboration. Comme je détiens l'information concernant la nature réelle des travaux et leur coût, je parviens aussi à orienter le marché vers des prestataires qui participeront à la concurrence et qui remporteront le marché, la règle du moins disant l'emportant souvent. Ainsi, je garde le contrôle en coulisses, sans que personne ne s'en aperçoive ; et il m'est plus facile de négocier mes contreparties. Mais parfois, d'autres acteurs imposent leur propre prestataire, et je ne sais quelle alchimie fait que les miens ne gagnent pas. On me rétorque toujours que ces prestataires ont proposé les prix les plus bas, ou l'on invoque des arguments sans lien avec le coût, mais relatifs à des critères de qualification. (Extrait d'entretien en date du 8 août et du 15 octobre avec un ingénieur, identifié par personne interposée, de niveau master 2 en ingénierie du bâtiment et architecte).

Cependant, on peut également remarquer dans cet extrait qu'au-delà de l'information financière, d'autres types d'informations sont détenus par les différents acteurs de la chaîne. Pour confirmer les propos de l'ingénieur, voici un extrait d'une **PRMP** et d'un **contrôleur** ce dernier se chargeant d'élaborer le dossier après que les deux premiers acteurs ont réalisé leur travail. L'extrait ci-dessous illustre les données de notre analyse sur **l'encadre 3** : information détenue par la PRMP et lien avec l'organe de contrôle compétent.

**Encadré 3 : information détenue par la PRMP et lien avec l'organe de contrôle compétant.**

Je suis la PRMP au sein d'une structure, précisément une agence. Pour l'élaboration des dossiers d'appel à concurrence, je recueille les informations auprès du service financier et du service technique. À mon niveau, du fait de mon expérience, j'ai compris qu'il y a toujours des jeux autour des marchés que je passe, et c'est d'ailleurs la même chose pour mes collègues. Nous, les PRMP, on est là pour signer les marchés, et ce sont les autres acteurs qui se passent le beurre. À mon niveau, ce sont les critères de qualification que je taille sur mesure pour que la personne que j'ai identifiée puisse remplir les conditions. Je suis le seul à pouvoir décider de ces critères. Les expériences à demander dans le dossier, je les oriente, et c'est d'abord ces critères que nous regardons avant le prix. Par exemple, si l'on veut un sociologue pour une étude et que j'en connais un, je plaque ces expériences avec des détails spécifiques qui lui correspondent. Il faut avouer qu'à certains moments, je sais que je n'ai pas d'information réelle sur le coût, et donc c'est sur les critères que j'agis. Parfois, pour plus de sécurité, il m'arrive d'attendre l'ouverture des offres pour regarder les prix proposés par les autres et les communiquer à celui qui doit gagner le marché. Il suffit qu'à l'ouverture des offres, je fasse exprès de lire l'offre des autres concurrents en premier : cela me donne une idée du moins disant. Ensuite, quand je veux lire la dernière offre, qui se trouve être celle de celui que j'ai pistonné, s'il a fait une proposition un peu plus élevée, j'annonce un prix au hasard mais qui doit être légèrement en dessous de celui qui a proposé le prix le plus bas. Dans ce cas, je m'arrange pour être le seul à lire les offres, et les autres membres sont chargés de noter. À la fin, je demande à celui que j'ai pistonné de passer réajuster son offre. Ils pensent qu'ils sont intelligents, parfois. Mais retenez que moi, c'est sur les critères que j'agis pour avoir aussi mon profit, si éventuellement on ne m'associe pas. Mais il m'arrive, même si on m'associe et que je trouve que les informations que j'ai sont biaisées ou que je ne maîtrise pas le contour du dossier, de passer à ce plan B qui est de mettre moi-même mon prestataire. Dans tous les cas, j'ai toujours un plan B, et là je n'aurai pas à partager les ristournes avec quelqu'un. Certes, pour le paiement, je demande au prestataire de jouer le jeu et d'« intéresser » les services financiers pour que son dossier de paiement ne traîne pas dans les tiroirs. C'est un jeu et sauve qui peut ; autrement, les gens vont bouffer sur ta tête et tu seras là à dire que tu respectes les textes, mais derrière tu te fais arnaquer. Il faut noter qu'au-delà de toutes ces stratégies, il faut avoir l'organe de contrôle dans son camp, sinon, de leur côté, ils font aussi des jeux. Quand le dossier est élaboré et soumis au contrôle pour étude et avis, ils se pressent aussi de trouver des gens dans le domaine et leur montrer le dossier. Ce qui fait que, quelquefois, ils détectent les orientations mises dans le dossier. Mais là encore, tu n'es pas à l'abri, car après avoir négocié avec le contrôleur, celui-ci peut avoir des amis sociologues qui connaissent tels ou tels amis, qui connaissent aussi un sociologue ; et comme lui aussi il est à la recherche de sa part du gâteau, il leur arrive de pistonner des gens. Et là, ils sont les rois, car sans leur avis positif sur le dossier, tu ne peux pas bouger. De ce fait, tu es obligé d'être en complicité avec le contrôleur.

L'élaboration du dossier de consultation mobilise des acteurs issus d'organes distincts, agissant avec des intérêts divers et intuitu personae. La fonction que confère leur rôle au sein de la chaîne influence les actifs personnels qu'ils visent. Il en ressort que l'enrichissement personnel constitue l'objectif premier des intervenants dans le processus d'élaboration du dossier. D'après les extraits cités, la notion d'effectivité du besoin objet du marché est reléguée au second plan, au profit du gain potentiel. La satisfaction de l'intérêt général cède ainsi le pas à la satisfaction individuelle. La chaîne de passation des marchés constitue un maillon déterminant dans l'environnement des dépenses de toute autorité contractante. Elle couvre la préparation des besoins, l'expression de ceux-ci en vue de la passation, et le contrôle de l'exécution. Les acteurs impliqués sont principalement les services techniques, les comptables, la Personne Responsable des Marchés Publics (PRMP), l'ordonnateur du budget, ainsi que les différents corps de contrôle interne et externe. En principe, chaque acteur administratif exploite ses attributions dans le cadre réglementaire défini par le code des marchés publics. Blöndal (2002) souligne à cet égard que « *le responsable de chaque administration est le mieux placé pour définir le dosage des moyens le plus efficace en vue de mener à bien les activités de son administration* ». La mise en œuvre de ces principes intègre une gestion administrative, financière et des ressources humaines dans une approche synergique. Dans cette dynamique, l'ensemble des responsables est soumis à divers contrôles, eu égard à la nature des ressources financières publiques engagées.

Le passage d'une régulation par la règle de droit à une régulation par les résultats ne signifie pas pour autant une dérégulation de la vie financière des États. La gestion des marchés publics, qui relève de la gestion financière publique, ne saurait constituer un espace de « non-droit ». Si l'approche managériale met l'accent sur le volet financier notamment dans le cadre d'une gestion budgétaire axée sur la performance, cela traduit un assouplissement de la règle de droit, visant à accroître la flexibilité de la gestion financière. Les acteurs de la chaîne de passation sont donc astreints à une obligation de reddition de comptes, et leurs opérations font l'objet de contrôles.

Cependant, malgré les nombreux contrôles internes et externes (audits), on observe une récurrence et une persistance des pratiques irrégulières. Le contrôle exercé ne vise pas prioritairement la sanction pénale, mais plutôt l'amélioration continue des règles encadrant la passation des marchés. Le contrôle interne porte généralement sur la conformité a priori des actes de passation par rapport à la réglementation. Or, les contrôleurs ne disposent pas toujours de référentiels techniques uniformes, comme le souligne un contrôleur :

> « *En réalité, le contrôle que nous faisons sur les dossiers de marchés dépend de l'expérience de chacun et de sa connaissance. De sorte que le même dossier peut recevoir deux avis contraires. Il y a des documents de contrôle ; mais c'est le référentiel technique qui fait défaut. Cet écart est en cours de correction d'ailleurs* ».

110

Selon les informateurs, les acteurs chargés du contrôle des marchés ne bénéficient d'aucune formation de base en la matière en tant que contrôleur. L'un d'eux déclare :

> « *On naît contrôleur. On ne devient pas contrôleur. Il suffit juste d'avoir un master 2 en marchés publics avec quatre ans d'expériences dans le domaine pour postuler* ».

Ainsi, le rôle de contrôleur n'est associé à aucune formation spécifique, et toute personne expérimentée même redéployée peut occuper cette fonction. La performance du système de passation des marchés s'en trouve nécessairement affectée. L'esprit de performance induit par les réformes successives du code des marchés publics semble ainsi rester vain et ne pas rencontrer les résultats escomptés par le législateur.

## II.2. Lancement de la concurrence à l'attribution du marché : Qui « gagne » ou qui « peut gagner » les marchés publics et comment ?

Contrairement aux idées reçues, les acteurs privés disposent de multiples moyens pour remporter des marchés publics. Ces moyens peuvent être d'ordre mystiques (paroles incantatoires, recours aux divinités), matériels, financiers, ou prendre la forme de promesses ou de gages. Chaque chef d'entreprise use des ressources dont il dispose pour se démarquer.

### 1. Le registre des paroles incantatoires et des divinités

Certains entrepreneurs ont recours à des pratiques mystiques pour influencer les acteurs clés (PRMP, contrôleurs). Un chef d'entreprise expérimenté confie :

> « *Je ne vais jamais à la rencontre d'une PRMP ou d'un responsable sans prononcer mes paroles de chance, que je récite mentalement lors de l'échange* ».

Il s'agit de paroles incantatoires destinées à inciter les décideurs en faveur du soumissionnaire. Dans un environnement perçu comme une « jungle », les chefs d'entreprise assoiffés de viabiliser leur structure via les marchés publics valorisent peu le code des marchés publics et adoptent des pratiques de contournement.

Ces jeux d'acteurs, combinés aux stratégies des responsables des procédures, font l'objet de la présente recherche en sociologie du développement.

Selon cet informateur, il s'agit de paroles de chance, combinées à l'usage de feuilles, dont les descriptifs sont ci-dessous :

**1ères paroles incantatoires comme moyen d'incitation :**

[Nyɛ Sagbo tɔ nukɔn jɛn na nɔ. Ée kpe mi do fide ɔ̀, tɔ nukɔn jɛn na nɔ][29]

[Tɔfinu nɔ nyidɔ bó nɔ gɔn hwevi ma wli ǎ- Na wlǐ dandan][30]

[Hɛngbɛn Hɛngbɛn nɔ hɛn agban bo é nɔ kpɛn kɔ ni a. Agban kpɛn kɛntɔ súnnu nyɔ̌nu][31]

[Vodun wǎdan nɔ gbɛgbe nu glɔ ǎ, xǔe e dɔ ɔ̀ jen jɛ. Đe hun dɔ̌ é na cíɔ, jɛn nǎ cǐ][32]

**Photo 1 : la feuille de nénufar avec du cola et du poivre.**

Le nénuphar (ou nénufar) est une plante aquatique dicotylédone, appartenant à la famille des Nymphéacées et à l'ordre des Nymphéales. Caractérisé par un rhizome et de larges feuilles arrondies flottantes, il produit de

---

[29] Moi sagbo je resterai toujours devant l'étendue d'eau. Quel que soit là où on me rencontre, je resterai
toujours devant l'étendue d'eau.

[30] Le toffin (une ethnie du Bénin) ne lance pas le filet sans attraper le poisson, je vais toujours attraper.

[31] Ne garde pas de colis et ça lui pèse, le colis pèsera l'ennemi homme, l'ennemi femme.

[32] Le Vodun qui se fâche ne refuse pas le cola, toute parole que je dis sera réalisée, la manière dont je veux que sa soit, il en sera ainsi.

grandes fleurs solitaires, blanches, jaunes, violacées ou rougeâtres, qui se développent à la surface des eaux stagnantes ou à faible courant dans les régions chaudes et tempérées (Bénin Flowers révolution, 2020).

C'est précisément cette nature aquatique symbole d'adaptation et de flexibilité que l'informateur mobilise dans ses incantations. Il cherche à s'identifier à la plante pour « flotter » et réussir dans l'obtention de marchés.

Ainsi, une croyance fondée sur les propriétés symboliques du nénuphar participerait à remporter des marchés, indépendamment de la volonté des acteurs en charge des procédures. Cette pratique est perçue comme un moyen d'influencer, voire de contraindre, les décideurs. Cette pratique décrit un phénomène de croyance magico-symbolique intégré dans les stratégies d'obtention de marchés publics. Plusieurs éléments méritent d'être soulignés à savoir :

1) **Utilisation symbolique du nénuphar** : La plante n'est pas choisie au hasard. Ses caractéristiques flottaison, flexibilité, beauté sont interprétées comme des attributs que l'individu souhaite s'approprier pour réussir. Il ne s'agit pas d'un effet pharmacologique, mais d'une projection symbolique : comme le nénuphar s'adapte à l'eau, l'entrepreneur doit s'adapter au système.

2) **Logique de l'incantation** : L'incantation relève d'une pensée analogique traditionnelle, où le fait de s'identifier à la plante permettrait d'en capter les qualités. Cette pratique s'inscrit dans un cadre culturel où le symbole et la parole sont censés agir sur la réalité.

3) **Rapport de force et influence** : L'auteur suggère que ces pratiques visent à « forcer » les acteurs administratifs. Cela traduit une méfiance dans les procédures formelles et une recherche de leviers alternatifs ici symboliques pour influencer la décision.

4) **Dimension culturelle et contextuelle** : De telles croyances sont souvent ancrées dans un contexte socio-culturel spécifique (comme le Bénin, où le vodun et les savoirs endogènes restent influents). Elles révèlent un décalage entre le droit formel des marchés publics et les réalités locales des pratiques.

5) **Limites de l'efficacité réelle** :     Si l'efficacité symbolique ou psychologique (confiance en soi, suggestion) peut exister, l'idée que la plante agisse « sans invoquer la volonté de l'autre » relève d'une conception magique de l'action qui contraste avec les principes de transparence et de mérite prônés par le code des marchés publics. En observant ces pratiques, on pourrait interroger le statut de ces croyances :  à savoir relèvent elles du ritualisme stratégique, de la conviction profonde, ou d'une rationalité alternative ?

En contexte, c'est les théories de la sociologie des croyances ou de l'anthropologie économique des auteurs comme, Jean-Pierre Olivier de Sardan, Bruno Latour qui sont mises en jeu dans la règle ici. Pour aller plus loin, ces pratiques montrent que la passation de marchés n'est pas qu'un processus juridico-technique, mais aussi un espace de négociation symbolique, où se mêlent rationalité instrumentale, croyances et rapports de pouvoir informels.

L'informateur révèle qu'il utilise des plantes spécifiques, telles que le nénuphar, dont les propriétés aquatiques symbolisent la flexibilité et l'adaptabilité. Une autre technique consiste à verser du poivre dans le bureau du responsable, puis à le balayer avec les pieds tout en discutant avec la clé de voûte, tout en étant assis, afin de susciter son affection.

**2èmes paroles incantatoires comme moyen d'incitation :**

[Đě nɔ gbɛgbe nu, nǔviviǎ][33]

[Fǎ nɔ gbɛgbe nu lɛnlɛnkǔn a Nǔ debué hun dɔ, bo by ɔ́, é na wa abnu alɔ nu][34]

**Photo 2 : La feuille de viviman kannon**

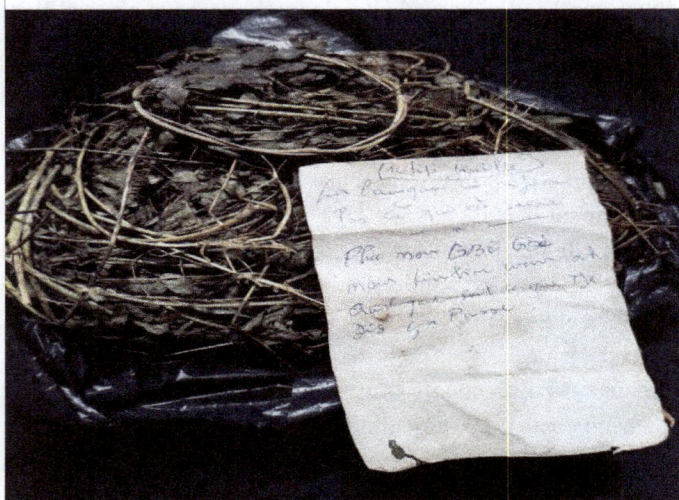

**Source** : Donnée de terrain 2020

Une plante couramment utilisée est Abrus precatorius (appelée viviman kannon en fon), réputée en médecine traditionnelle pour ses vertus

---

[33] La langue ne refuse pas ce qui est doux

[34] Le Fâ ne refuse le poivre, quel que soit ce que je dis, ou que je demande, ça viendra toujours

thérapeutiques et son pouvoir de séduction. Les feuilles, les graines et les racines de cette plante possèdent d'importantes vertus médicinales et sont couramment employées.

Dans le domaine de la préservation amoureuse et de la séduction, il suffit de broyer ses feuilles sans eau et d'appliquer le jus sur les parties génitales avant un rapport sexuel.

Cette préparation est également recommandée aux commerçants : réduites en poudre et mélangées à leur savon ou à du parfum de type MIRACLE, ces feuilles leur seraient bénéfiques. Par ailleurs, une décoction de racines consommée en boisson aiderait à lutter contre le diabète. Pour les personnes dont les paroles sont mal reçues ("armées à l'oreille"), il est conseillé de consommer une feuille chaque matin, en silence, avant toute conversation.

Enfin, cette pratique, illustre parfaitement le syncrétisme entre la pharmacopée traditionnelle (usage médicinal contre le diabète) et les croyances magico-religieuses (pratiques pour influencer le comportement amoureux, la chance ou la réussite commerciale) ; faisant donc intervenir des usages symboliques et magiques (l'application topique du jus, le mélange avec du parfum ou le fait de manger la feuille en silence sont des rituels) dont leur efficacité est censée reposer sur un principe de sympathie ou de transfert des propriétés symboliques de la plante (prospérité, persuasion) à l'utilisateur ; des logiques culturelle (ces pratiques s'inscrivent dans un système de croyances) où le naturel (la plante) et le surnaturel (la chance, l'amour) sont étroitement liés. La frontière entre le thérapeutique et le symbolique est poreuse ; et enfin, une fonction sociale (ces rituels procurent un sentiment de contrôle sur des aspects incertains de la vie (amour, réussite financière, relations sociales) et s'inscrivent dans une stratégie plus large de maximisation des chances de succès, parallèlement aux efforts concrets fournis par l'individu agissant ainsi sur les acteurs de la chaîne des marchés publics. Selon une source :

> « Pour que la chance et l'argent sourient, il faut prendre le jus de cette feuille mélangée avec un œuf de poule traditionnelle, du miel et du parfum MIRACLE pour un bain de purification tous les 1ers jeudis du mois » (Fatou, 2020).

C'est bien ces nombreuses vertus de cette feuille dont particulières celle relative aux commerçants qui est mise en valeur par le répondant.

### 3èmes paroles incantatoires comme moyen de d'obtention

Un autre entrepreneur invoque une divinité familiale :

> « *Je gagne les marchés à cause de ce vodun Dan qui est dans notre famille. Je l'invoque avant chaque appel d'offres, et je fais autres choses également pour augmenter mes chances* ».

Le vodun Dan (ou aïdohouèdo) est traditionnellement associé à la richesse et à l'abondance. Selon un spécialiste :

> « *Celui qui veut de l'abondance dans ses affaires consulte le Fâ ; si le vodun Dan lui est révélé, il devra accomplir les sacrifices prescrits pour en jouir pleinement* ».

Au-delà de la Rationalité Instrumentale cet extrait constitue une preuve empirique flagrante des limites du paradigme de l'homo œconomicus et de la rationalité purement instrumentale dans les processus économiques formels. Cette logique sera ainsi donc classée dans le sillage des théories qui complexifient cette vision à savoir : la rationalité limitée de (Herbert Simon) ou 'entrepreneur ne cherche pas à maximiser son profit de façon purement logique dans un environnement transparent. Il opère dans un contexte d'incertitude radicale (qui va gagner le marché ?). Le recours au vodun Dan est une stratégie de réduction de l'incertitude et un moyen de gérer le stress et l'aléa, complétant les stratégies techniques (prix, compétence) ; ensuite le pluralisme normatif et des rationalités (Jean-Pierre Olivier de Sardan) dans lequel l'arène des marchés publics n'est pas régie uniquement par le droit positif et la logique administrative (la "norme officielle"). Elle est aussi traversée par des logiques pratiques, des normes sociales et des systèmes de croyances ("normes pratiques"). Ici, la rationalité magico-religieuse (obtenir la faveur d'une divinité) coexiste et s'articule avec la rationalité économique (gagner un contrat) et la rationalité relationnelle (réseaux, corruption) ; et enfin le capital symbolique (Pierre Bourdieu) fait état de ce que la possession et la maîtrise d'un "vodun Dan familial" peuvent être analysées comme une forme de capital symbolique spécifique. C'est une ressource héritée, distinctive, qui confère à l'entrepreneur un sentiment de puissance, de légitimité et de chance ("l'habitus" du gagnant) qui influence sa manière d'aborder le processus.

Dans sa confession, difficilement faite, il se dégage une complémentarité des stratégies : La portion de phrase "*et je fais autres choses également*" est cruciale. Elle suggère que l'invocation de la divinité s'ajoute à un arsenal d'autres tactiques (réseautage, corruption, offre technique compétitive). Le spirituel et le matériel ne s'excluent pas ; ils se renforcent. La croyance peut même légitimer moralement d'autres pratiques en les inscrivant dans un destin ou une faveur divine. Une forme de népotisme symbolique s'observe également ; le vodun est *"dans notre famille"*. Cela introduit une dimension héréditaire et népotique dans la compétition économique. L'accès à cette ressource spirituelle est inégal et dépend de l'appartenance familiale, créant une inégalité de plus entre les soumissionnaires.

La passation de marché elle-même s'analyse à travers le prisme anthropologique, faisant intervenir le rituel d'inversion soit : l'appel d'offres est un rituel bureaucratique codifié, censé être neutre et transparent. L'intervention du vodun introduit un contre-rituel visant à influencer l'issue en faveur d'un acteur. C'est une tentative de "capture" ou d'influence sur le processus décisionnel par des moyens non prévus par le droit. De même un double langage et double pratique parviennent aux acteurs qui naviguent entre deux mondes : le monde formel du Code des marchés publics et le monde informel des croyances et des arrangements. Cet extrait montre comment ils articulent ces registres dans leur discours et leurs actions. Dans cette perspective, l'ont pourra relevé les éléments suivants :

1) **l'efficacité performative :** peu importe que le vodun soit "réellement" efficace. (Ce qui compte sociologiquement, c'est que les acteurs croient en son efficacité et que cette croyance modifie leur comportement (confiance en soi, audace, persévérance), ce qui peut in fine influencer le résultat.) C'est l'effet placebo dans le champ économique.

2) **le symptôme d'un système défaillant** : Le recours à des pratiques magico-religieuses peut être interprété comme le symptôme d'un système perçu comme opaque, imprévisible et injuste

Quand les règles officielles sont perçues comme masquant des jeux de pouvoir opaques, les acteurs se tournent vers des systèmes alternatifs (magie, corruption) pour reprendre une illusion de contrôle.

3) **la "dé-différenciation" du système** : Le sociologue Niklas Luhmann analyse la modernité par la différenciation de systèmes autonomes (droit, économie, religion). Ici, on observe une "dé-différenciation" : le système religieux (vodun) vient directement impacter le fonctionnement du système économique (marchés publics).

Cet entretien n'est pas un élément folklorique. C'est une clé de compréhension de la complexité des logiques d'action à l'œuvre dans la passation des marchés publics dans le contexte de l'étude. Il révèle :

1) La coexistence de rationalités multiples (économique, administrative, magico-religieuse).

2) L'importance des ressources symboliques et culturelles dans la compétition économique.

3) Les stratégies mises en place par les acteurs pour réduire une incertitude perçue comme ingérable par les seuls moyens officiels.

"Le recours à des ressources magico-religieuses, comme l'invocation d'une divinité protectrice, illustre la manière dont les entrepreneurs tentent de maîtriser l'incertitude fondamentale du processus d'appel d'offres. Cette stratégie, qui s'articule à des pratiques plus classiques de réseautage et de corruption, témoigne du pluralisme normatif qui régit l'arène des marchés publics et remet en cause le modèle d'une rationalité purement instrumentale et économique."

## 2. Le registre des moyens matériels et financiers

Les moyens matériels biens tangibles procurant bien-être ou avantage sont également mobilisés. Le terme « matériel » désigne ce qui est tangible ou lié à la possession de biens procurant un bénéfice, un bien-être, du bonheur, des avantages, ou des intérêts on parle ainsi de moyens ou de richesses matérielles.

Comme l'affirmait Gambetta (1869), la prospérité matérielle figure parmi les idéaux que la France, en tant que démocratie indestructible, ne pourrait pleinement atteindre qu'à travers le triomphe des principes de la Révolution française. Toutefois, cet appétit de possession ne se résume pas à une simple accumulation.

Ainsi que le souligne Pesquidoux (1928), une « sorte d'appétit de savoir, de comprendre et d'appliquer s'est emparé de nous, non pas seulement tourné vers l'accroissement matériel[35] et vers le gain ». La dimension matérielle influence profondément l'existence : elle transforme les conditions de vie et, par ricochet, les rapports sociaux (L. Cros, Explosion scolaire, 1961).

Dans une acception plus concrète, le matériel renvoie aux nécessités quotidiennes et aux moyens d'existence : on parle de gêne matérielle, de besoins ou de soucis matériels, ou encore de conditions matérielles (Flaub, 1855).

Enfin, une fonction traditionnelle de la famille l'entretien matériel des parents âgés est aujourd'hui de plus en plus assumée par la collectivité (Traité,

---

[35] Pesquidoux, Livre raison, 1928, p.11

1967)[36][37]. Dans le contexte de la passation des marchés, ce sont bien ces moyens matériels qui servent d'outils d'incitation pour les acteurs. Le lien avec les marchés publics donne la chute sur les « moyens matériels qui servent d'outils d'incitation » et éclaire ainsi les pratiques de corruption ou d'influence : offrir un bien matériel (argent, objet) pour obtenir un marché. Cela renvoie à la pyramide de Maslow évoquée ailleurs : le matériel comble des besoins de sécurité ou de statut, et devient un levier motivationnel. Pour une analyse plus poussée, on pourrait interroger la tension entre idéal républicain (intérêt général) et tentation matérielle (intérêts privés) qui est au cœur des dysfonctionnement dans la passation des marchés. Un spécialiste en climatisation témoigne : (Extrait d'entretiens avec Sieur Magloire A., 52 ans, spécialiste climatisation et froid en date du 12 février 2020 à 15h30)

> *« Moi, je suis dans le domaine de la climatisation et du froid. Lorsque je gagne un marché de vente de climatiseurs ou de frigos, je donne parfois au responsable de passation des marchés un frigo ou un climatiseur à moins qu'il ne me demande de l'argent en lieu et place de ces biens matériels. (PAUSE) Je fais aussi l'entretien des climatiseurs. Et dans ce cas précis, il arrive que les responsables de passation des marchés ou les directeurs me demandent de venir faire l'entretien périodique de leur climatiseur. Et tenez-vous bien : je le fais gratuitement, car si jamais tu lui réclames de l'argent, tu vas perdre le marché. (PAUSE) En fait, c'est la contrepartie qu'il récupère comme ça. Or, ces dernières années, la rétroaction des acteurs a diminué, ce qui rend l'échange moins dynamique.»*

Un entrepreneur en BTP explique :

> *« Je suis dans le secteur de la construction, et la plupart du temps, lorsque nous allons négocier un marché, nous promettons en guise de récompense des terrains ou, si l'intéressé en possède déjà un, nous lui proposons plutôt une construction. Puisqu'il nous attribuera le marché je dis bien nous l'attribue, car il s'y sent obligé étant donné qu'en contrepartie, il bénéficiera d'un ouvrage sans avoir à dépenser (PAUSE) voici comment cela se passe concrètement : pendant la construction réalisée pour le compte de l'administration où j'ai remporté le marché, le chantier privé du directeur général ou du responsable des marchés avance en parallèle. Les matériaux que nous avons achetés sont souvent divisés en deux lots : une partie est transférée sur le terrain de la*

---

[36] Traité social. 1967, 285.
[37] Toutes ces définitions sont traitées par le Centre National de Ressources Textuelles et Lexicales (CNRTL)

*personne qui nous a attribué le marché. Ainsi, avant même la fin des travaux pour l'administration, le second chantier est également terminé. Mais les choses ne sont plus comme ça aujourd'hui, on a plus cette chance -là à l'air de la rupture (sourire)* » (Extrait d'entretiens avec Sieur L. Z., 47 ans, gérant d'une entreprise de Bâtiment et travaux publics en date du 25 novembre 2020 à 15h22)».

La contrepartie matérielle ou financière prend ainsi le pas sur l'application du code. Les soumissionnaires exploitent la pyramide des besoins de Maslow (1943) en particulier le besoin de sécurité et de protection pour motiver les acteurs publics. Un responsable de passation déclare :

> « *Moi, je préfère prendre le liquide et aller réaliser mes projets. Quand je mène une procédure, avant la signature du contrat, le prestataire doit d'abord me verser ce qui me revient. À cette étape, c'est bien plus sûr : si vous étiez dans la chaîne, vous comprendriez que si vous ne prenez pas votre part à ce moment-là, vous ne l'aurez plus. En effet, dans ce processus, les prestataires doivent satisfaire tous les acteurs impliqués dans la chaîne. Autrement, leur dossier restera bloqué dans le circuit, mais non non les voies sont fermées actuellement, si tu fais l'erreur humm* ».

Un autre précise :

> « *L'autre technique est de négocier la marge qui me revient. Par exemple, pour les marchés dont l'exécution s'étale dans le temps, je reçois une somme mensuelle à chaque paiement. Cela me permet de ne pas toucher mon salaire et de progresser dans le remboursement de mon prêt bancaire. La stratégie est très simple : il me verse ce qui me revient avant que je ne traite sa facture. Sinon, les autres acteurs de la chaîne je veux parler des services financiers ou des contrôleurs financiers réclament toujours leur part. C'est donc pour cela que je me dépêche, et tout cela est dû à ma position sur la chaîne : je suis au début et au centre du processus. Faut dire que c'est pas du tout aisé et ça comporte des risques, on est plus dans ça par ces temps-ci* ». Un Responsable de la chaîne de passation des marchés, assistant de la PRMP, âgé de 40 ans).

La procédure est ainsi « prise en otage » par une multitude d'acteurs qui y voient une source de profit personnel. Le marché lui-même n'est plus la priorité ; ce qui importe, c'est le gain que chaque intervenant peut en tirer. Un responsable d'achat dans un projet énergétique raconte :

> « *En réalité, comment croyez-vous que les marchés sont passés ?... (PAUSE) ... C'est celui qui mène la procédure qui essaie d'en dessiner l'issue probable. Même si le résultat n'est pas certain à 100 %, il y aura toujours une revue des résultats. Les critères inclus dans le dossier*

*sont définis en fonction d'une entreprise déjà connue qui n'est autre que l'une de nos propres structures. En fait, comment cela se passe-t-il ? (PAUSE) C'est comme si tu disais aux gens de venir vendre, alors que c'est toi qui, en réalité, es derrière la vente. Autant dire qu'entre nous, on se connaît tous. Une autre stratégie consiste à créer une entreprise au nom d'une personne de confiance. Ainsi, quand cette entreprise remporte le marché, c'est nous qui finançons l'achat et la livraison, et nous nous faisons payer. C'est précisément pour cette raison que certains prestataires préfèrent négocier au préalable lorsqu'un appel d'offres est lancé : cela leur évite de dépenser inutilement sans être certains de gagner. Si tu n'as pas toi-même d'entreprise disponible, tu peux toujours profiter de celle d'un autre. Mais il est rare que je gère une procédure sans que l'entreprise retenue me soit inconnue. Bon oui écouté mais c'est du passé tout cela, car il n'y a plus trop de marge de manœuvre, nous sommes et essayons d'être des saints désormais ».*

Ces stratégies illustrent comment le système est détourné : on « donne » le marché plutôt qu'on ne le « passe ». Cette logique relationnelle et instrumentale affecte la performance et l'équité du système de passation, et appelle une théorisation approfondie dans un contexte administratif de plus en plus complexe.

Ici, l'argent est au cœur de la procédure. Il apparaît que l'acteur se positionne stratégiquement dans le processus et use de ses prérogatives pour atteindre un objectif personnel. L'étape de la signature du contrat fonctionne comme une frontière symbolique : une fois franchie, l'acteur estime ne plus pouvoir bénéficier de ce qu'il considère comme un dû. Si chaque intervenant, à chaque étape, adopte une logique de gain qu'il soit financier ou autre, les objectifs du législateur risquent de ne pas être atteints, que ce soit en termes de délais, d'économie budgétaire, ou d'équité d'accès à la commande publique. Les actions des acteurs relèvent d'une rationalité instrumentale : chacun poursuit un but précis, sans lequel ses actions n'auraient pas de raison d'être. C'est précisément dans cette dynamique que les jeux et les logiques d'acteurs trouvent leur fondement et leur justification dans l'application, souvent détournée, du code des marchés publics. Ces passages mettent en lumière plusieurs mécanismes clés des dérives dans la passation des marchés publics :

1) **La centralité de l'argent et la rationalité opportuniste** : L'argent n'est pas seulement un moyen ; il devient une fin en soi. Les acteurs opèrent une rationalisation de leur comportement : ils estiment avoir droit à une contrepartie, transformant la procédure en une succession d'opportunités de prélèvement.

2) **La signature du contrat comme « frontière »:** Cette métaphore spatiale est très forte. Elle souligne une temporalité de la corruption :

- Avant la signature : le moment où la négociation occulte est possible, où le pouvoir d'influence et de blocage donne lieu à un marchandage.

- Après la signature : les jeux sont faits, les rétributions informelles doivent avoir été perçues.

- Cela traduit une logique de prédation séquentielle, où chaque acteur « vend » sa coopération à l'étape où il détient un pouvoir.

3) **L'échec systémique face aux objectifs législatifs :** L'addition de ces micro-comportements individuels produit un résultat macrosocial contre-performant :

- Délais non respectés : les lenteurs deviennent un outil de pression pour négocier des pots-de-vin.

- Économies non réalisées : le surcoût lié à la corruption grève le budget public.

- Iniquité d'accès : seuls les soumissionnaires acceptant de jouer le jeu des pots-de-vin remportent les marchés, au détriment de la concurrence loyale. Le système est donc détourné de sa finalité d'intérêt général.

**4) Fondement théorique : la théorie de l'acteur stratégique :**

Le texte décrit parfaitement un système où les acteurs ne sont pas de simples exécutants de règles mais des stratèges poursuivant des intérêts personnels (Crozier & Friedberg, 1977). Le « code des marchés publics » n'est pas un cadre contraignant mais un terrain de jeu avec ses règles officielles et ses règles cachées. Les acteurs maîtrisent les deux pour maximiser leur gain.

5) **La notion de « droit » perçu :** L'acteur considère le pot-de-vin non comme une corruption, mais comme une rétribution légitime, un dû. Ceci est crucial : il opère un renversement normatif qui ancre ces pratiques dans une normalité sociale, une culture de la « débrouille » ou du « contournement obligé ». Cela explique la persistance et la résilience de ces pratiques malgré les contrôles.

Ces passages ne décrivent pas seulement une corruption ponctuelle, mais l'échec de la formalisation juridique à encadrer les pratiques sociales. La règle de droit (le code) est subvertie par des logiques sociales profondes (rapports de force, recherche de rente, solidarités occultes). Une réforme ne peut donc se limiter à durcir les textes ; elle doit agir sur **la culture administrative, les systèmes de contrôle, et les incitations** pour aligner l'intérêt individuel de l'agent sur l'intérêt général ; une autre forme d'éducation qu'il faille instaurer, pour une citoyenneté meilleure.

# CHAPITRE V : LOGIQUES ET IMPLICATIONS SOCIOJURIDIQUES DES PRATIQUES DE PASSATION DES MARCHES PUBLICS AU BENIN

L'intitulé du chapitre suggère une analyse qui dépasse la simple description procédurale pour interroger les *rationalités sous-jacentes* (« logiques ») et les *effets* (« implications ») des pratiques observées, à la fois sur le plan social et juridique. Le terme « pratiques » indique un décalage potentiel entre la norme légale et la réalité opérationnelle. Le présent chapitre a donc pour objet d'analyser les mécanismes socio-économiques et les rationalités souvent informelles qui gouvernent la passation des marchés publics au Bénin. Il s'agira ensuite d'évaluer les conséquences multidimensionnelles de ces pratiques, tant sur l'efficacité de l'action publique, l'intégrité de l'administration que sur la confiance des citoyens et des opérateurs économiques. En croisant les perspectives juridique et sociologique, nous mettrons en lumière les tensions entre le cadre normatif formel et les réalités pratiques du système. L'analyse révèle que la passation des marchés publics au Bénin est régie par une dualité de logiques. La **logique formelle**, inscrite dans le Code des marchés publics et les textes réglementaires, promeut des principes entre autres de transparence, de concurrence et d'efficience ; à ce titre, faut-il le rappeler, « L'attribution des marchés publics au Bénin repose sur les principes de liberté d'accès à la commande publique, d'égalité de traitement des candidats et de transparence des procédures. » (Code des marchés publics du Bénin).

Cependant, cette logique se heurte fréquemment à des **logiques informelles** qui constituent souvent la *praxis* quotidienne. Parmi celles-ci, on peut identifier :

- Une **logique de captation** où le marché est perçu comme une rente ou un butin à redistribuer (*spoils system*).

- Une **logique de sociabilité** qui privilégie les réseaux relationnels (familiaux, ethniques, politiques) au détriment de la compétence objective.

- Une **logique de sécurisation**, où le recours à un soumissionnaire

- « de confiance » (réel ou supposé) l'emporte sur le recours au moins-disant compétitif. Cette coexistence de logiques génère des implications profondes :

1) **Sur le plan juridique :** Elle entraîne un **déficit d'effectivité de la règle de droit**. Les mécanismes de contrôle (ARMP, Cour des comptes, justice) sont souvent contournés, saturés ou instrumentalisés, pouvant créer une culture d'impunité qui affaiblit l'État de droit.

2) **Sur le plan socio-économique :**

- **Inefficacité allocative** : Les ressources publiques sont mal employées, conduisant à des infrastructures défaillantes ou surfacturées, ce qui hypothèque le développement national.

- **Entrave à la concurrence** : Les entreprises compétitives mais externes aux réseaux dominants sont évincées, faussant le jeu de la libre concurrence et décourageant l'investissement privé.

- **Corruption et cynisme** : Ces pratiques alimentent un cycle de corruption qui érode la moralité publique et la confiance des citoyens envers leurs institutions. Comme le soulignait un chef de service interrogé:

> *« Ici, les règles sont comme des ombres ; tout le monde sait qu'elles existent, mais on marche toujours pour les éviter. »*

3) **Sur le plan symbolique :** Le marché public devient un théâtre où se joue la distance entre l'*État proclamé* (moderne, rationnel, impartial) et l'*État pratiqué* (clientéliste, opaque). Cette dissonance crée une **crise de légitimité** pour l'action publique.

L'objectif de cette thèse est de décrire les jeux et les logiques valorisées par les acteurs de la chaîne de passation des marchés publics ou, à défaut, leurs représentations concernant l'application du code pour la satisfaction de l'intérêt général, ainsi que les implications des jeux et stratégies qu'ils déploient pour chaque marché. Deux variantes essentielles ont été identifiées pour décrire ce phénomène : les biais procéduraux observés dans l'administration publique, puis la contre-performance du système de passation, produite par les pratiques en vigueur. Ainsi, cette thèse postule que l'action publique dans les marchés publics ne peut se comprendre qu'à travers le contexte des réformes (vote des lois, adoption des textes réglementaires) et des rapports que les acteurs développent dans l'application de ces textes (logiques, enjeux et stratégies). L'environnement des marchés publics repose sur quatre agrégats principaux, dotés de facteurs de convergence : la satisfaction de l'intérêt général ; la disponibilité budgétaire ou des ressources ; la mise en œuvre de procédures respectueuses des règles ; et, enfin, les acteurs eux-mêmes. Ce chapitre s'appuiera sur les résultats empiriques obtenus et les angles théoriques retenus pour discuter chacune des variables de l'étude et proposer une modélisation théorique du phénomène observé.

On y rencontre, en effet, plusieurs acteurs intervenant dans l'application du code des marchés publics. Or, cette application semble, pour les acteurs, ne pas répondre aux attentes et objectifs liés au premier agrégat. Ainsi, différents diagnostics du système béninois de passation des marchés publics ont mis en évidence des dysfonctionnements découlant de faibles capacités opérationnelles des acteurs intervenant dans les procédures au premier rang desquels l'acheteur public, mais combattues actuellement par des organes clés à travers leur rôle sur la chaîne[38], et qui occupe donc une place prépondérante, étant au commencement et à la fin du processus de commande publique (ARMP, 2014). En somme, les dysfonctionnements observés handicapent la performance du système via des biais procéduraux, fondés sur les logiques et pratiques présentes dans cet environnement.

Toutefois, l'essentiel reste la réalisation de biens communs de qualité, dans les délais et le budget requis, afin de satisfaire les besoins de la population bénéficiaire et d'asseoir une bonne gouvernance.

## I. DE L'IDÉE DES MARCHÉS PUBLICS VERS L'APPLICATION D'UN CODE

Depuis le début des années 1960, période des indépendances, la plupart des pays africains exécutent leurs projets et commandes via les marchés publics, procédure appropriée pour les administrations publiques[39]. Dans cette logique, plusieurs institutions sous-régionales, notamment l'UEMOA, ont vu le jour et édité des normes pour encadrer les dépenses publiques. Ainsi, l'UEMOA, en tant que régulateur, a initié un programme régional de réforme visant à instaurer, dans le domaine spécifique des marchés publics, des pratiques de bonne gouvernance économique permettant aux systèmes nationaux de ses États membres d'atteindre l'efficience de la dépense publique.

### I.1. MARCHÉS PUBLICS : UN ESPACE SOCIAL INCERTAIN, À RATIONALITÉ FINALISÉE

Conformément aux directives de l'UEMOA, le Bénin a mis en place un arsenal juridique (lois, règlements et structures) pour réguler et garantir la

---

[38] Ici, c'est le Ministre de l'Économie et des Finances et l'Autorité de Régulation des Marchés Publics.
[39] Tiré de la « Directive N° 4/2005/CM/UEMOA et N° 5/2005/CM/UEMOA (2009) ».

transparence des dépenses publiques. Ainsi, la loi n°2009-02 du 7 août 2009 portant code des marchés publics, des délégations et services publics en République du Bénin, et ses décrets d'application, ont été adoptés (Gouvernement du Bénin, 2009). Une relecture a été opérée en 2016, donnant lieu à celle de 2017, sans modification du cadre institutionnel. La nouveauté réside surtout dans la simplification des procédures objet de pratiques dans l'application de cette loi. Cette révision dénote de la volonté des autorités à différents niveaux de garantir transparence et égalité dans l'attribution des marchés publics (MP) au Bénin.

Malgré ces réformes majeures, souhaitées par les institutions de Bretton Woods pour l'assainissement des finances publiques et la modernisation du système, force est de constater que la gestion de la passation comporte toujours des difficultés et dysfonctionnements qui handicapent la performance du système et le développement de l'économie nationale à y voir les rapports et décisions publiés sur la plateforme de l'ARMP. On note également l'ingérence de registres tels que le politique et le pouvoir dans la nomination des acteurs clés (Personnes Responsables des Marchés Publics - PRMP), le relationnel et le religieux (tant endogène que moderne) dans l'acquisition des marchés, ce qui n'est pas sans incidence sur les performances.

En rappel, c'est fort de ce qui précède qu'Abdoulaye (1996) avait attiré l'attention sur le fait que, dans les années 60, l'importance des marchés publics au Bénin avait été sous-estimée et laissée au gré de fonctionnaires dont le manque de probité et d'honnêteté avait jeté le discrédit sur le processus.

Par ailleurs, ces difficultés n'épargnent pas les communes béninoises, elles aussi dotées de services de passation. C'est d'ailleurs ce qui amène Blundo et Olivier de Sardan (2006)[40] et Gansaré (2013)[41] à affirmer que les marchés publics communaux sont un lieu commun de la corruption et des pratiques assimilées. Dans cet ordre d'idées, Elieth (2014)[42] assimile ces pratiques à des non-respects des procédures, des délais, au fractionnement et à la multiplication de marchés dont les coûts sont inférieurs aux seuils prévus. La carence en archivage, la pratique de rétrocommissions, le clientélisme, le favoritisme,

---

[40] Blundo G. et Olivier de Sardan J-P. (2006). Everyday corruption and the state: citizens and public officials in Africa. London. Zed Books.
[41] Gansaré. B. G. . (2013). Briser le lien marché public-corruption dans les communes du Bénin : Approches, acteurs et outils.
[42] Elieth EYEBIYI. (2014). Aperçu sur l'état de la corruption et de l'anti-corruption dans l'espace communal au Bénin.

l'absence de traçabilité, les violations des référentiels de prix via des surfacturations et autres abus de certaines autorités contractantes rendent également l'attribution très sujette à caution. En clair, il s'agira d'identifier les éléments factuels participant aux biais procéduraux mis en place par les acteurs, qui ne contribuent pas à l'amélioration du système. Quels sont les ancrages entre l'environnement des marchés publics et les acteurs ? Quelles sont les logiques et pratiques empiriques dans l'application du code ?

Les acteurs passent des marchés dans un environnement aux caractéristiques multiples, où seules les logiques valorisées déterminent la nature de l'avenir du marché. De plus, les hypothèses adoptées sur ce point se combinent avec celles relatives à la rationalité des catégories sociales intervenant sur la chaîne.

Ici, la question centrale pour les acteurs est celle des logiques en cours dans le « couloir » des procédures cause essentielle des difficultés de gestion. Ces procédures sont mises en œuvre via des actions collectives des acteurs de la chaîne, au sein de l'administration publique, avec une rationalité finalisée. Cette finalité est le résultat des buts sociaux de l'administration que vise le législateur. Pour les réaliser, l'administration regroupe l'ensemble des entités qui ont pour mission de produire des services identifiés comme relevant des services publics de l'État (Akoutè, 2015). Cette production amène l'administration à passer des marchés pour satisfaire l'intérêt général, avec une logique de redistribution équitable de la richesse nationale. Pour ce faire, elle doit respecter un certain nombre de principes, dispositifs sociaux d'accès aux marchés publics : égalité de traitement (transposé dans les principes généraux), justice sociale, indépendance du personnel, liberté d'accès à la commande et transparence des procédures. Ces principes visent à garantir l'aboutissement des buts sociaux.

Or, d'après les données collectées, les logiques valorisées par les acteurs chargés de passer les marchés entrent en collusion avec celles du législateur. Ainsi, la fonction primaire des marchés publics se procurer de l'information pour la réalisation de services publics via une mise en concurrence respectueuse des principes généraux est détournée ou dénaturée. Nous en avertîmes un informateur :

> « *Les marchés publics constituent un outil de révélation de l'information, qui in fine participent à une bonne gestion des deniers publics. Pour cette raison, nous devrions être assujettis dans nos pratiques quotidiennes au respect de ces principes édictés dans le code des marchés publics. Mais malheureusement, ce n'est pas le cas…* » Un agent en service dans un organe de contrôle.

Il ajoute :

> « *Mais oui, un semblant de transparence qui ne dit pas son nom et une égalité de traitement zéro.* »

À l'inverse, comme le souligne l'informateur, la logique du législateur est controversée par des pratiques qui participent au déséquilibre de ces principes.

Selon les informateurs, ce déséquilibre atteint son épilogue au regard des actions menées par les acteurs, conduisant à des résultats possibles spécifiques dont la valeur est inconnue, compte tenu de l'imprévisibilité des acteurs et de leurs logiques. Le même agent :

> « ... *Mais la réalité est tout autre ; c'est plutôt la rétention de l'information à travers les multiples grés à gré qui se font. Car en présence de ce mode, la possibilité d'une mise en concurrence de plus de trois [soumissionnaires] est exclue. De ce fait, nous n'arrivons plus à jauger, à comparer les informations fournies par le cocontractant pour recueillir celles utiles à une bonne réalisation du service public. Mais tenez-vous bien : dans un marché passé par gré à gré, vous consommez le montant de l'offre proposée par le prestataire ; il n'y a plus à regarder le moins disant comme on le fait dans une mise en concurrence. Mais le texte a prévu ce mode donc à qui la faute ? euhhh personne. On ne doit accuser personne* ».

L'espace social de la passation laisse cette dernière dans une dimension incertaine, avec des jeux publics qui exposent l'avenir du marché à des risques. Disposant d'un pouvoir relationnel ou substantialiste, les acteurs de la chaîne « redirigent la finalité de la passation selon les intérêts en jeu et le but visé ; Nous avons déjà livré bataille, mais la lutte se poursuit » (souligne un ex membre de la commission de règlement des différends à l'ARMP).

Dans cette recherche de satisfaction d'intérêts, la probabilité ou la valeur d'un résultat est inconnue, face aux actions menées pour atteindre les objectifs. Ainsi, les acteurs ne peuvent plus maîtriser l'environnement ni les relations pour mutualiser les conséquences d'événements imprévisibles. Cela fait que :

> « ... *dans toutes les commissions de passation, ou même avant le lancement de la mise en concurrence, nous nous attendons à d'éventuels événements... Oui, tu ne peux jamais savoir à l'avance quelle est la finalité du processus dans lequel vous êtes. Chacun des membres de la commission a des idées derrière la tête avant de venir s'asseoir, et donc les dés sont pipés d'avance. (...) Les informations fuient, les relations sont mises en jeu, les négociations montent les enchères... Ce qui se passe dans la passation... hummm.* » Propos recueillis auprès d'un auditeur marchés publics.

Environnement incertain, pourtant réglementé avec un répertoire d'action collective édicté par le législateur. Si on devait le comparer à un marché économique lieu de l'offre et de la demande où circulent des acteurs en quête de satisfaction personnelle, familiale ou collective, autant écarter les règles qui régissent cet espace (Adisso, 2019). Pour l'OCDE (2007), les marchés publics constituent une activité du pouvoir public et n'échappent donc pas aux réalités observées dans l'espace où il agit. Constituant une activité du pouvoir public, les marchés publics sont régis par des règles connues des acteurs. Pourtant, leur contournement est présent et laisse croire à un marché économique à dimension locale.

La dimension relationnelle des pratiques contractuelles est perçue comme le support des actions des acteurs dans l'application du code, dotée d'une rationalité soutenue par des logiques dans un environnement changeant et imprévisible.

Ainsi, les rapports développés et observés chez les acteurs montrent que ces derniers sont livrés à des opportunismes ex ante dans la passation, avec des implications ex post.

## I.2. DE L'OPPORTUNISME DANS L'ENVIRONNEMENT DES MARCHÉS PUBLICS

La possession de moyens (information, attributs, relations) et les logiques valorisées par les acteurs (intérêts personnels, argent, gains faciles) limitent la fiabilité des procédures et la qualité du marché. Il s'agit de pratiques induisant des comportements opportunistes.

Disposant d'une rationalité, les acteurs perçoivent cette possession comme un pouvoir qu'eux seuls connaissent et l'utilisent comme un monopole leur offrant la possibilité de profits individuels, mettant en cause l'avenir de l'intérêt général. Ce différentiel favorise ces acteurs sociaux, qui le valorisent via des jeux publics dont la structure et le contenu ne peuvent être appréhendés a priori. Seul l'acteur détient les moyens et la stratégie de mise en œuvre.

Cette attitude se résume à deux hypothèses : la première relative à la sélection adverse. La seconde est liée à des aléas moraux. De la présence de ces moyens dans le processus découlent des implications et l'effet induit de l'opportunisme. On observe ainsi l'opportunisme des contractants et cocontractants lors de la passation, puis l'opportunisme des cocontractants lors de la réalisation.

## ➢ La sélection adverse et les marchés publics

Cette pratique trouve sa légitimité légale parmi les acteurs lors des procédures. Certains possèdent des moyens (informations, relations, attributs) et développent des rapports inaccessibles à d'autres. Ces rapports portent sur les logiques et intérêts personnels de chaque catégorie d'acteur. Ainsi, au-delà des rapports, la mise en œuvre de moyens disponibles par les acteurs trouve son postulat dans l'existence de buts propres. Cette existence contribue fortement à la multiplication de stratégies imprévisibles, laissant place à des comportements. Face à ceux-ci, on comprend que les stratégies utilisées dénotent des comportements rationnels (calculs, coups bas, opportunités, moyens/buts) de la part des acteurs. Dès lors, il importe socialement d'identifier ce type d'opportunisme.

Dans les marchés publics, outre les pratiques de passation, l'absence de sélection adverse s'interprète comme la situation où la qualité d'une procédure n'est effective que lorsque le titulaire choisi a mis en valeur sa capacité intrinsèque. Ce qui n'est pas évident, disait un informateur :

> « *D'abord, les fournisseurs et prestataires sont toujours à la recherche de profit, étant tous des commerçants et des affairistes. Du coup, on ne se focalise que sur leur offre pour la conformité pour l'essentiel et le prix en général, qui peuvent ne pas refléter leur vrai visage. Mais au lieu de les laisser concourir aisément pour nous mettre un peu à l'abri des fausses informations, ce sont plutôt les relations, les chefs qui interviennent dans le choix de ces derniers, ce qui fausse le jeu de la concurrence. Où allons-nous ? mais c'est fini tout ça car avant ont te dit que c'est des instructions venues du haut, mon pauvre haut qui n'a pas de nom et qui d'ailleurs n'instruits rien du tout ; au contraire ce haut en question veut qu'on respecte les textes pour le développement du pays* » Un informateur en service à la cellule de contrôle des marchés publics d'un Ministère.

Entre frustration et mécontentement, face à une sélection adverse et en l'absence de solution adéquate, la meilleure qualité de la prestation n'est plus le but recherché, mais les rapports et les moyens pour y arriver. La logique de concurrence visée par le législateur recherche de la qualité pour satisfaire les besoins généraux reste flottante, car les cocontractants de qualité sont évincés par ceux disposant de moyens et de relations. Par conséquent, les premiers se lancent aussi dans la recherche de ces moyens au détriment de la qualité, ou dans une logique de réduction de cette qualité pour une durabilité de l'objet du marché, puisque la qualité n'est plus le coefficient directeur, mais les logiques valorisées et les moyens en présence, soutenus par le concept du « moins disant ». Ce concept ne garantit pas la qualité, comme l'affirme un chef service matériels retraité d'un ministère :

> « Non, mais cette affaire de moins disant, c'est pour acheter des pacotilles pour l'État, construire sans solidité, c'est pourquoi le concept a évolué aujourd'hui !!! »

L'opportunisme occasionné par les jeux lors de la passation s'explique par la faible application du principe d'égalité de traitement que véhiculent les dispositifs d'accès. Dans une administration espace social où les acteurs interagissent pour mener les activités du pouvoir public, la faible applicabilité de ces dispositifs démunit la faculté de l'autorité contractante à contraindre les candidats à la sincérité pour pallier une éventuelle sélection adverse. Mais, selon les informateurs, pour y parvenir, il faudrait limiter les pratiques présentes lors de la passation ; or, la forte présence des moyens en jeu rend cette faculté faible.

En réalité, les procédures de passation mises en œuvre sont censées pallier la sélection adverse, en offrant à toute personne physique ou entreprise en règle de proposer des offres de qualité via une mise en concurrence organisée, dont la finalité est de fournir le meilleur pour satisfaire l'intérêt général. Pour ce faire, à partir des dossiers d'appel à concurrence, les autorités contractantes recherchent la durabilité des biens et services. Les approches du droit en termes de liberté d'accès et d'égalité de traitement ne mettent pas suffisamment l'accent, d'après les données collectées, sur les vertus d'une mise en concurrence. En effet, ces principes reposent essentiellement sur la capacité des acteurs de l'autorité contractante à extraire l'information stratégique[43] retenue par les cocontractants pour obtenir une bonne réalisation du marché.

---

[43] L'application des principes généraux de la commande publique participe à l'extraction des informations stratégiques.

## II. LOGIQUES ET STRATÉGIES DÉVELOPPÉES DANS LA PASSATION DES MARCHÉS PUBLICS ET DYNAMIQUES DES ACTEURS

La conduite des opérations de passation fait intervenir un certain nombre d'acteurs qui, professionnellement, ont un rôle à jouer dans la chaîne. Ils disposent d'un pouvoir relationnel (et non attributif) qui leur permet de développer des stratégies selon les instruments offerts.

### II.1.    QUAND LES MOYENS DÉTERMINENT LE TITULAIRE D'UN MARCHÉ

Le choix du titulaire obéit au respect des étapes de la passation. Des propos recueillis, il ressort que le respect strict de ces étapes conduit à un choix soumis aux dispositifs sociaux d'accès édictés par le législateur à l'article 5 du code : « *Les principes de liberté d'accès à la commande publique, d'égalité de traitement des candidats et de transparence des procédures s'imposent aux autorités contractantes... quel qu'en soit le montant.* » . Ces dispositifs, accompagnés des étapes, contribuent à un choix judicieux. Ainsi, le but du législateur est de parvenir à choisir l'offre la moins disante[44] et un titulaire sans pouvoir évaluer sa capacité à respecter les obligations contractuelles cette dernière étant imprévisible. Mais on constate un écart entre ce qui est prévu par le code et la pratique des acteurs. Selon les informateurs, le choix du titulaire est substantiellement lié aux dynamiques relationnelles entre les acteurs et aux moyens dont ils disposent pour contourner les règlementations. Parmi ces moyens, on enregistre deux catégories : les insuffisances du code des marchés publics et le pouvoir (c'est-à-dire les relations, non les attributs).

### ➢ LES INSUFFISANCES DU CODE COMME MOYENS DÉTERMINANTS LE CHOIX

Pour tous les informateurs, le code est un document permettant de suivre les règles relatives à la passation, l'exécution et la régulation. Ses insuffisances constituent pour les acteurs des moyens concourant au choix du titulaire. Pour la

---

[44] Le concept de moins disant est le principe qui gouverne l'attribution des marchés au détriment du rapport qualité/coût.

passation, l'ARMP a mis à disposition des Dossiers Types d'Appels d'Offres (DTAO) via le décret n°2018-229 du 13 juin 2018. De ces dossiers, on retient que la passation des marchés de prestations intellectuelles requiert deux étapes : un Avis à Manifestation d'Intérêt (AMI) pour sélectionner les candidats potentiellement qualifiés ; puis une Demande de Propositions (DP) aux candidats présélectionnés, qui proposent des offres à concurrence.

En absence de précision sur la passation des marchés de prestations intellectuelles par exemple par gré à gré il faut dire que cela laisse une marge de manœuvre aux acteurs. Un autre informateur affirme :

> « Les insuffisances sont de diverses formes ; il y a le mutisme du code sur certaines dispositions, mais il y a aussi des dispositions prévues dont la mise en place n'est pas faite. »

À cet effet, il affirme aussi :

> « Le code a prévu à l'article 55 que tous les grés à gré sauf ceux soumis à l'autorisation du conseil des ministres doivent être motivés par un rapport de la commission de passation en présence d'un observateur. Mais il n'y a jamais eu d'observateurs indépendants, car aucun texte ne prévoit ce qu'on appelle observateurs indépendants. Par conséquent, nous évoluons ainsi. Mais retenez bien que tous les marchés passés au Bénin sont susceptibles de recours, car la passation de tout type de marché exige la présence d'un observateur lors des opérations d'ouverture, d'évaluation et de jugement des offres, surtout en gré à gré. Mais il n'y en a jamais, car le législateur, qui l'a prévu, tarde à mettre en place les textes désignant ces observateurs, leurs attributions, organisation et fonctionnement. » Un informateur en service dans un organe de contrôle.

De l'analyse de ces propos, on peut se demander si la présence d'observateurs est un moyen d'insérer un tiers pour garantir un minimum de transparence. Contribue-t-elle à pallier les pratiques observées ? L'observateur est aussi un acteur à part entière poursuivant des buts et intérêts. Si, par exemple, la présence d'un policier à un carrefour est d'empêcher les usagers de brûler les feux, son absence permet à certains de le faire, et même en sa présence certains le font ; on pourrait alors déduire que la présence d'un observateur indépendant peut ne pas pallier les pratiques.

> **LE POUVOIR COMME INSTRUMENT DE DÉTERMINATION DU TITULAIRE**

Selon Crozier et Friedberg (1977), le pouvoir est « une relation et non un attribut des acteurs ». Il vise un but et est lié à des relations d'échange et de négociation. Si le pouvoir est perçu comme une relation, alors les acteurs de la chaîne en disposent de plusieurs comme moyens pour atteindre leur but. Parmi les moyens relationnels, on enregistre : le Politique ; la Famille ; la Religion ; la Hiérarchie, la cooptation, les affaires ou l'amitié.

**Tableau IV : Fréquence d'ingérence des relations dans le choix du titulaire du marché (tous groupes confondus) confondus**

| Type de relation | Nombre d'informateurs citant cette relation | Fréquence d'ingérence |
|---|---|---|
| Politique | 50 | 56% |
| Hiérarchique, cooptation, affaires ou amitié | 18 | 20% |
| Familiale | 12 | 13% |
| Religieuse | 10 | 11% |
| Total | 90 | 100% |

**Source** : Données de terrain 2020

Ce tableau retrace la fréquence d'ingérence des relations dans le choix du titulaire. Ainsi, 50 informateurs pensent que dans 56% des cas, la politique est un facteur déterminant. Pour les relations hiérarchiques, etc., 18 informateurs les placent en second plan (20%). 12 informateurs identifient ensuite les relations familiales (13%). Enfin, les relations religieuses occupent la dernière place selon 10 informateurs (11%). Par ailleurs, le tableau suivant présente l'effectif des informateurs évoquant l'ingérence selon le type de marché.

**Tableau V : Effectif des informateurs évoquant l'ingérence des relations dans le choix du titulaire par type de marché**

| Type de relation | Travaux | Fournitures | Prestations intellectuelles | Services | Total par type de relation |
|---|---|---|---|---|---|
| Politique | 19 | 24 | 7 | 0 | **50** |
| Hiérarchique, cooptation, affaires ou amitié | 2 | 2 | 4 | 10 | **18** |
| Familiale | 2 | 2 | 4 | 4 | **12** |
| Religieuse | 2 | 2 | 7 | 7 | **18** |
| Total par type de marché | **25** | **30** | **22** | **21** | **98**[45] |

**Source** : Données de terrain 2020.

Ce tableau explique l'effectif des 90 acteurs enquêtés (sur 243) qui soulèvent l'ingérence des relations selon le type de marché. Ainsi, les 50 informateurs identifiant les relations politiques se répartissent ainsi : 19 pour les marchés de travaux ; 24 pour les fournitures. Sept (7) informateurs dénoncent l'ingérence du politique dans l'attribution des marchés de prestations intellectuelles et de services.

Le pouvoir hiérarchique, etc., est plus fréquent dans l'attribution des marchés de services et de prestations intellectuelles (soulevé par 8 informateurs), compte tenu de leur spécificité, et moins pour les travaux et fournitures (2 informateurs).

Pour la relation familiale, 5 informateurs pensent qu'elle est souvent utilisée pour les marchés de service, suivis des prestations intellectuelles (4

---

[45] *pNote méthodologique: Le total (98) est supérieur au nombre d'informateurs (90) car un même informateur pouvait citer plusieurs types de marchés pour une relation.*

informateurs). Pour les travaux et fournitures, seuls 2 informateurs l'ont identifiée. Enfin, 14 informateurs pensent que les relations religieuses interviennent pour les services et prestations intellectuelles, et 2 autres pour les travaux et fournitures. Au Ministère, les marchés de services sont souvent constitués de services d'entretien, jardinerie, etc. A en croire, les relations familiales et religieuses usent parfois de la couverture des relations hiérarchiques et politiques. Leur fréquence est faible, mais n'est pas anodine. Parfois, les relations hiérarchiques et politiques cachent ces deux dernières formes.

## II.2.    MODE D'EMPLOI DES MOYENS DANS LE CHOIX DU TITULAIRE : QUAND LA FIN JUSTIFIE LES MOYENS

Les pratiques de passation, conformes ou non, sont liées à l'environnement. Les relations interférant dans le choix trouvent leur source dans la dynamique liant les acteurs. Il en découle des pratiques sociales tendant vers la non-conformité, car le maintien de ces relations dépend de la manière dont les acteurs s'y prennent.

De l'analyse des données, il ressort que le code décrit les différents modes de passation auxquels recourir. Les acteurs y ont recours selon le besoin exprimé, son importance, le délai, le marché disponible, le montant prévisionnel et le type de marché.

Les relations dérogent à cette règle parfois pour satisfaire un but déterminé, contrairement à la règlementation. Parmi les modes de passation, onze ont été répertoriés et sont liés à l'objet du marché.

**Tableau VI : Répertoire des modes de passation et leur contenu**

| N° | Mode de passation | Essentiel et contenu | |
|----|-------------------|----------------------|---|
| 1 | **Appel d'offres ouvert** | Consultation ouverte à tous les candidats qui ne sont pas exclus par les dispositions du code. | |
| 2 | **Appel d'offres ouvert à deux étapes** | Utilisé lorsque le marché est d'une grande complexité ou lorsque le choix doit se fonder sur des critères de performance et non sur des spécifications techniques détaillées. | |

| N° | Mode de passation | Essentiel et contenu |
|---|---|---|
| 3 | **Appel d'offres ouvert avec préqualification** | Mis en œuvre lorsque l'objet du marché est caractérisé par une certaine complexité ou nécessite des services spécialisés. |
| 4 | **Appel d'offres restreint** | Seuls les candidats sélectionnés et consultés par la Personne Responsable des Marchés Publics (PRMP) peuvent soumettre une offre. |
| 5 | **Gré à gré** | Marché passé sans appel d'offres, après autorisation de la Direction Nationale des Marchés Publics (DNMP) et dans les circonstances prévues par la loi (ex: urgence, monopole, secret national). |
| 6 | **Demande de cotation** | Procédure simplifiée de consultation de soumissionnaires pour la passation de commandes de moindre envergure (fournitures de biens et services). |
| 7 | **Accord-cadre** | Recours à ce mode pour ses besoins annuels de fournitures ou pour tout ou partie de certaines catégories de service, sous conditions et modalités définies. |
| 8 | **Marché de prestations intellectuelles** | Procédure spécifique utilisée pour les études, la conduite d'opération, la maîtrise d'ouvrage, les conseils, etc. |
| 9 | **La demande de renseignement et prix** | Il s'agit des marchés dont le seuil cours à partir de dix millions de FCFA. Elle prend en compte tous les types de marchés. |
| 10 | **Les seuils de dispenses** | Il s'agit des dépenses dont le seuil cours à partir de 0 à 4 millions de FCFA. Elle prend en compte tous les types de marchés. |

**Source :** Fait à partir des données du Code des marchés publics 2020.

Cependant, l'application effective de ces modes s'avère contraignante pour les acteurs. À ce titre, affirme un soumissionnaire :

*« Je suis un proche des politiciens, et je fais un peu de business. La politique et les affaires forment un jeu qui se manifeste par des coups de main lorsque je veux offrir mes services à l'État. C'est pour cela que je ne vais pas vouloir vendre à l'administration et qu'on me dise d'aller en concurrence. Le mieux, c'est de trouver les arguments pour être le prestataire retenu. J'avoue que c'est difficile car même le politicien semble ne plus avoir la main. Non ce n'est pas mauvais en soit, il faut que ça cesse de toute façon un jour »*

De même, un autre informateur ajoute :

*« Je peux participer à n'importe quel appel d'offres, mais avant, je dois être sûr de gagner. Mon entreprise n'est pas novice, on arrive à s'en sortir. »* Un chef d'entreprise de BTP.

De ces réponses, il ressort que l'ancienneté et la relation déterminent parfois le mode de passation.

- **Registre politique**

Selon un informateur Financier :

*« La majorité des marchés de gré à gré se font il y a des années en arrière sur option politique, avec une procédure accélérée. »*

La procédure de gré à gré doit respecter des conditions précises. Pourtant :

*« Parfois, sans début de justification, on reçoit des extraits de conseil des ministres autorisant expressément un gré à gré avec telle entreprise. [...] On exécute, en sachant que ce n'est pas conforme. Tout en regardant comment contextualisé. Mais la décision vient d'en haut. »* Un agent en service au niveau d'une PRMP.

Le code, pourtant émanation du pouvoir politique, est contourné :

*« Les soumissionnaires ont pénétré le cœur de nos commissions »*, affirme un agent de la PRMP.

- **Registre hiérarchique, de la cooptation, des affaires ou de l'amitié**

Le pouvoir hiérarchique agit dès l'expression des besoins, puis lors de l'analyse et de l'évaluation pour orienter le choix vers un fournisseur « pré-identifié ». Un informateur souligne :

*« Ce n'est pas toujours de notre faute si on consent à la décision du supérieur hiérarchique de favoriser un soumissionnaire. [...] Rendre ce service permet de rester en bonnes grâces, pour des nominations ou promotions futures. »* Propos d'un agent en service dans une institution.

Une autre forme consiste à agir via des agents subalternes lors de l'évaluation. La politique joue aussi un rôle déterminant dans ce registre :

> « *Les cocontractants, souvent hommes politiques et promoteurs, parviennent à nommer des agents de l'administration via leurs relations.* » Un ancien cadre d'une commission de passation, désormais directeur adjoint d'une entreprise.

- **Registre religieux**

L'impact de la religion semble moindre que celui de la politique. Les propos des acteurs interrogés notent des réponses comme :

> « *On est de la même église, et il est dans le domaine. Dieu a dit d'aider ses frères. On lui donne l'information pour qu'il puisse participer et, s'il est en règle, son choix est secondé par un coup de pouce.* »

Cela pose la question de l'égalité de traitement pour un candidat d'une autre confession. La « connaissance » (« Qui tu connais ? ») et les dogmes religieux deviennent des facteurs d'influence. Un informateur note :

> « *La religion tend à s'inscrire dans une logique d'aide envers un frère, même si cela peut donner lieu à des retombées judiciaires.* »

- **Registre familial**

La conception africaine de la famille, fondée sur la solidarité fraternelle, justifie certaines pratiques. Un informateur d'une PRMP affirme :

> « *L'Africain aime partager, compter sur sa famille. Certes, on observe des dérives, mais cela ne doit pas nous conduire à nous enfermer dans des tours d'ivoire.* »

Cependant, les contraintes familiales ne sont pas les seules en cause :

> « *Parfois, c'est une entreprise fictive gérée par des membres de la famille qui est créée pour soutirer des marchés, avec le poids politique de l'acteur en question.* » Un informateur au service du matériel d'un ministère.

L'incursion de ces moyens donne lieu à une double pratique : la rétention d'information par les cocontractants et l'aide qui leur est apportée par les acteurs de la chaîne. Cela occasionne la sélection adverse et l'asymétrie d'information, comme l'affirme un chef d'entreprise :

> « *Grâce à mes frères et relations, je détiens la primeur des informations lorsque les plans de passation sont élaborés. Cela me permet de connaître tous les marchés prévus et de négocier d'avance.* »

Ce type d'opportunisme ex ante donne lieu à un opportunisme ex post, observé lors de la réalisation des marchés :

> ### L'aléa moral et les marchés publics

> *« Après avoir usé de relations, le cabinet X a obtenu un marché de prestations intellectuelles qui aurait dû faire l'objet d'une concurrence. À la fin, une commission valide son rapport. […] Est-ce que le marché est exécuté ? Je ne sais pas. Est-ce bien exécuté ? On ne sait pas. L'objectif est-il atteint ? On ne sait pas… et on me dit de signer.*
> » Un membre d'une commission de validation des rapports.

Influence des relations, incertitude sur la réalisation effective, asymétrie d'information, vices cachés sont des maux qui entachent les procédures. L'aléa moral est une résultante des actions des cocontractants non observables par l'autorité contractante, compromettant la finalité des buts visés et l'utilisation des deniers publics.

L'aléa moral est le revers de la sélection adverse. Si celle-ci signifie qu'un acteur ne maîtrise pas le profil de son cocontractant, l'aléa moral décrit le scénario où il ne perçoit pas ses actions. La forte présence de pratiques et de moyens disponibles, avec des stratégies imprévisibles, empêche de prévoir l'avenir ou le comportement du marché. Un membre d'une commission de réception caricature ces échecs en « éléphants blancs ».

Les effets de l'aléa moral participent à l'insatisfaction des bénéficiaires, aux scandales politiques, aux pressions sociales et aux bouleversements de l'ordre social.

## II.3.   STRATÉGIES ET FINALITÉS : LA COHÉRENCE DES MOYENS ET DES BUTS.

> *« Un esprit sage ne condamnerait jamais quelqu'un pour avoir usé d'un moyen hors des règles ordinaires pour atteindre un objectif, car c'est la finalité qui est le plus important »*, a affirmé un cadre contrôleur.

L'environnement des marchés publics est un système où s'entrecroisent enjeux, intérêts, acteurs et pouvoirs. Les stratégies développées par les acteurs visent une réussite fondée sur la poursuite d'un but, en fonction des moyens disponibles. Le contournement du code ne se fait pas sur tout le processus, mais à des niveaux précis (contexte, enjeu, moyens). L'autorité contractante et le cocontractant poursuivent des objectifs différents et développent des stratégies spécifiques. Parfois, l'autorité hiérarchique elle-même ne parvient pas à octroyer le marché à l'acteur qu'elle souhaite. Un exemple en témoigne :

> *« Parfois, celui qui est "prédestiné" à gagner ne monte pas convenablement son offre technique et financière. Il se révèle en aval un petit élément éliminatoire. [...] Dans une commission, tous les acteurs n'ont pas les mêmes objectifs. Il convient de ne pas trop insister sur les points qui permettraient de rediriger le résultat s'ils ne sont pas conformes. [...] Nous avons été obligés d'attribuer le marché à un autre concurrent. »* Un membre d'une Commission de Passation des Marchés.

Les données indiquent que les choix de l'autorité se réalisent le plus souvent, favorisés par l'argent, l'influence politique, les rapports familiaux, etc. L'échec cité rejoint l'analyse de Crozier (1977) : l'acteur n'a que rarement des objectifs clairs et cohérents ; il les change et les adapte. Parfois, la stratégie n'est pas toujours consciente et bien pensée.

Il ressort des avis recueillis que l'univers des marchés publics est un système où s'affrontent enjeux, intérêts, acteurs et pouvoirs. Savoir si la fin justifie les stratégies revient à montrer la cohérence entre les intérêts liés au choix du cocontractant (la fin) et les stratégies déployées (les moyens). Si, dans un contexte général, on met « tout » en œuvre pour atteindre un but, les acteurs de la passation, eux, priorisent le « disponible ». Cette différence caractérise leur comportement. Ainsi, les pratiques observées trouvent leur postulat dans l'existence de buts propres aux acteurs, contribuant à la multiplication de stratégies imprévisibles, connues seulement au cours de la procédure. Ces stratégies dénotent des comportements rationnels (calculs, coups bas, opportunités, rapport moyens/buts). Elles ne prennent fin qu'au moment où le titulaire est choisi qu'il soit escompté ou non. Leur caractère imprévisible fait qu'elles ne sont parfois pas bien pensées, conduisant à une fin qui ne comble pas les attentes et donnant lieu aux aléas moraux observés.

L'analyse des pratiques montre avec précision un système complexe où la formalité des règles (le Code) est constamment déjouée par l'informalité desdites pratiques (les relations, les logiques d'intérêt). La tension est permanente entre la rationalité légale-rationnelle que tente d'imposer la réforme et les rationalités substantielles (au sens de Weber) des acteurs, guidées par des finalités personnelles, familiales, clientélistes ou politiques.

La force de l'analyse consiste à démontrer que cet opportunisme n'est pas simplement un « non-respect » des règles, mais un système social à part entière, avec ses propres logiques, sa propre cohérence et ses propres rétributions (promotions, gains financiers, maintien des réseaux de solidarité). Les concepts de sélection adverse et d'aléa moral, empruntés à la théorie des contrats, sont pertinemment utilisés pour décrire les défaillances qui en résultent.

Aux regards des jeux observés dans cet environnement, on pourrait insister sur le fait que cet « environnement incertain » est finalement très certain pour ceux qui en maîtrisent les codes informels. L'incertitude pèse surtout sur le système lui-même (performance, intérêt général) et sur ceux qui sont exclus de ces réseaux. Le paradoxe ici montre qu'il s'agit d'un système de règles sophistiqué (le Code, les procédures) qui, en voulant tout prévoir, génère lui-même par sa complexité les failles et l'opacité que les acteurs utilisent pour le contourner. La réforme permanente (2016, 2017, 2020) semble être une réponse à ce problème, mais elle risque de nourrir le cycle en ajoutant de nouvelles règles à contourner.

## III.  L'ENVIRONNEMENT DES MARCHÉS PUBLICS, UN SYSTÈME DE JEUX SOCIALEMENT CONSTRUIT.

L'analyse détaillée des pratiques et des discours des acteurs révèle que l'environnement des marchés publics au Bénin fonctionne comme une arène stratégique où se confrontent et se négocient en permanence deux ordres de rationalité :

**1)** La rationalité formelle et procédurale portée par le Code et les textes réglementaires. Son objectif affiché est l'efficacité économique, l'égalité de traitement et la satisfaction de l'intérêt général à travers la mise en concurrence.

**2)** Les rationalités substantielles et informelles des acteurs, guidées par des logiques sociales, politiques, familiales, religieuses ou économiques personnelles. Leur objectif est la maximisation d'utilités diverses (gain financier, capital relationnel, promotion, survie administrative, obligation de solidarité).

Le postulat de départ est ainsi confirmé : comprendre l'action publique dans les marchés publics nécessite de dépasser la simple lecture juridique pour adopter une lecture sociologique des jeux d'acteurs. La règle de droit n'est qu'un élément du système, une ressource et une contrainte avec laquelle les acteurs composent, qu'ils instrumentalisent ou qu'ils contournent en fonction des enjeux et des rapports de force du moment. Les « biais procéduraux » et la « contre-performance » du système ne sont donc pas de simples dysfonctionnements ou des déviances individuelles. Ils sont la manifestation structurelle de l'interaction entre ces deux rationalités. Le cadre formel, bien que nécessaire, est insuffisant pour réguler à lui seul des pratiques sociales aussi ancrées et des jeux de pouvoir aussi complexes.

A ce titre, il convient de faire ressortir les perspectives et essai de modélisation « essai théorique du fait observé ». L'on pourrait donc proposer la modélisation du système ainsi qu'il suit :

- **Entrées (Inputs)** : Besoins à satisfaire, ressources budgétaires, cadre réglementaire (Code).

- **Processus de transformation (Boîte noire)** : L'arène des marchés publics, où interagissent les acteurs selon leurs logiques, leurs ressources relationnelles (pouvoir) et leurs stratégies. C'est dans cette boîte noire que les règles formelles sont filtrées, interprétées et détournées par les logiques informelles.

- **Sorties (Outputs)** : Attribution du marché à un titulaire. Ces outputs sont rarement le seul fruit d'une logique (conforme ou non) mais le produit hybridé des deux :

❖ Marché attribué au « moins disant » compétent (logique formelle idéale).

❖ Marché attribué à un titulaire compétent mais ayant utilisé des relais relationnels (hybridation).

❖ Marché attribué à un titulaire incompétent mais bien connecté (logique informelle dominante).

- **Boucle de rétroaction** : Les outputs (scandales, échecs, « éléphants blancs », insatisfaction) nourrissent un discours de réforme (nouvelle loi, nouveaux décrets, nouvelles structures de contrôle) qui modifie les inputs sans nécessairement agir sur les dynamiques profondes de la « boîte noire ».

Cette modélisation explique pourquoi les réformes successives (2009, 2016, 2017) peinent à atteindre leurs objectifs : elles agissent sur le cadre formel (input) et parfois sur le contrôle des outputs, mais sans prise sur les logiques sociales et les rapports de pouvoir qui animent la « boîte noire ».

Au terme de cette analyse, il apparaît que la performance du système de passation des marchés publics béninois est moins entravée par les insuffisances techniques du Code que par la prégnance des jeux d'acteurs et des logiques sociales qui en détournent l'esprit et la lettre. L'opportunisme, la sélection adverse et l'aléa moral ne sont pas des pathologies externes au système ; ils en sont des components internes, socialement construits et entretenus par la convergence d'intérêts divers.

Dès lors, toute tentative d'amélioration durable de la performance et de la gouvernance des marchés publics doit impérativement prendre en compte cette dimension sociologique. Une piste serait de compléter les réformes juridiques par des politiques de changement des comportements, de renforcement de la redevabilité (accountability) interne et externe, et de professionnalisation des acteurs qui aillent au-delà de la simple formation technique aux procédures. Il s'agirait de travailler à transformer la « boîte noire » en un système plus transparent où les logiques de l'intérêt général parviendraient à dominer, ou du moins à mieux contrebalancer, les rationalités particulières. Ainsi, les pratiques de passation des marchés au Bénin sont le fruit d'une articulation complexe, et souvent conflictuelle, entre un droit importé et formel et des rationalités locales et informelles. Les implications sociojuridiques sont systémiques : elles minent l'efficacité économique, corrodent le tissu social et affaiblissent l'autorité de l'État. Une réforme durable ne saurait se limiter à l'amendement des textes ; elle doit impérativement cibler les logiques sociales profondes qui gouvernent le système.

# CHAPITRES VI : L'APPLICATION DU CODE DES MARCHES PUBLICS : UNE REALITE SOCIOLOGIQUE A MULTIPLE ACTION PUBLIQUE

Ce chapitre, qui s'appuie sur les travaux de SANGA (2016), traite de l'application du code des marchés publics au Bénin. L'auteur a dressé un état des lieux de son application. Au-delà de ces travaux, il convient de noter que la passation des marchés publics découle de besoins exprimés par les bénéficiaires. Pour ce faire, il n'y a d'autre moyen que de se référer aux dispositions du code des marchés publics et de ses décrets d'application. Néanmoins, pour les structures à budget autonome, comme les établissements publics, le code des marchés publics est mis en œuvre conformément au manuel de procédure des directives comptables et financières.

Les différentes réformes intervenues laissent apparaître que les résultats escomptés ne semblent pas atteindre le niveau de performance souhaité. Dans cette dynamique, des rapports s'établissent entre les acteurs chargés de la mise en application du code. Ces rapports sont entretenus et valorisés pour des fins futures à connotation individuelle ou collective, mais rarement liées à l'intérêt général.

L'instauration d'un outil ou guide de référence pour la passation des marchés s'inscrit dans une logique de respect des règles budgétaires, de confiance publique et d'émergence d'une économie participative. Ainsi, il est du devoir du législateur d'aplanir le terrain pour que toute entreprise contribuant à l'économie nationale puisse en retour avoir la possibilité de participer à la satisfaction de l'intérêt général par le biais des services, fournitures et travaux réalisés.

Cependant, il est observé très tôt une baisse de performance quant à l'application du code des marchés publics. L'idée de ce chapitre est d'analyser les résultats obtenus sur la question relative à l'effectivité de l'application du code et les rapports développés par les applicateurs. En quoi l'application d'un outil juridique pourrait-elle participer ou favoriser l'émergence de rapports contribuant à une contre-performance ? Une analyse descriptive de l'état des lieux s'avère nécessaire pour apprécier les rapports existants dans l'environnement des marchés publics.

## I. Analyse descriptive de l'état des lieux des rapports développés dans la mise en application du code des marchés publics

La doctrine définit l'analyse descriptive comme le tracé d'images d'une situation telle qu'elle est, suite à une compilation et à un classement de données qualitatives ou quantitatives obtenues. C'est le type d'analyse qui indique les caractéristiques d'un groupe et permet d'obtenir les liens fonctionnels entre les composantes étudiées en faisant ressortir la valeur des variables significatives (Tremblay R. R. et Yvan P., 2006). Avoir recours à cette analyse dans le cadre du présent travail permettra de faire ressortir les biais qui participent à la contre-performance du système de passation des marchés publics, le code des marchés publics en étant le moyen. Les constituants de cette analyse prendront comme référence cet unique outil permettant de rendre explicite le pourquoi des biais et les implications qui en résultent.

## I.1. Caractéristiques des répondants directs dans l'application du code des marchés publics (Organes de passation : PRMP et organe de contrôle des marchés publics : CCMP, DCMP ou DNCMP).

Les caractéristiques des répondants directs dans le cadre de notre recherche ont été définies conformément aux articles 11[46] et 15[47] de la loi n° 2020-26 du 29 septembre 2020 portant code des marchés publics en République du Bénin, dont les dispositions s'appliquent aux marchés publics, plus spécifiquement en matière de profil de la Personne Responsable des Marchés Publics (PRMP) et de la qualité requise pour mettre en œuvre cette nomination ; puis du profil des acteurs des organes de contrôle (CCMP, DCMP ou DNCMP selon le seuil de passation) et de la méthode de mise en place de ces organes.

A titre d'exemple, l'article 11 fait état de ce que : « *La personne responsable des marchés publics est désignée parmi les cadres disposant de formation spécifique et/ou d'expériences avérées dans le domaine des marchés publics. Elle est nommée de la manière suivante :*

*a) pour les institutions de l'État, par le président de l'institution ;*

---

[46] Cet article n'a pas été modifié dans la loi 2020.

[47] Le commentaire du gouvernement sur la réforme intervenue sur cet article se résume comme suit : Pour
les Sociétés d'état et assimilées, la fonction de l'approbation est un acte de gestion qui ne peut être confiée au PCA qui préside un organe de supervision et d'orientation. De plus, l'objectif de la professionnalisation de la fonction de PRMP justifie qu'elle soit confiée à un professionnel pour permettre au DG ou celui qui en tient lieu de reprendre sa mission d'engagement de la structure à travers l'approbation des marchés. C'est le même motif de la professionnalisation qui justifie l'obligation faite aux maires de désigner une PRMP conformément aux profils admis.

*b) pour les départements ministériels, par le ministre ;*

*c) pour les préfectures, par le préfet ;*

*d) pour les établissements publics, par le directeur général ou équivalent ;*

*e) pour les communes, par le maire ;*

*f) pour les autres autorités contractantes visées à l'article 3 de la présente loi, par le directeur général ou équivalent.* » (Loi n°2020-26 du 29 Septembre 2020, portant, code des marchés publics en République du Bénin, titres II, chapitre I : 11)

Et l'article 15 dispose que :

> « *Il est créé auprès de chaque autorité contractante une Cellule de contrôle des marchés publics (CCMP). Pour chaque autorité contractante, l'ensemble des opérations de passation de marchés dont les montants sont dans la limite de compétence de la Cellule de contrôle des marchés publics, depuis la phase de planification jusqu'à l'attribution du marché, est soumis à l'avis conforme de ladite Cellule. Pour les départements ministériels, les institutions de l'État et les préfectures, les chefs des Cellules de contrôle des marchés publics sont désignés par la Direction nationale de contrôle des marchés publics (DNCMP), en tant que Délégué de contrôle des marchés publics auprès desdites autorités contractantes. Les autres règles fixant les modalités de création, d'organisation et de fonctionnement de la Cellule de contrôle des marchés publics sont fixées par décret pris en Conseil des ministres.* »
> (Loi n°2020-26 du 29 Septembre 2020, portant code des marchés publics en République du Bénin, titres II, chapitre I : 13).

En effet, les caractéristiques des répondants ont été dressées non seulement pour vérifier si cet article du code a été respecté, mais aussi pour mesurer le niveau de responsabilité des acteurs intervenant dans le système de passation et de contrôle des marchés publics lors de la mise en œuvre des procédures de passation des marchés publics (PMP). (Voir Tableau n° VII).

Ainsi, sur les 20 personnes représentant notre échantillon, le constat montre que les procédures de passation des marchés sont traitées par plus d'hommes que de femmes, soit 17 hommes et 3 femmes au niveau des organes de passation et de contrôle. Cet état de choses révèle la place des femmes, qui n'occupent pas un nombre important de postes dans l'administration publique. La réforme sur certains postes de l'administration a donné lieu à la création du fichier national des PRMP et autres postes. Mais ce fichier n'est exploité que pour le compte des ministères et agences et donc pas généralisé. Au-delà de cette réforme, les acteurs qui sont nommés comme PRMP sont issus entre temps par affinités ou de liens qui les lient soit au premier responsable de la structure étatique concernée, soit par l'entremise d'une relation politique, religieuse ou amicale. La désignation de ces PRMP se fait en développant des stratégies autour du profil édicté dans le code des marchés publics. Comme en témoigne le discours recueilli auprès d'une personne responsable des marchés publics :

> « Oui, ma nomination a été faite sur le fondement de la loi 2020[48] car le profil exigé, je l'ai : celui de Bac+5 pour répondre à la catégorie A échelle 1 et quatre ans d'expérience dans le domaine des marchés publics. Mais la réalité, c'est que je n'ai pas les quatre ans dont parle la loi si on va en profondeur. Voyez-vous, j'ai été receveur percepteur pendant quatre ans et je suis resté dans les commissions d'ouverture. C'est cette expérience que j'ai mis en valeur. Je suis conscient que ce n'est pas l'esprit de la loi, car il faut avoir occupé un poste lié aux marchés publics et l'avoir exercé pendant quatre ans. Mais en son temps j'ai supplié mon mentor politique qui a pu m'aider, voilà comment j'ai été nommé. Et vous verrez que cette pratique est commune à toutes les structures. La plupart joue sur l'une ou l'autre des exigences de la loi. Par exemple, dans certains ministères, les PRMP n'ont jamais fait les marchés publics ; ils sont soit spécialisé en droit, finances, gestion de projets, mais cela a suffi pour le nommer. Mais, si c'était à refaire aujourd'hui, ce ne serait plus possible, car il existe un fichier des PRMP où on doit nécessairement puiser. Plus de favoritisme à ce sujet.» (Propos recueillis auprès d'une personne responsable des marchés publics d'une agence).

Vu l'importance et la sensibilité du système de passation des marchés publics, le poste de PRMP est beaucoup plus octroyé selon les liens comme défini ci-dessus. Est-ce de la kakistocratie[49] face à un système qui se veut performant ? Les propos de cet acteur s'analysent au prisme des fonctions et valeurs qu'une loi cherche à imprimer à une société. Si la loi reste trop muette, elle s'expose à des interprétations diverses selon l'auteur qui l'applique. Mais

---

[48] : La personne responsable des marchés publics est désignée parmi les cadres de la catégorie A échelle I ou équivalent, justifiant idéalement d'une expérience d'au moins quatre (4) ans dans le domaine des marchés publics.

[49] Le mot kakistocratie désigne un gouvernement composé des pires personnes, des plus médiocres. Ce mot est souvent employé en référence au gouvernement en place par des personnes qui le jugent incompétent et veulent le critiquer. De façon plus générale, le mot kakistocratie désigne n'importe quel système organisé (gouvernement, université, entreprise) où des personnes incompétentes sont hiérarchiquement haut placées. C'est un phénomène fréquent, dont les raisons sont expliquées dans une vidéo de 2019 par Isabelle Barth, chercheuse en sciences du management.

que faut-il donc faire face à cet état de choses ? De mémoire, lors des débats du Sénat français sur la proposition de loi relative à la simplification du droit, le professeur Ibrahim SALAMI (2017) rappelait, dans son propos introductif à un séminaire sur les marchés publics, l'un des discours selon lequel lorsque la loi bavarde, le citoyen ne l'écoute plus que d'une oreille distraite. Mais ce bavardage n'aurait-il pas permis de pallier des interprétations diverses quant à l'atteinte des objectifs de performance ? La loi portant code des marchés publics a-t-elle été légiférée pour entretenir le flou quant à sa mise en application ?

Ou sont-ce les acteurs qui en dénaturent l'architecture dans sa mise en œuvre afin d'atteindre des objectifs que l'on pourrait qualifier d'actifs personnels ? Concernant les acteurs du contrôle, le constat est beaucoup plus poignant dans la mesure où le contrôle des marchés publics n'a fait l'objet d'aucun texte descriptible ; autrement dit, il n'existe pas de référentiel technique dans ce domaine. Selon l'expérience et la compréhension de l'acteur de contrôle, il effectue le contrôle des dossiers qui lui sont soumis en s'appuyant sur ses expériences ou en se référant à l'expérience d'un autre collègue du domaine. Le législateur est resté muet sur le « comment » des contrôles. Mieux, on observe dans l'échiquier une absence de formation spécifique pour devenir contrôleur des marchés publics. Pourtant, pour être médecin, il faut avoir fait des études de médecine ; pour être banquier, il faut avoir fait des études de banque et finances ; pour être avocat ou magistrat, il faut nécessairement faire du droit ; et pour devenir contrôleur de gestion ou auditeur, il faut détenir un parchemin relatif au contrôle dans le domaine de prédilection. Le système de passation des marchés n'est donc pas organisé ainsi. Le chapitre précédent a fait état de cette pratique légiférée qui consiste à faire naître les contrôleurs des marchés publics au lieu de promouvoir un cadre de formation au profit des acteurs pour devenir contrôleurs des marchés publics. Les contrôleurs des marchés publics sont, tout comme les personnes responsables des marchés publics, des acteurs ayant des profils relativement liés au domaine des marchés publics. C'est le cas des ingénieurs en bâtiment et travaux publics qui, forts de leur diplôme de Bac+5 et d'une formation en marchés publics arrivent à occuper le poste de PRMP.

Les procédures de passation que suivent les marchés passés sont représentées par différentes étapes au niveau des organes impliqués à cet effet. Ainsi, sur les vingt (20) personnes de notre échantillon, nous avons 14 répondants qui viennent du secteur privé et qui sont devenus PRMP grâce à la loi sur les collaborateurs extérieurs[50] ; parmi ces 14, 8 personnes sont des acteurs des services financiers (soit des administrateurs de services financiers), 4 sont des juristes titulaires d'un master en droit, 2 sont des acteurs avec un profil type de marché public[51], et enfin 6 personne appartiennent à la catégorie « autre ». Le tableau ci-dessous fait ressortir les résultats sur les composantes et les variables.

**Tableau VII : Résultat de l'analyse descriptive des composantes de la variable caractéristique du répondant.**

| Domaine de formation principal | Effectifs | Pourcentages | Analyse / Commentaire |
|---|---|---|---|
| **Droit** | 8 | 40% | **Aucun acteur n'est formé spécifiquement au "contrôle" des marchés publics.** Les formations sont généralistes et orientées "passation". |
| **Ingénieur (BTP, Génie civil...)** | 6 | 30% | |
| **Gestion / Finances** | 4 | 20% | |
| **Économie, Autres** | 2 | 10% | |
| Formation spécifique en Marchés Publics | **2** | **10%** | |
| Formation spécifique en Contrôle des MP | **0** | **0%** | **Lacune critique identifiée.** |
| Total | **20** | **100%** | |

**Source :** Dépouillement des questionnaires

Le recrutement des PRMP semble échapper à la logique de professionnalisation prônée par le code. La prédominance des collaborateurs externes et de profils non spécialisés (financiers, juristes généralistes) sur les profils spécialisés (10%) pose un problème de fond quant à la maîtrise technique des procédures. Ce mode de nomination, souvent lié à des affinités politiques ou personnelles, est un premier maillon faible dans la chaîne de la performance.

---

[50] La loi 2017-43 du 02 juillet 2018 portant régime juridique d'emploi des collaborateurs externes de l'État

[51] Titulaire d'un diplôme de cycle I en marchés publics à l'École Nationale d'Administration et de Magistrature du Bénin et d'un Master II dans la même école ou à la Faculté de Droit et Science Politique de l'Université d'Abomey Calavi du Bénin.

Des efforts considérables ont été faites à travers des réformes minimisant ces écarts. Globalement, nous pouvons dire que les personnes questionnées dans le cadre de notre recherche sont des responsables capables de mener à bien le travail pour lequel ils ont été choisis. Cela se confirme par le fait que les caractéristiques de nos répondants directs répondent non seulement à l'un ou l'autre des profils indiqués dans le code selon les interprétations qui sont faites par ces derniers dans la mise en application du code, mais aussi, le degré de responsabilité des acteurs et de toutes les personnes impliquées dans les procédures est élevé.

## I.2. Perception des acteurs sur le système de passation des marchés et degré de connaissance du code des marchés publics du Bénin

L'objectif associé à cette partie est de relever, grâce à l'analyse descriptive, les informations relatives à la perception des acteurs sur le système de passation. Il ressort des répondants que, globalement, les lois et règlements régissant les marchés publics sont les outils devant servir pour la passation des marchés au niveau des autorités contractantes. En effet, on note une certaine contrainte au sein des réponses de ces derniers, liée à la compréhension des textes de loi encadrant la passation des marchés. Ce constat permet de creuser la question de la connaissance ou non des dispositions du code. Étant donné qu'il s'agit de textes réglementaires, un minimum de background juridique est nécessaire pour les acteurs chargés de passer les marchés. Les textes pris sont-ils corrects ? Selon l'idée qui découle des réponses de la plupart de nos répondants : non ; car le discours populaire soutenu reste que les textes, et plus précisément le code des marchés publics depuis 2009 jusqu'en 2020, n'a pas connu de réformes axées sur les avis des pratiquants, mais plutôt sur ceux d'acteurs externes. C'est en cela que nous confie la PRMP d'une mairie, identifiée comme intermédiaire sur le terrain, en retournant la réponse pendant l'entretien :

> « Mais monsieur l'enquêteur, allez-y lire les textes "PAUSE" : on a bien mis dans les textes que c'est la DNCMP et l'ARMP qui proposent les réformes des textes. Mais ce n'est pas eux qui pratiquent les textes, non et non (Temps d'arrêt dans le discours : l'informateur laisse entrevoir un mécontentement sur son visage et continue ses propos) c'est nous. Ils usent de leur AOF pour agir en notre nom. Mais combien de contrôleurs peuvent conduire une procédure de marchés du début jusqu'à la fin ? Ne parlons même plus de l'ARMP. » (Intermédiaire rencontré sur le terrain à Tori-Bossitô et ayant la qualité de PRMP).

Ce dernier, par recommandation, nous introduit chez un contrôleur des marchés publics, qui nous donne cette information :

> « (*Temps d'arrêt avant le discours : l'informateur laisse entrevoir un sourire au coin des lèvres et démarre ses propos) mais écoutez, nous avons du plaisir à faire le contrôle selon notre perception des textes, c'est le propre de beaucoup de contrôleurs PAUSE. Ce qui fait que pour le même dossier, vous pourriez avoir des avis différents alors que ça devrait être unique. À vrai dire, je ne peux pas vous dire que si on me dit de passer un marché, je serai en mesure de conduire la procédure du début jusqu'à la fin. Mais je sais quand même contrôler.*» (Agent en qualité de contrôleur des marchés publics avec 15 ans d'expérience).

À la lecture de ces propos, on se pose la question de savoir comment contrôler si l'on ne sait pas conduire la procédure ? Cela rejoint l'analyse relative au profil des contrôleurs, qui ne disposent pas de formation spécifique axée sur le contrôle des marchés publics. Tous les acteurs de la chaîne de passation des marchés sont des acteurs dont la plupart disposent d'un diplôme en lien avec les marchés publics, pas seulement en marchés publics de façon spécifique. **Notons que c'est cela que certains des textes en marchés publics, et plus précisément le code, à corriger en subissant de nombreuses relectures en vue de leur amélioration.** Le profil, les acteurs non indiqués participent au mécontentement des acteurs vis-à-vis de l'application du code, ce qui fait le lit de la confusion dans la mise en application. Le tableau ci-dessous fait un état des diplômes.

**Tableau VIII : Listing des formations des acteurs au niveau des organes de passation, de contrôle et de régulation des marchés publics**

| Domaine de formation principal | Effectifs | Pourcentages | Analyse / Commentaire |
|---|---|---|---|
| **Droit** | 8 | 40% | **Aucun acteur n'est formé spécifiquement au "contrôle" des marchés publics.** Les formations sont généralistes et orientées "passation". |
| **Ingénieur (BTP, Génie civil...)** | 6 | 30% | |
| **Gestion / Finances** | 4 | 20% | |
| **Économie, Autres** | 2 | 10% | |
| Formation spécifique en Marchés Publics | **2** | **10%** | |
| Formation spécifique en Contrôle des MP | **0** | **0%** | **Lacune critique identifiée.** |
| Total | **20** | **100%** | |
| | | | |

**Source :** Données de terrain 2020

Ce tableau révèle une lacune structurelle majeure : **l'absence totale de formation dédiée au contrôle ; mais ne veut pas dire qu'ils ne sont pas des sachants et doter d'expertise.** Les contrôleurs, pourtant essentiels, apprennent "sur le tas" ou s'appuient sur leur formation initiale (droit, ingénierie, finances), ce qui entraîne une application subjective et variable des règles. Cette logique corrobore les entretiens où certains contrôleurs avouent ne pas maîtriser la passation qu'ils sont censés contrôler. Étant une activité du pouvoir public, les marchés publics regroupent une multitude de disciplines qui participent à la mise en œuvre des projets d'investissement pour la satisfaction des intérêts collectifs. Il se dégage que, pour ce qui concerne le contrôle des marchés publics, nulle part dans les statistiques relatives à la formation on ne retrouve de formation en lien avec le contrôle des marchés publics. Ainsi, comme le dit un agent de contrôle :

> *« Pourtant, les corps de contrôle interviennent plus de 4 fois sur chaque procédure, soit 70% si l'on doit évaluer la part du contrôle. »*

Les acteurs intervenant dans l'environnement des marchés publics sont communément connus sous l'appellation « spécialiste en passation des marchés (SPM) », ce qui sous-entend, si l'on s'en tient au sens strict de l'appellation, qu'il n'y a que des acteurs formés pour la passation des marchés, autrement dit, des acteurs chargés de la mise en application des dispositifs sociaux d'accès à la commande publique. Il manque ainsi un référentiel technique qui doit accompagner la matière (le code des marchés publics). Les marchés publics et les organes de contrôle des marchés publics pour la réalisation des travaux et la fourniture de biens et services sont en effet soumis à un droit dont les principes sont, pour l'essentiel, édictés par les normes internes, voire internationales et communautaires (Kossivi, 2019). En revenant au contrôle, celui-ci est effectué à partir des principes généraux de la commande publique et des réglementations issues des engagements internationaux. Ces principes et procédures sont désormais consacrés dans le nouvel ordonnancement des rapports sociaux qui gouvernent la passation, l'attribution, l'exécution et le contrôle des marchés publics. Les marchés publics se définissent comme un contrat écrit passé, par lequel un ou plusieurs entrepreneur(s), fournisseur(s) ou prestataire(s) de service(s) s'engage(nt) envers une ou plusieurs autorité(s) contractante(s) soumise(s) au présent code, soit à réaliser des travaux, soit à fournir des biens ou des services moyennant au sens de la loi 2020 portant code des marchés publics. Il se déduit de cette définition que le contrôle des marchés publics consiste, pour l'essentiel, en la vérification de l'application des principes gouvernant chaque étape de la procédure de passation des marchés. Le cadre normatif prévoit ainsi une mise en œuvre obligatoire de règles aux étapes de préparation, de passation et d'exécution des marchés. Comment les marchés publics sont-ils attribués et comment s'effectue le contrôle de l'attribution des marchés si tant est que les contrôleurs des marchés publics n'en font qu'un au regard des diplômes ? Dans cette dynamique, seul le statut et l'organe d'appartenance déterminent la qualité de contrôle ; autrement dit, tous les acteurs de la chaîne de passation des marchés ne disposent que de références universitaires en lien avec l'étape de la passation des marchés. De même, un arsenal d'outils pourrait pallier ce manque de formation sur le contrôle. La problématique d'inadéquation et d'inexistence de cette formation peut être revue, mais cela nécessite une retouche au niveau communautaire, puisque le code des marchés publics du Bénin émane des textes communautaires que sont les directives. Mais le Bénin pourrait adopter une autre politique pour palier au problème en attendant.

Les acteurs intervenant dans le système de passation des marchés sont contraints d'avoir un niveau de connaissance des textes régissant les marchés publics, surtout les procédures de passation des marchés. À ce titre, il est question de se préoccuper de la connaissance ou non de la seule matière existante qu'est le code des marchés publics par les acteurs. La réponse à cette question a été affirmative du point de vue des réponses des informateurs, soit 100%. Mais il réside un léger couac dans cette connaissance, car les acteurs, même en ayant connaissance du code, ignorent pour la plupart son origine, notamment les directives de l'UEMOA.

Les marchés publics représentent un secteur sensible pour l'État mais aussi pour les acteurs qui s'y retrouvent, dans la mesure où c'est un secteur qui absorbe une part importante du budget de l'État. Ils tiennent leur degré de sensibilité de ce fait. En plus, ils constituent un outil de gestion des administrations pour la satisfaction des besoins. La maîtrise des textes qui encadrent ce secteur devient donc essentielle pour tous les acteurs qui interviennent dans la mise en application du principal texte qu'est le code des marchés publics.

### I.3. De la performance dans la mise en application du code des marchés publics au Bénin face aux dispositions mises en place en vue de réglementer la pratique de passation.

Les acteurs intervenant dans l'environnement des marchés publics sont certains de l'évolution des certitudes qu'ils ont face aux textes régissant le système national de passation des marchés publics. À ce titre, les intervenants dans la chaîne pour l'application du code des marchés publics partagent des perceptions différentes de l'état de ce bréviaire qui constitue l'outil fondamental dans la gestion des marchés publics. Les acteurs des organes de passation des marchés publics, associés aux organes de régulation, se focalisent ainsi sur la légistique donnant droit aux textes applicables dans les marchés publics. Ainsi, parmi les 30 répondants (organes de passation, de contrôle et de régulation), 23 soit 76% (et donc plus de la moitié) ont trouvé que les textes dans les marchés publics sont rédigés très souvent sous une logique combinée de droit et de politique. Pour dire que les marchés publics ne peuvent pas être dissociés de la politique. Le reste des répondants (7 personnes) ont jugé que ces textes sont quasi acceptables, soit un pourcentage de 24%, dans la mesure où ils permettent d'encadrer le secteur ; et que nul ne peut vouloir une évolution drastique et meilleure dans ce système. En se référant à Pérycal (2015) sur la question des marchés publics et la politique, l'impact des contrats de la commande publique, et plus particulièrement des marchés publics de travaux, fournitures et services, est incontestable tant sur le plan économique que social. Mais cet impact existe également sur un plan politique, car les marchés publics sont, aux yeux des acteurs, souvent le symbole d'une bonne ou d'une mauvaise gestion publique. Et puis, pour lui, il est évident que, sur le plan national, plusieurs gouvernements, notamment depuis les années 1990 comme c'est le cas du Bénin, n'ont pas résisté à modifier voire réécrire le Code des marchés publics afin d'afficher leur volonté d'ajouter de la transparence (cette transparence s'observe au Bénin et des efforts continue d'être faites pour une amélioration évidente) et de la concurrence dans la commande publique. De la relance de l'économie à la promotion de l'innovation, il est tout aussi clair que la réglementation applicable à de tels contrats est régulièrement utilisée à d'autres fins. C'est un phénomène que l'on peut qualifier de rançon du succès : l'impact des marchés publics et, plus largement, des contrats de la commande publique, est aujourd'hui tellement important que le droit qui leur est applicable en est devenu quelque peu instrumentalisé, ainsi que peuvent le démontrer quelques exemples ciblés ci-dessus dans les chapitres précédents[52]. Et pour rejoindre cet auteur, on constate que plus de la moitié des informateurs, sans ambages, font état de ce qu'un lit est fait entre la politique[53] et les marchés publics, ce qui fait que l'application du code au sens strict reste difficile malgré les nombreuses relectures et la volonté d'aller vers une performance satisfaisante. Bon nombre d'informateurs soulèvent que les textes restent parfois confus, mais aussi l'absence d'un minimum de background juridique rend leur application ardue. Il s'en déduit que non seulement le contenu des textes, les réalités liées à la formation et le cadre dans lequel les textes régissant les marchés publics (en l'occurrence le code des marchés publics) ne facilitent pas une application stricte et, par ricochet, la performance tant voulue à travers les nombreuses réformes reste statique. Mais plus loin, il faut noter aussi une difficulté d'interprétation, d'application et d'appropriation qui constituent un problème dans le processus. Tout comme l'ingérence du politique et de la politique dans la passation des marchés, la nomination autre fois des acteurs dont la formation n'entre pas en adéquation avec le profil recherché contribue au contournement des règles en vigueur dans le cadre de la mise en œuvre des procédures du code, ce qui, pour finir, engendre des dysfonctionnements dans le système.

Dans le processus de passation des marchés, il est d'une importance capitale de mettre en pratique les procédures édictées dans le code afin de bien conduire la procédure pour aboutir à la satisfaction des besoins. Ainsi, pour les

---

[52] Jean-Marc Peyrical, (2015) Les marchés publics, instrument politique ? Faut-il instaurer une limite à
l'instrumentalisation de la commande publique pour faire avancer des sujets d'ordre économique et social ?

[53] Lorsque l'on parle de « la politique », on désigne l'ensemble des activités, des interactions et des relations sociales qui se développent et se structurent au sein de l'espace autonome de la lutte pour la conquête et l'exercice du pouvoir. La politique renvoie à la lutte concurrentielle pour la répartition du pouvoir (politics en anglais). C'est en cela qu'elle est souvent dévalorisée (elle renvoie à la lutte pour le pouvoir, à l'intrigue, aux rapports de force...). Cette dimension renvoie à ce que l'on appelle dans le langage commun, la « vie politique ». La politique recouvre les mécanismes de la compétition politique, le jeu de la concurrence entre partis, la lutte entre ceux qui font de la politique leur « métier ». Le sociologue Pierre Bourdieu donne de la politique cette définition : c'est « le lieu où s'engendrent dans la concurrence entre les agents qui s'y trouvent engagés des produits politiques entre lesquels les citoyens ordinaires, réduits au statut de consommateurs, doivent choisir ». Par politique, on peut entendre aussi la scène sur laquelle s'affrontent, sous les yeux du public et des citoyens, une série d'acteurs pour la conquête et l 'exercice du pouvoir. Philippe Braud définit la scène politique comme « le lieu de compétition pacifique autour du pouvoir de monopoliser la coercition, de dire le droit et d'en garantir l'effectivité dans l'ensemble de la société concernée »

procédures en sollicitation de prix[54], le décret accompagnant la loi recommande en son article 13 que :

> « *Pour la passation des marchés par la procédure de demandes de renseignements et de prix des marchés de travaux et de fournitures ou services, les autorités habilitées visées à l'article 4 ci-dessus, publient par affichage public, au niveau de leurs sièges et de ceux des préfectures ou mairies dont elles relèvent, des chambres de métiers et des institutions consulaires couvrant leurs localités, les avis suivants : 1. avis d'appel public à candidature de marché public ; 2. avis d'attribution définitive. Pour chaque avis publié, les délais légaux de publication courent à partir de la date d'affichage au siège de la structure concernée. Les accusés de réception ou décharges des bordereaux de transmission des demandes d'affichage adressées aux structures énumérées ci-dessus feront foi aux fins d'attestation de la date de publication effective des avis précités. En ce qui concerne la passation des marchés par la procédure de demandes de cotation, les formalités de publication d'un avis d'appel public à candidature de marché public ne sont pas obligatoires. »* (Décret N°2020-605 du 23 Décembre 2020, fixant les règles et modalités de mise en œuvre des procédures de sollicitation de prix, chapitre IV : 13).

Il s'agit d'un dispositif mis en place pour permettre au grand public d'avoir accès à l'information et de participer aux marchés publics. Les canaux de publicité indiqués dans le présent article rendent l'information accessible, car ce sont des structures fréquentées par bon nombre d'usagers. Mais en réalité, l'objectif derrière cette disposition est détourné par les acteurs de la chaîne de passation des marchés. Et comme le disait un soumissionnaire disposant d'une entreprise de BTP et de fourniture de bureau avec une dizaine d'années d'expérience dans les marchés publics :

---

[54] La sollicitation de prix est une procédure simplifiée de passation des marchés publics en dessous des seuils nationaux de passation des marchés et supérieurs ou égal à quatre millions (4 000 000) de francs CFA HT. Elle garantit les principes d'économie et d'efficacité du processus d'acquisition, de liberté d'accès à la commande publique, d'égalité de traitement des candidats et de transparence des procédures. Deux types de sollicitation de prix sont à distinguer : 1.la demande de renseignements et de prix ; 2.la demande de cotation. La passation des marchés suivant les procédures de sollicitation de prix est encadrée ainsi qu'il suit : les procédures de demandes de renseignements et de prix s'appliquent aux marchés dont les montants prévisionnels hors taxes sont inférieurs aux seuils de passation des marchés publics et supérieur ou égal à dix millions (10 000 000) francs CFA ; les procédures de demandes de cotation s'appliquent aux marchés dont les montants prévisionnels hors taxes sont inférieurs ou égale à dix millions (10 000 000) francs CFA et supérieur ou égal à quatre millions (4 000 000) francs CFA.

*« Chef, les gars ne publient pas les avis, mais je ne peux pas te dire plus car je suis aussi profiteur. »*

À entendre cet informateur, on comprend aisément que les textes ne sont pas respectés, du moins pour ce qui est de la mise à disposition de l'information, et cela nous démontre clairement qu'il y a un problème quant au respect des textes par les acteurs impliqués dans les procédures de passation des marchés. Mieux, il dit :

*« Dans ce métier, chaque PRMP et contrôleur applique les textes comme il l'entend et surtout quand nos intérêts sont en jeu ; ensuite nous prions pour que rien ne nous arrive. »*

Ce complément d'information il semblerait donc que les acteurs appliquent ces textes selon leur convenance. Ainsi, comme l'a dit (Ndolo 2014) dans son mémoire, un pays peut posséder de bonnes lois et de bons règlements en matière de marchés publics, mais tant qu'ils ne sont pas respectés, le système ne pourra jamais fonctionner efficacement. C'est là la problématique de ces travaux de recherche. L'hypothèse selon laquelle la mise en application du code permet aux acteurs de transformer les intérêts collectifs en actifs individuels part d'une transformation des outils mis en place par le législateur (le code des marchés publics) pour atteindre les buts fixés. Et chaque action menée par les intervenants de la chaîne de passation des marchés, en présence des rapports développés, contribue à une faible performance du système de passation des marchés, de sorte que même si le code des marchés publics est peut-être bien pensé, les quelques insuffisances participent à la mise en place de moyens qui sont utilisés pour des finalités rationnelles mais beaucoup plus individuelles.

En se référant aux résultats escomptés à travers les différentes réformes intervenues dans l'environnement des marchés publics depuis 2004, on s'aperçoit que la question relative au respect des nouvelles dispositions en vue de réglementer les pratiques de passation des marchés et garantir son efficacité et la performance nous montre que sur 170 informateurs, toutes catégories d'acteurs confondues, 100 informateurs (soit plus de la moitié, représentant 59%) reconnaissent que, malgré les différentes réformes, les dispositions anciennes autrefois ambiguës et contournées, mais qui ont fait l'objet d'une revue ou modification, sont peu respectées ; ensuite, 65 personnes disent que ces dispositions ne sont pas respectées (soit 38%) ; et enfin, 5 personnes (soit 3%) reconnaissent que ces dispositions sont respectées dans la mesure du possible. Dans tous les cas (peu respectées, respectées ou non), les dispositions du code connaissent une transformation dans la mise en application lors de la passation des marchés, au moyen des ressources et de l'occasion offertes par l'espace et l'environnement dans lequel le code est appliqué.

**Tableau IX : Analyse descriptive du niveau de respect des dispositions réglementaires**

| Niveau de respect aperçu | Effectif | Pourcentage | Analyse / Commentaire |
|---|---|---|---|
| Dispositions peu respectées | 100 | 59% | La majorité écrasante des acteurs (97%) constate un respect défaillant du code. Le système est perçu comme dysfonctionnel. |
| Dispositions non respectées | 65 | 38% | |
| Dispositions respectées (dans la mesure du possible) | 5 | 3% | |
| Total | 170 | 100% | |

**Source** : Dépouillement des questionnaires.

Ce résultat est sans appel. Malgré les réformes successives, il existe un consensus parmi les acteurs sur le **non-respect massif des règles**. Cela confirme l'hypothèse centrale selon laquelle le code est instrumentalisé et détourné de son objectif initial. L'environnement des marchés publics est perçu comme un espace où la règle est l'exception et le contournement est la norme. La logique du gouvernement et du politique pour les réformes est pourtant claire : L'assainissement du secteur ; mais c'est la nature humaine la question, l'humanité reste la question fondamentale.

## II. Les pratiques de passation (jeu de contournement, rétention des informations, et autres fléaux) et leurs manifestations dans l'application du code des marchés publics.

Les travaux de Erhard Friedberg[55] nous ont appris que le pouvoir et la règle sont inséparables. Il a démontré que la règle sans le pouvoir devient très vite une forme vide et que le pouvoir sans règle n'existe pas, car l'exercice du pouvoir est générateur de règles. Pouvoir et règle constituent ainsi les deux faces du phénomène " organisation " qui est omniprésent dans l'action collective, qu'elle prenne la forme d'un mouvement diffus et spontané ou celle d'une

---

[55] Op. Cit.

multinationale formalisée et rationalisée à l'extrême. En stabilisant l'univers toujours complexe, instable et potentiellement conflictuel de l'interaction sociale, il donne durée et épaisseur aux entreprises collectives des hommes. Il analyse le phénomène " organisation " dans sa généralité et dans sa dynamique même, comme structuration et restructuration des contextes dans lesquels se déploie l'action collective des hommes. Les interactions se cristallisent en ordres locaux contingents, provisoires et aux limites incertaines. Ceux-ci sont relativement autonomes par rapport aux grandes régulations politiques et culturelles d'une société et mettent en question l'homogénéité et l'unité supposées du champ social dont ils soulignent au contraire le fractionnement irréductible. La régulation sociale n'est pas une. Elle est multiple et partielle. Ainsi, en explorant les implications théoriques et pratiques de l'existence de ces ordres locaux pour notre compréhension des pratiques de passation existant dans les marchés publics au moyen d'actions collectives ou parfois individuelles, on constate que les logiques soutenues dans l'application du code des marchés publics rejoignent la réflexion plus générale sur la coordination de l'action et sur la nature de l'ordre social développé par l'auteur. Le système de passation des marchés publics tel que conçu, avec une architecture reposant sur le code et les hommes, s'apparente à une forme d'organisation dans laquelle l'on retrouve une multitude d'actions publiques très variées et présentes. C'est avec les marchés publics que les acteurs nous apprennent qu'en réalité il n'y a pas de « corruption[56] » dans les marchés publics mais plutôt de la « motivation ». Un changement de concept dans le système de passation de marché qui permet de mettre à l'aise l'un ou l'autre selon la position de l'acteur. Cette perception du mot par les acteurs se déduit qu'en réalité cette pratique reste une chose légalisée avec un silence qui en dit long. De la réponse d'un informateur, on retient :

> « *Vous savez, c'est une démarche habituelle et fort respectable car la plupart du temps on ne demande pas ; celui qui gagne ou qui cherche à gagner le marché va vous donner de l'argent. Mais attendez, si*

---

[56] La corruption est la perversion ou le détournement d'un processus ou d'une interaction avec une ou plusieurs personnes dans le dessein, pour le corrupteur, d'obtenir des avantages ou des prérogatives particulières ou, pour le corrompu, d'obtenir une rétribution en échange de sa complaisance. Elle conduit en général à l'enrichissement personnel du corrompu ou à l'enrichissement de l'organisation corruptrice (groupe mafieux, entreprise, club, etc.). Il s'agit d'une pratique qui peut être tenue pour illicite selon le domaine considéré (commerce, affaires, politique...) mais dont le propre est justement d'agir de manière à la rendre impossible à déceler ou à dénoncer.

*je ne demande pas et qu'ils me donnent, pourquoi vais-je refuser alors que je suis dans le besoin ? Et puis personne ne refuse l'argent (pause). De toute façon, ils savent que c'est un principe, on n'a même pas besoin de lui dire cela (pause). À défaut, s'il ne te donne pas l'argent en cachette, il t'achète un bien ou t'aide à construire ou mieux, résoudre un problème que tu as. Mais lorsqu'il fait ce geste, il est quand même normal que dans la passation d'un marché, s'il est présent parmi ceux qui ont déposé leur offre, je me dois de voir comment l'aider aussi, à moins que vous me disiez qu'aider n'est plus de ce monde (pause). La preuve, je vous aide à trouver des réponses pour écrire votre mémoire ou document.* » (Informateur en qualité de ex PRMP dans une agence).

Les pratiques présentes ont pour finalité le gain facile au moyen de coups bas et autres intérêts individuels, de sorte que les jeux de contournement des textes, l'asymétrie d'information aiguë, le non-respect des textes au quotidien constituent les formes d'actions publiques présentes dans la mise en œuvre du code des marchés publics. Elles sont exposées à la lumière par tout acteur intervenant dans la chaîne sans pour autant s'ébruiter. La fréquence des pratiques observées dans le système de passation des marchés est à un taux très élevé au point où la quasi-totalité des répondants s'exprime de façon affirmative. Soit 100% des informateurs reconnaissent au moins une pratique de passation des marchés qui contribue à la baisse de performance du système. À ce titre, au nombre des pratiques, on peut citer l'incitation à la corruption ou action motivante, les fraudes, le favoritisme, le contournement des textes, le trafic d'influence, la menace hiérarchique, qui sont des pratiques de passation très élevées qui freinent autres fois, mais moins qu'aujourd'hui la mise en application stricte du code des marchés publics. Assez d'effort ont été faites et constatés par des avancés notable et vérifiable depuis une décennie.  Mais il reste à faire du point de vue des perceptions.

En somme, le constat global fait au regard de l'avis des informateurs se traduit par un handicap axé sur les rapports humains face à l'application du code des marchés publics ; lesquels humains valorisent des buts et développent des stratégies qui influencent la passation des marchés malgré l'effort pour rendre performant le système.

## II.1. Les étapes cruciales de la passation des marchés à l'effet des dysfonctionnements engendrés par les pratiques de passation des marchés

Plusieurs étapes forment le jeu de la passation ou celui de la mise en œuvre des procédures. Non pas qu'elles ne sont pas toutes importantes, mais elles ont des traits très caractéristiques et qui constituent des plaques tournantes sans lesquelles les marchés ne peuvent être réalisés. Les étapes de la passation des marchés publics sont des procédures qui se déroulent en majeure partie au niveau des acteurs de passation des marchés publics, toutes catégories confondues. Ainsi, les marchés publics sont passés après mise en concurrence des candidats sur appel à concurrence. Cette mise en concurrence est autorisée par un contrôle a priori de certaines étapes de l'appel à concurrence pour garantir une parfaite application du code et un contrôle a posteriori des dossiers de marchés pour se rendre compte de l'effectivité de la réalisation des marchés.

## II.2. Du contenu du dossier d'appel d'offres monté sur la base des exigences de qualification et des caractéristiques (spécifications techniques, termes de références ou devis quantitatifs estimatifs).

Les dossiers d'appel à concurrence sont des dossiers types existants et mis en place par le pouvoir réglementaire. Dans ces dossiers, l'on retrouve les instructions aux candidats, l'avis d'appel à candidature, le modèle de marché, les informations relatives aux pièces et critères de qualifications, les exigences de qualification, les spécifications techniques quand il s'agit des marchés de fournitures, les termes de références quand il s'agit des marchés de prestation de services physiques ou intellectuelles et les descriptions techniques appuyées des devis quantitatif et estimatif pour les marchés de travaux. L'ensemble de ces éléments consistent à décrire de façon claire et précise les besoins de nature à permettre aux candidats de se manifester pour la soumission d'une offre répondant aux contenus du dossier d'appel à candidature afin de répondre de façon précise à travers une compétition. De la clarification du contenu du dossier d'appel à concurrence, sur 170 informateurs, 90 informateurs (soit 53%) pensent que les critères (exigence de qualification) sont très souvent taillés sur mesure, les caractéristiques des besoins à satisfaire sont celles déjà détenues chez un fournisseur qui en dispose certainement, et le dossier parfois ne donne pas des informations d'ordre général, malgré que le code des marchés publics indique qu'il ne peut y avoir de préférence de marque mais qu'en cas de préférence et qu'il est nécessaire de préciser la marque, cela doit être

165

accompagné de la mention « ou équivalent ». Pourtant, cette mention est souvent omise dans le dossier et laisse le dossier dans un état d'incompréhension. Soit, 50 informateurs (soit 29%) estiment que les dossiers d'appels sont très mal montés, et pour causes, soit celui qui s'est chargé de monter le dossier l'a fait exprès pour des buts visés, soit il ne dispose pas de compétence ; ce qui traduit un manque de clarté. Ces différents éléments s'expliquent du fait que non seulement les acteurs interprètent mal les textes, mais aussi ne définissent pas clairement les caractéristiques. Si le dossier est mal monté, quelle qu'en soit la raison, cela déteint sur la qualité des travaux devant permettre d'attribuer les marchés. Car comme le souligne un acteur de la régulation :

« un dossier mal monté conduit à un marché mal passé. »

Et enfin, 30 informateurs (soit 18%) estiment que les dossiers sont bien montés pour la plupart des marchés auxquels ils soumissionnent.

**Tableau X : Le montage du dossier d'appel à candidature (Qualité perçue des dossiers d'appel à concurrence)**

| Perception de la qualité | Effectif | Pourcentage | Analyse / Commentaire |
|---|---|---|---|
| Critères "taillés sur mesure" | 90 | 53% | **Seule une infime minorité (8%) perçoit les dossiers comme bien montés.** |
| Dossiers **très mal montés** / peu clairs | 50 | 29% | La pratique du **détournement des critères** est majoritaire, confirmant une entorse grave au principe d'égalité de traitement. |
| Dossiers **bien montés** | 30 | 18% | |
| Total | **170** | **100%** | |

<u>**Source:**</u> Dépouillement des questionnaires

La phase cruciale de définition du besoin et de rédaction du dossier est viciée à la base. La pratique du "coup décidé" en amont se traduit par la

166

rédaction de critères techniques ou financiers sur mesure pour favoriser un candidat prédéterminé. Cela fausse totalement la concurrence et annihile l'objectif d'efficacité économique.

## II.3.    Du choix des procédures et techniques de passation des marchés

Dans la passation des marchés, les acteurs chargés de mettre en pratique le code ont pour prérogative de faire le choix d'une procédure et d'une technique, ce en fonction de l'objet du marché à passer, des questions liées au délai et à la finalité du marché à passer. L'analyse des résultats montre que le choix des procédures dépend pour la plupart des objectifs fixés pour la passation d'un marché. Ce choix, laissé à la discrétion des acteurs et qui ne peut en demeurer autrement, participe dans une certaine mesure à tirer profit des marchés passés. Un marché de travaux peut être passé par procédure d'appel d'offres ouvert en fonction de son montant prévisionnel hors de toute forme de taxes, soit cent millions (100.000.000) FCFA. Mais compte tenu des intérêts en jeu, la passation de ce marché peut être faite par procédure de demande de sollicitation de prix (demande de renseignement et de prix) avec une réduction légère du montant inscrit dans le plan de passation des marchés, soit quatre-vingt-dix-huit millions cinq cent mille (98 500 000) hors de toutes les formes de taxes, afin de ne pas aller en appel d'offres ouvert. Cette pratique vise, selon les informateurs, à jouer sur les délais légaux de passation des marchés pour l'atteinte des objectifs. Mais une autre réalité fonde cette pratique. Il s'agit en effet de se soustraire aux canaux de publication lorsqu'on se retrouve face à un appel d'offres ouvert, qui sont indiqués au niveau de l'article 53[57] de la loi 2020-26 du 29 septembre 2020 portant code des marchés publics en République du

---

[57] Article 53 : Obligation de publicité des avis :Sauf dans le cas des marchés publics passés par la sollicitation de prix ou par le régime du seuil de dispense et sous réserve d'exceptions évoqués aux chapitres 2 et 3 du titre II de la présente loi, les marchés publics doivent faire l'objet d'un avis d'appel à la concurrence porté à la connaissance du public par une insertion faite, au minimum dans le quotidien de service public et sur le portail web national des marchés publics et le journal des marchés publics. En cas de nécessité, l'avis peut être inséré dans toute autre publication nationale et/ou internationale de large diffusion ainsi que sous le mode électronique, selon un document modèle dont les mentions obligatoires sont fixées par décret pris en Conseil des ministres. Cette disposition concerne également les avis de pré qualification.

Bénin, afin de réduire ou limiter l'accès de l'information à un public plus élevé. Bien entendu, en contournant les canaux de publication d'un appel d'offres ouvert, cela réduit entre autres la concurrence et le jeu des prix de l'offre. Autre élément, comme le souligne une PRMP :

> « les procédures de sollicitation de prix donnent la possibilité de maîtriser les candidats intéressés par les avis lancés (pause) ; aussi, elles permettent de choisir notre propre fournisseur pour espérer un retour pécuniaire ou matériel ou encore un service. »

Le choix des procédures pour un intérêt personnel ou collectif certes, mais cela dégage une autre problématique : celle de la sincérité des coûts des marchés à passer par les autorités contractantes. Si elles ont la possibilité de réduire le coût des marchés à passer, cela suppose par hypothèse que les montants des marchés passés ne peuvent refléter une réalité et, par conséquent, la finalité de la passation des marchés participe à une fuite des ressources publiques au moyen des stratégies mises en place par les acteurs dans le choix des procédures. Pourtant, le choix des procédures de passation de marché suit les normes prescrites par la loi, mais ces choix influencent les marchés passés tout en laissant place à d'autres formes de pratiques.

### II.4. La Politique de concurrence dans les marchés publics : un dispositif d'accès pris en otage dans l'application du code des marchés publics.

Les résultats de terrain ont conduit à une illustration de l'état de la concurrence dans les marchés publics au Bénin à travers la contribution du Bénin. De la table ronde sur les politiques de concurrence dans les marchés publics à Genève en 2012, le Bénin a apporté sa contribution sur l'état de la concurrence dans les marchés publics au Bénin. Ainsi, on peut retenir que l'acquisition des biens et services par l'État pour le compte des structures sous tutelle nécessite le respect des normes en matière de passation des marchés. Ces normes garantissent la transparence et la non-discrimination, conditions de la libre concurrence. En effet, l'arsenal juridique qui encadre la concurrence est un ensemble de lois qui visent à interdire les pratiques anticoncurrentielles et de concurrence déloyale de certains acteurs économiques qui entravent le plein exercice de la concurrence sur le marché en économie. Les pays en développement comme le Bénin ont plusieurs défis à relever et plusieurs objectifs à atteindre, dont le développement économique aussi bien national que communautaire. Ainsi, une législation de la concurrence bien conçue avec une application efficace des lois favorise une croissance économique et le plein emploi dans l'intérêt de tous les acteurs. Dès lors, il incombe aux autorités en charge des questions de concurrence de veiller au respect des dispositions de la concurrence lors de la passation des marchés publics afin que tous les acteurs puissent jouir des avantages liés à une concurrence saine. Conscient que les marchés publics jouent un rôle très important dans l'économie et représentent une part significative dans le Produit Intérieur Brut (PIB) du pays (environ 50% du budget national), le Bénin depuis 2009 dispose d'une panoplie de textes portant sur les marchés publics, les délégations de service et le Partenariat Public-Privé en République du Bénin. Ces textes, tant législatifs que réglementaires, rappellent les dispositifs sociaux d'accès à la commande publique à travers les procédures qui sont mises en œuvre. En rappel, il s'agit de la liberté d'accès à la commande publique, l'égalité de traitement des candidats et la transparence des procédures s'imposent aux autorités contractantes dans le cadre des procédures de passation des marchés publics, de délégations de service public et de Partenariat Public-Privé, et ce, quel qu'en soit le montant. De plus, la sonnette d'alarme est tirée pour aviser les autorités contractantes de s'interdire toute mesure ou disposition fondée sur la nationalité des candidats de nature à constituer une discrimination.

Dans cette perspective, les structures étatiques qui ont une fonction commerciale et ayant habilité à participer à un appel à concurrence du fait d'être considérées comme autorités contractantes ont été prises en compte par ces textes. Ainsi, les autorités contractantes se doivent de s'assurer que la participation d'un soumissionnaire qui est un organisme de droit public comme les structures étatiques dont il est question ici ne fausse pas le jeu de la concurrence vis-à-vis de soumissionnaires privés. L'objectif est à la fois de mettre en place le cadre institutionnel le plus adéquat, de libéraliser l'économie, de promouvoir les entreprises et de faire respecter le droit et la politique de la concurrence. Les précisions apportées constituent des éléments très indispensables dans la mise en application du code des marchés publics. En principe, les dispositions prises dans le cadre de la passation des marchés publics doivent permettre d'atteindre les objectifs visés, mais dans la réalité, des constats s'observent et passent inaperçus faute de preuves tangibles, telles que les soumissions concertées qui font perdre d'importantes sommes à l'État et aux contribuables. En se référant à l'affaire du port autonome du Bénin de février

2021 portant sur la corruption et sur la publication d'un dossier d'appel à concurrence sur fond de corruptions[58], on pourrait par hypothèse faire état de ce que seuls les rapports développés par les acteurs et les intérêts non satisfaits a priori amènent parfois à des fuites d'informations allant à la dénonciation des pratiques de passation, qu'est ici une de publication mais sur fond de corruptions. L'analyse de cette brique d'informations nous permet de relier la question de publicité au point précédent. Car l'on pourrait se demander pourquoi faire une publication sur fond de corruption et à quelle fin ? Cette situation peut mettre à mal les opérateurs économiques qui respectent les textes en vigueur en la matière. Il est reconnu depuis longtemps que le commerce et les politiques en matière d'investissements et de concurrence sont étroitement liés. Les autorités chargées de la concurrence doivent prévenir ou sanctionner les comportements anticoncurrentiels afin d'assurer le bon fonctionnement des marchés. Après ce rappel, il importe de mettre l'accent sur le cas du Bénin en ce qui concerne l'interface entre la politique de la concurrence et la passation des marchés publics.

Comme souligné plus haut, le souci du législateur est de traiter les entreprises sans discrimination afin de faire respecter le libre jeu de la concurrence. Ce souci jalonne toutes les étapes de la procédure de passation des marchés publics. Il s'observe déjà au niveau de la planification des marchés publics par le biais de la publicité en début de l'année budgétaire des plans prévisionnels de passation des marchés publics. À ce niveau, les informateurs ont révélé que, pour la plupart du temps, les montants inscrits dans le plan de passation sont des montants non réalistes, et dans ce jeu, si le soumissionnaire fonde son offre sur ces montants publiés, il prendra toujours le risque de passer à côté ; du coup, très peu sont ceux qui vont consulter le plan. Il en est de même pour les délais inscrits dans le plan de passation. Ce qui fait que lors de la passation d'un marché, quoiqu'il soit publié dans le plan de passation, ledit marché, les candidats cherchent toujours par des voies et moyens pour connaître le montant réel à mettre dans l'offre, car en la matière, même malgré les réformes sur papier, la logique de certain acteur demeure le « moins-disant » alors qu'aujourd'hui, les textes ont évolué et il est plus question de « l'offre économiquement avantageuse ». Le jeu de la concurrence transparaît également

---

[58] Il s'agit des informations recueils auprès des informateurs ayant pour appuis les journaux (la nouvelle tribune dans sa parution du 17 février 2021) et réseaux sociaux. Nous n'avons pas pu avoir la vraie version des faits ou plus d'informations car le dossier est pendant devant les juridictions étatiques.

au niveau des techniques et procédures de passation, car l'appel d'offres ouvert est la règle et le recours au gré à gré doit être l'exception. Mais les exceptions sont mises en pratique pour la plupart du temps[59]. L'égalité de traitement des candidats est garantie au cours de la publicité des avis d'appel d'offres. En conclusion, la loi sur les marchés publics au Bénin garantit le libre accès à la commande publique, l'égalité de traitement des candidats et la transparence, ce qui encourage le libre jeu de la concurrence. Toutefois, il faut préciser que l'application de ladite loi, au regard des analyses précédentes, nous montre que l'ingérence des pratiques de passation sur les politiques de concurrence impacte négativement le processus de passation des marchés ; ce fait conduit forcément au non-respect de la libre concurrence entre les entreprises soumissionnaires dans les conditions prévues par les textes en vigueur. La libre concurrence est sujette du lancement de l'avis d'appel d'offres. En ce qui concerne les avis d'appel d'offres, ils doivent, selon les recommandations de la loi, être ouverts à toutes les entreprises ou groupements de sociétés résidant ou non sur le territoire béninois et qui ne sont pas frappés par des incapacités indiquées par le code des marchés publics. Cette limitation de concurrence occasionne de ce fait un manque de transparence qui handicape toute la procédure de passation des marchés.

## II.5. Du respect des règles édictées dans les dossiers d'appel à concurrence à l'étape de réception et d'évaluation des offres.

Le code des marchés publics a fait état des mécanismes devant permettre de réceptionner les offres et de les évaluer. Le processus de passation étant subdivisé en étapes, il existe des étapes beaucoup plus cruciales que d'autres. Celle de la réception des offres en est une, de même que celle de l'évaluation, au cours desquelles il reste très primordial de leur accorder une attention particulière. Les résultats de terrain montrent une défaillance dans la mise en pratique de ces étapes. Les offres sont en effet reçues en retard, ou mieux, il est érigé une pratique ne permettant pas de respecter les textes. Dans cette logique de satisfaction des besoins, qui est un principe directeur dans les actions menées par les acteurs de la chaîne de passation des marchés, il s'observe une dérive qui s'exprime par le changement de certaines pièces essentielles ou la correction de

---

[59] Voir le point VI-II-3

certaines rubriques de l'offre afin de rendre l'offre prédestinée à gagner le marché beaucoup plus compétitif face aux autres soumissions. Ce répondant en qualité de chef d'entreprise nous dit :

> « *plus aujourd'hui si non avant faut dire qu'avant lorsque je négocie, et pendant l'ouverture, s'il y a des pièces qui manquent, le comité dit juste que c'est fourni et après l'ouverture je fais vite pour fournir la pièce, ou mieux si le document tel que présenté ne respecte pas le modèle demandé, on m'appelle et je viens changer ; de même que quand mon prix proposé est trop bas, on essaie de glisser des erreurs puis à l'évaluation, on corrige mon offre et j'avoisine un peu le moins disant ou si je suis le seul en liste, c'est que le montant est allé à la hausse et donc cela fait beaucoup de bénéfice.* » (Un chef d'entreprise spécialisé dans les travaux et fourniture de bureau).

Face à cette pratique, il est opportun de se référer aux contenus du code des marchés publics de septembre 2020 en son article 72, chapitre IX du titre III, qui dispose que :

> « *La Commission d'ouverture et d'évaluation des offres, dès l'ouverture des plis, établit un rapport d'analyse dans un délai fixé par voie réglementaire. Dans ce délai compatible avec le délai de validité des offres et qui ne saurait être supérieur au délai fixé par décret, il doit être procédé, de manière strictement confidentielle, à l'évaluation des offres techniques et financières et à leur classement suivant des critères édictés par le dossier d'appel à concurrence. Au terme de sa séance d'analyse, la commission émet des propositions d'attribution selon les modalités prévues aux articles 75 et 76 de la présente loi. Les travaux de la Commission sont sanctionnés par un rapport d'évaluation signé de tous les membres*[60]. » (Loi n°2020-26 du 29 Septembre 2020, portant code des marchés publics en République du Bénin, titres III, chapitre IX : 31)

Le constat, pour donner suite à cet extrait descriptif comparé aux dispositions du code, montre l'évidence du non-respect des textes. Le verrou est sauté en ce qui concerne le volet « strictement confidentielle » ; ce qui est démontré par l'échantillon cible (170 personnes) que 110 (soit 65%) de personnes estiment que les règles relatives à l'étape de lancement des appels à concurrence, suivi de la réception des offres en passant par l'ouverture et l'évaluation des offres sont peu respectées, ce qui représente plus de la moitié de notre échantillon, toutes catégories confondues. Les autres informateurs pensent

---

[60] Article 72 : Évaluation des offres

que ces étapes sont respectées pour 15 (soit 9%) ou pas respectées pour 45 (soit 26%).

**Tableau XI : Degré de respect des règles relatives à l'étape de réception et d'évaluation des offres.**

| Niveau de respect perçu | Effectif | Pourcentage | Analyse / Commentaire |
|---|---|---|---|
| Règles **peu respectées** | 110 | 65% | **Phase critique où la déviance est la plus forte.** La **confidentialité** et l'intégrité des offres ne sont pas garanties. |
| Règles **non respectées** | 45 | 26% | |
| Règles **respectées** | 15 | 9% | |
| **Total** | **170** | **100%** | |

**Source**: Dépouillement des questionnaires.

L'étape d'évaluation, cœur de la procédure, est la plus sujette aux manipulations (modification d'offres, rétention d'information, collusion). Le faible taux de respect (9%) indique un grave problème de gouvernance et d'éthique. La question qui se pose en premier lieu est de comprendre le pourquoi de cette désobéissance aux règles de droit. Ainsi, l'invite de cette variable nous a permis, suite au dépouillement des données recueillies, de savoir à quel taux les soumissionnaires répondants proposent des offres qui répondent aux différentes normes inscrites dans les dossiers d'appel à concurrence. Sur un échantillon de 170, l'information fournie par les informateurs, toutes catégories confondues, montre en effet que seulement 14 (soit 8%) trouvent que ces offres sont bien conformes aux critères du dossier d'appel à concurrence. Cependant, 90 (soit 53%) des informateurs estiment qu'ils ne sont pas conformes aux critères du dossier d'appel à concurrence, et 39% (soit 66 personnes) pensent que ces offres sont très peu conformes aux critères du dossier d'appel à concurrence. Ces constats sont renchéris par les rapports d'audits de l'Autorité de régulation des Marchés Publics, laquelle autorité est la structure faîtière à proposer des réformes et habilitée, entre autres, à élaborer la réglementation, participer à leur établissement en matière d'assurer le contrôle a posteriori annuel, de même que pour apporter des éclaircissements dans l'application de la réglementation.

**Tableau XII : Conformité des critères du dossier d'appel à concurrence**

| Niveau de conformité perçu | Effectif | Pourcentage | Analyse / Commentaire |
|---|---|---|---|
| Offres **non conformes** | 90 | 53% | **Seule une minorité d'offres (8%) est perçue comme totalement conforme.** Cela suggère que les soumissionnaires jouent avec les règles, sachant que les irrégularités pourront être régularisées ou ignorées lors de l'évaluation. |
| Offres **très peu conformes** | 66 | 39% | |
| Offres **conformes** | 14 | 8% | |
| **Total** | **170** | **100%** | |

Source : Dépouillement des questionnaires

Le non-respect des règles est également le fait des soumissionnaires. Cette culture de la non-conformité est entretenue par la tolérance des organes de passation et de contrôle. Elle crée un cercle vicieux où la qualité technique et la loyauté de la concurrence passent au second plan.

En analysant ces données, on est en droit de se demander pour une persistance dans le respect des règles. L'on constate que cette désobéissance est un fait collectif et bien pensé des acteurs de la chaîne de passation des marchés ; dans la plupart du temps, personne ne dénonce personne. Pourtant, le décret portant sur les règles d'éthique et de déontologie en son article 5, chapitre premier du titre I, dispose au point b- le droit de réserve :

> « *l'agent public, dans le processus de la commande publique, doit s'abstenir de divulguer les informations relatives aux soumissionnaires et entreprises candidates. Ce devoir de réserve s'applique même en dehors de l'exercice de ses fonctions.* »

Ce droit de réserve n'est pas respecté dans la procédure d'évaluation des offres. L'évaluation étant faite par un comité, on constate un écart décliné en une désobéissance collective. Celle-ci prend la forme d'une pratique relativement fréquente, avec des implications qui sont normalement à la fois pénales et correctionnelles, mais aussi sociales et politiques, et relatives à la cohésion et la stabilité d'une société donnée. De ce fait, plutôt que de se pencher sur les écarts entre les prescriptions normatives et les pratiques individuelles, l'objectif est de caractériser, d'expliquer et de montrer sous quelles conditions ces écarts apparaissent, se construisent et opèrent dans la pratique. Cette perspective implique de porter attention à la façon dont les règles sont construites dans l'action et de s'écarter des approches centrées sur l'effectivité du droit. Aux États-Unis, les études sur l'effectivité se sont penchées sur les brèches entre les textes juridiques et les pratiques sociales (appelées gap studies), en se focalisant sur l'impact social des législations et des décisions judiciaires. En Europe, des recherches ont porté sur l'étude de la conformité des individus au droit et sur la mesure de l'efficacité des lois dans la société (Mauricio, 2015). En revanche, au Bénin, la question est toujours d'actualité car les dirigeants ne perçoivent pas en effet l'importance de l'étude des lois en conformité avec les appliquant. Selon Murrain (2015), il paraît y avoir un rapport inverse entre l'appréciation positive de la loi et la désobéissance à celle-ci. L'hypothèse que l'on voudrait défendre est la suivante : **le fait que les citoyens mettent en avant un sentiment de respect ou d'admiration pour les règles et les normes ne garantit pas que ces mêmes citoyens respectent les normes juridiques. Ils ont beau soutenir leur existence, ceci n'assure pas leur application dans la pratique.** Cependant, ce qui est fondamental pour expliquer la désobéissance dans une société est « la représentation de l'autre » et, plus particulièrement, les rapports de confiance entre les concitoyens. Autrement dit, les normes sociales qui régissent les comportements entre les individus sont plus déterminantes pour expliquer le phénomène du non-respect des normes légales que la manière dont ces derniers considèrent (à partir de leur point de vue individuel) les lois. Ce sont donc les rapports qu'entretiennent les intervenants dans la chaîne de passation des marchés qui conditionnent les actions menées par ces derniers ; qui éprouvent un sentiment de rejet, voire déviant, des règles établies.

## II.6. Le développement durable dans les marchés publics : Une action publique pour un développement durable inclusif des exclus dans la passation des marchés.

L'Article 23 du code des marchés publics fait état des dispositions à prendre dans la détermination des besoins à satisfaire. Il dispose que :

> *« La nature et l'étendue des besoins doivent être déterminées*
> *avec précision par l'autorité contractante avant tout appel à la*

*concurrence ou toute procédure de négociation par entente directe. Les marchés publics conclus par l'autorité contractante doivent avoir pour objet exclusif de répondre à ces besoins en prenant en compte des objectifs de développement durable dans leurs dimensions économique, sociale et environnementale. Cette disposition ne doit pas avoir pour effet de soustraire des marchés aux règles qui leur sont normalement applicables en vertu de la présente loi.* » (Loi 2020-26 du 29 Septembre 2020 portant code des marchés publics en République du Bénin ; Titre III : Chapitre premier ; p 31).

Les démarches de développement durable dans les marchés publics ont fait l'objet d'un seul article dans le code des marchés publics. On note en effet une récurrence dans l'achat de matériels informatiques dans l'administration. De l'avis des informateurs, on retient que :

> « *généralement nous achetons des ordinateurs et matériels de bonne qualité, mais qui peuvent se révéler pas trop bonne qualité et, qui ne durent pas dans le temps mais aussi qui gâtent nos yeux* (…) » (agent en service informatique dans un Ministère)

L'insistance de la prise en compte du facteur développement durable dans le code des marchés publics contribue à la non-prise en compte du volet développement durable dans les achats qui sont faits. Certes, le développement durable dans les marchés publics tel que conçu par les réformes a dépassé le stade de lancement. Cependant, l'étape de la maturation reste problématique. Mais s'il se pose un problème relatif à la bonne politique des achats incluant la durabilité, cette démarche pourra se baser sur un triptyque suivant : une volonté animée par le législateur, une stratégie de valorisation du vert et des outils pour la mise en œuvre. Une volonté certes déjà prise en compte par la loi, mais à un faible taux. De la stratégie pour une préférence d'un monde vert lors de la conception des dossiers d'appel à concurrence et des outils au-delà du code des marchés publics pour inciter les acteurs dans la passation des marchés publics. Ainsi, au regard des informations fournies par des acteurs sur leur point de vue sur la pratique du développement durable tel que voulu par le code des marchés publics ; en d'autres termes, selon les acteurs, dans la pratique, est-ce que les différentes réformes sur les marchés publics ont-elles favorisé le développement durable à travers le code de 2020 ?

**Graphique 1 : Perception du développement durable dans le code des marchés publics de 2020 par les acteurs intervenants dans l'environnement**

Perception du développement durable dans le code des marchés publics de 2020 par les acteurs intervenants dans l'environnement des marchés publics

- Non, pas du tout (90 personnes soit 53%)

- Non, plutôt pas (38 informateurs soit 22%)

- Oui, dans le domaine de l'énergie renouvelable (22 personnes soit 13%)

- Oui, dans les projets de développement qui néccessite la passation des marchés(20 personnes soit 12%)

**Source** : Données de terrain 2020

Les données démontrent un système fragilisé à tous les niveaux :

1. **En amont** : Recrutement autre fois inapproprié des acteurs clés (PRMP) et préparation biaisée des dossiers.
2. **Au cœur** : Contrôle inefficace par des personnels non formés, et évaluation des offres non transparente.
3. **En aval** : Culture de la non-conformité et absence de sanctions efficaces.

La performance escomptée par les réformes ne pourra être atteinte sans une intervention **systémique et courageuse** qui s'attaque simultanément à la **gouvernance** (nomination, indépendance des contrôleurs), aux **compétences** (formation certifiante) et à la **redevabilité** (sanctions, transparence). Cependant, depuis une décennie par le biais des réformes[61] successives et amélioration

---

[61] La réforme conduite par M. Pascal **Irénée Koupaki, Ministre** d'**État**, Secrétaire

continue l'on constate des avancées considérables face à la prise en charge des fléaux qui gangrène le milieu. Il est important que les marchés publics puissent s'intéresser au développement durable dans la mesure où ils constituent un levier d'action publique et un levier économique. L'analyse du graphique ci-dessus montre un faible taux d'intégration du développement durable dans les marchés publics. L'intégration de ce dernier et sa vulgarisation dans la passation des marchés, vue comme un déficit ici, est la résultante du non-respect des règles édictées à l'article 23 du code. Le respect de cette disposition pourrait, en effet, si les conditions ne sont pas biaisées, contribuer à une légitimité de l'action publique dans les marchés. Pour Frot (2008), il appartient à l'État et aux collectivités locales de donner l'exemple de la « vertu ». Ainsi, il est nécessaire que, outre cette disposition de la loi, d'autres actions soient impulsées et valorisées afin de rendre cette mode beaucoup plus effective.

Le développement durable dans les marchés publics, c'est aussi l'affaire des caractéristiques et termes de référence et du temps dans la définition des besoins. De l'avis des informateurs, le manque de temps dans l'expression des besoins, mais aussi des limites dans les compétences des acteurs sur la chaîne, ne permettent pas de prendre en considération cette variable. Comme le souligne un informateur :

> « Nous n'avons pas les moyens techniques pour exprimer, par exemple, les matériels écologiques, mais la réalité est beaucoup plus la disponibilité financière (PAUSE) ; les choses écolo coûtent cher, mais nos budgets sont restreints, ou mieux, il y a un manque d'effet d'incitation pour la prise en compte de ce facteur (PAUSE) ; de plus, saviez-vous même si on commence par inclure les critères relatifs au développement durable, les acteurs de la chaîne s'en serviront pour faire des restrictions à la liberté d'accès à la commande publique et donc une limitation de la concurrence. » (Agent de contrôle des marchés publics à la retraite, 67 ans).

Il rajoute :

> « Nous n'avons pas non plus les éléments nous permettant de vérifier les articles commandés qui devront respecter les critères écologiques. Certes, à la réception du matériel, il vous sera livré un article respectant les critères, mais c'est dans la durée en cours d'utilisation que survient le problème car les entreprises qui gagnent les marchés sont toujours dans une démarche de rationalisation et de

---

Les marchés publics concernent l'acquisition de biens et de services, de même que la réalisation des ouvrages, par l'État central à travers ses démembrements comme les administrations au niveau central (ministères, institutions, agences et organismes), et au niveau local (les collectivités locales) qui en dépendent. Ils représentent une part importante dans l'exécution du budget général de chaque État compte tenu de la place qu'ils occupent dans le produit intérieur brut (PIB). Soit 90% du budget de l'État est réservé pour les marchés publics. Aussi, ils se perçoivent comme un facteur essentiel de développement d'un pays. Une bonne gestion des marchés publics permet de réaliser des économies sur les dépenses de l'État, de contribuer efficacement à la lutte contre la pauvreté et à la réalisation des Objectifs du Millénaire pour le développement (OMD), (OIDD, 2006). Les systèmes de passation des marchés au Bénin présentent d'importantes faiblesses, à l'instar d'autres pays en développement (PVD) au niveau communautaire. Les principales faiblesses découlent singulièrement de la carence ou de la décrépitude, des mutismes, des contraintes et du lit de l'(in)compétence qu'offre l'ensemble de la législation, de l'atermoiement et de la complication des formalités, de l'absence des mécanismes de contrôle fiable induit par l'absence de référentiel métier en matière de contrôle et de responsabilité, mais également de la corruption et des pratiques de contournement de la norme présente. Ces déficiences ont nécessairement un impact négatif sur les finances de l'État et freinent le développement du système. Malgré les nombreuses réformes induites, cela semble évoluer et la volonté des gouvernants démontre une forte logique de bien faire ; tolérance zéro. En définitive, la capacité d'atteindre les objectifs de développement économique et social pour les pays dépend largement du bon fonctionnement de leurs systèmes de passation des marchés. Vu l'importance des sommes en jeu, il est indispensable qu'elles soient sainement utilisées. Une mauvaise gestion du système de passation des marchés a nécessairement un impact négatif sur l'économie nationale et le développement car elle entraîne : un gaspillage des fonds publics et un manque à gagner pour les contribuables, une détérioration de l'état des infrastructures et une augmentation du poids de la dette du pays, une mauvaise exécution des projets de développement. Leurs coûts augmentent et les délais d'exécution sont rallongés à cause des lenteurs, des annulations et des diverses contestations qui surviennent lors de la procédure d'attribution des marchés, un mauvais fonctionnement des services publics, une stagnation ou une augmentation de la pauvreté. La fraude et la corruption pourraient également avoir un effet négatif sur le climat des affaires et les investissements dans les économies nationales. Elles donnent lieu à de nombreuses contestations de la part des entreprises locales qui se voient exclues de la compétition au profit d'entreprises disposant de beaucoup de moyens et qui sont en mesure de corrompre les agents de l'État. Cela constitue un obstacle au développement du secteur privé local et à la création de richesses et d'emplois (OIDD, 2006). Pour cette vue sombre de ce à quoi sont exposés les marchés publics, il est apparu nécessaire de rompre avec cette apocalypse et penser un développement inclusif. Le développement inclusif garantissant la cohésion sociale et territoriale est une priorité absolue. Il ne peut être inclusif que si toutes les catégories de population quels que soient leur sexe, leur origine ethnique, leur âge ou leur statut social contribuent à créer des opportunités, partagent les bénéfices du développement et participent à la prise de décision. Le PNUD apporte son concours aux pays pour améliorer la manière dont les politiques et les programmes de développement sont élaborés et mis en œuvre autour de plusieurs axes dont celui de l'aide que les gouvernements à formuler des plans et stratégies pour promouvoir un développement inclusif et réduire la pauvreté (PNUD). Se fondant sur un lignage du concept de développement, des pratiques de passation qui rendent l'action publique inefficace, ce ne serait pas un leurre de penser à des plaidoiries pour un développement "inclusif" qui corrige cette asymétrie et établisse un meilleur équilibre entre efficacité économique, gestion efficace des deniers publics avec comme impact réduction de la pauvreté. Pour faute de règles souples, d'action de promotion du local et pour cause un référentiel de prix axés pour la plupart sur des produits et articles d'exportation, la politique publique mise en œuvre doivent viser à l'intégration économique des exclus, notamment le secteur informel à intégrer à l'économie formelle, les start-up locaux, de même que la promotion de la consommation du vert dans les administrations publiques. Le Bénin a fait l'option dans la mise en œuvre des politiques publiques en lien avec les marchés publics, de légiférer et de prendre les taureaux par les cornes. À l'analyse, cette législation des marchés publics ne donne pas une souplesse quand il s'agira de réviser et de penser le développement afin de s'adapter aux réalités sociales économiques du Bénin. Conséquence, les actions et efforts restent résolument remarquable. Mieux, le Bénin étant dans un cercle communautaire, semble vouloir mieux faire, mais les règles communautaires et la reconnaissance mutuelle ne participent pas aux envies des gouvernants.

**II.7. Le gaspillage des ressources en absence d'une analyse fonctionnelle des besoins dans la mise en application du code des marchés publics.**

Parmi les biais procéduraux, les acteurs de la chaîne dans la définition des besoins ne parviennent pas à définir les besoins en tenant compte des fonctions de l'utilisateur final. C'est un véritable handicap qui participe à des fuites de ressources dans la mesure où les besoins sont satisfaits sans prendre en considération le rôle que jouera le besoin objet de marché. Nous en dit un chef service informatique :

> « Oui, aujourd'hui on essaie d'être à la mode en achetant des technologies super évoluées, sinon comment comprendre qu'une direction dont les attributions ne sont pas comparables à celles des informaticiens exprime pour leur secrétaire de direction un ordinateur APPLE ou un ordinateur tout en un (All-in-one), alors que sa fonction ne nécessite pas un ordinateur d'une telle gamme (PAUSE) ; pendant ce temps, nous-même informaticiens, nous avons des ordinateurs normaux qui répondent parfaitement à nos besoins (PAUSE) ; mais là n'est pas encore le vrai problème, car dans un temps d'utilisation n'excédant pas un (1) an, ces matériels sont réformés et convoyés à la maison. Dans la normale se sont des ordinateurs alors les fonctionnalités de ces types de matériels sont pour des ingénieurs informaticiens, des graphistes ou des financiers traitant des chiffres de grande valeur. » (Un informaticien agent d'un ministère, 40 ans).

Une absence d'évaluation des besoins pour une finalité de fonction compatible est-elle une pratique de passation déviante ?

**II.8. Le cliché des différents contrôles effectués par les organes de contrôle (interne comme externe) intervenant dans le processus de passation des marchés.**

De l'avis des informateurs et en se référant aux chapitres précédents, le contrôle exercé dans les marchés publics revêt deux fonctions, à savoir : une fonction de contrôle a priori et celle de contrôle a posteriori. Le problème que soulève le contrôle réside au niveau du contrôle a priori. Au titre des activités du contrôle, on note entre autres les charges suivantes :

**1.** procéder à la validation du plan de passation des marchés de l'Autorité contractante avant sa publication par la Direction nationale de contrôle des marchés publics ;

**2.** procéder à la validation des dossiers d'appel à concurrence avant le lancement de la procédure ainsi que leur modification, le cas échéant ;

**3.** assister aux opérations d'ouverture des plis et signer le procès-verbal d'ouverture ;

**4.** procéder à la validation du rapport d'analyse comparative des propositions et du procès-verbal d'attribution provisoire du marché approuvés par la Commission de passation du marché ;

**5.** procéder à un examen juridique et technique du projet de marché avant son approbation ;

**6.** procéder au contrôle a priori des demandes de renseignements et de prix ;

**7.** établir, à l'attention de l'autorité contractante, dans un délai maximum d'un mois suivant la fin de chaque trimestre, un rapport comportant : i) une synthèse des activités de contrôle ; ii) une analyse des niveaux de réalisation des indicateurs ; et iii) le cas échéant, des suggestions de mesures à prendre pour rationaliser et améliorer le fonctionnement du système de passation des marchés publics de l'Autorité contractante ;

**8.** apporter à l'Autorité contractante un appui technique en cas de besoin.

Parmi les points ci-dessus, il y a les points 2 et 4 qui sont des points controversés par les acteurs de la passation. Les résultats font état de ce que les acteurs du contrôle sont permanemment dans une logique qui sous-tend que les PRMP orientent la passation des marchés pour des fins personnelles. Ce qui les amène à des blocages délibérés dans une perspective de négociation avec les PRMP. Une guerre permanente qui ne dit pas son nom s'observe entre les acteurs du contrôle et ceux de la passation. L'autre volet des divergences entre les acteurs est lié à la formation. Les acteurs de la passation soulèvent que le contrôle effectué par les acteurs repose pour la plupart sur l'ultime conviction de chaque contrôleur, de l'appréhension du contrôleur et de ses relations avec la PRMP. Le code des marchés publics dans ces dispositions a décrit les règles de passation des marchés mais n'a pas été explicite sur les éléments de contrôle et aussi comment le contrôle est fait. Cependant, il existe déjà des manuels de procédures de contrôle ainsi que de la passation. Mais en l'absence de ces derniers, ils rendent, au-delà des logiques, un contrôle qui manque d'efficacité pendant tout le processus. En réalité, on liste plusieurs types d'organes de contrôle dans les marchés publics. Au nombre de ces organes, on en dénombre trois au niveau interne (le contrôleur des marchés publics, le contrôle budgétaire) et deux au niveau externe (les auditeurs externes et l'ARMP). Les contrôles externes se font en effet dans une logique correctrice, pour dire un médecin après la mort. Les autres types de contrôle, comme celui budgétaire, ont pour effet de contrôler la régularité de la dépense. Cette forme de contrôle a aussi été objet de désaccords au niveau des acteurs questionnés. Le contrôle budgétaire est fait par le contrôle financier, qui n'a de compétence que pour opiner sur les dépenses engagées et, comme son nom l'indique, il s'agit d'un contrôle dont la finalité doit être financière. En se référant à l'histoire du contrôle financier, on comprend que la création du contrôle financier en France a répondu à une demande constante du Parlement français au cours de la deuxième moitié du 19ème siècle. Il s'agissait de mettre fin au dépassement de crédits constaté à l'occasion de l'exécution des lois de finances, phénomène récurrent et pouvant atteindre jusqu'à 20 ou 30% du plafond des dépenses fixées par le législateur. Le champ de compétences du contrôleur financier était donc exclusivement orienté vers le contrôle de la « disponibilité des crédits budgétaires ». Mais compte tenu de l'accroissement des charges de l'État suivi d'une stagnation des ressources publiques, il était apparu nécessaire d'élargir ce champ de compétences. Ainsi, du contrôle du niveau des crédits autorisés par le Parlement, la mission du contrôle financier a été étendue par la loi française du 10 août 1922 vers un contrôle de la régularité des dépenses engagées. Au Bénin, le Contrôle Financier a été institué en 1960. Ce fut par le Décret n°49/PCM/MF du 14 mars 1960, relatif au contrôle des finances de la République du Dahomey. Ledit décret a été modifié successivement pour tenir compte des exigences de la gestion des finances publiques. L'intervention du contrôle financier en amont du processus d'exécution de la dépense évite a priori d'engager des procédures financières irrégulières ou négatives pour les finances publiques. Mais dans la pratique, force est de constater que le contrôle financier n'a jamais laissé indifférents les « autorités », les « prestataires » et autres « usagers » des ministères et institutions de l'État auprès desquels il s'exerce. Ils ont toujours manifesté à son égard tout à la fois de la crainte et du ressentiment. Certains le considèrent comme la manifestation des pouvoirs du Ministre chargé des Finances sur ses autres collègues du gouvernement. Il lui est souvent reproché sa raideur, son caractère bloquant et sa propension à statuer en opportunité, ce qui est ressenti par les ordonnateurs et les gestionnaires de crédits comme une immixtion dans leur champ exclusif de compétences. Or, avec l'extension continue du domaine d'activités de l'État et les difficultés qui ont caractérisé la mise en œuvre des différents programmes d'interventions publiques, une réforme des méthodes de conception, d'élaboration, de contrôle et d'exécution du Budget Général de l'État s'impose. Elle s'inscrit dans la dynamique de la modernisation de l'administration publique béninoise. Cette préoccupation est prise en compte par les autorités du Ministère chargé des Finances par le biais de la réforme budgétaire en cours. (YETONGNON, 2019). Les explications du contrôleur, on comprend bien le rôle de cette structure est bien lié au contrôle de la régularité de la dépense. Mais des informations du terrain montrent l'ingérence de cette structure et de ses démembrements (Les Délégués de Contrôle Financier) dans les procédures de passation en faisant des observations qui rentrent en ligne de compte avec les attributions des organes de contrôle des marchés. Cette pratique s'observe surtout dans la rédaction des contrats, tels que l'indiquent les observations faites sur les contrats à travers les procès-verbaux. Il se pose un problème de surpassement des attributions qui fait naître des conflits. Nous observons que sur 90 informateurs au niveau des organes de passation, plus de la moitié de nos répondants ne sont pas d'accord avec le contrôle exercé par les acteurs du contrôle financier. Ceci est dû au fait que le contrôle exercé ne reflète pas les vraies attributions de contrôle financier. Cette manière de faire fait croire, au dire des informateurs, qu'il s'agit d'un système mis en place pour s'incruster dans la chaîne des marchés publics afin de se faire servir la part du gâteau. Mais à l'analyse des attributions, il n'en demeure pas ainsi. C'est plus perçu comme une fonction support axée sur des principes. Le code des marchés publics a prévu dans ses dispositions la séparation des fonctions sans pour autant indiquer le niveau d'implication des autres organes dans la passation des marchés. Si malgré toutes ces dispositions, plus de la moitié de nos répondants trouvent non performant le contrôle effectué par ces structures, il se pose alors un problème d'interprétation des textes et aussi, de la charge de travail.

## II.9. La méthode d'archivage ou l'inexistence du service de préarchivage comme moyen de dissimulation des preuves.

La disponibilité de la documentation relative aux marchés publics reste pratiquement inexistante ou difficile à exploiter en cas d'audits. De l'avis des informateurs, il est rare de retrouver certains documents lors de la constitution des d'archivage en matière de marchés publics. Pour les uns, il s'agit de la redondance de contrôle externe exercé par les contrôleurs externes qui participe à une méthode d'archivage archaïque. Pour les autres, la carence en archivage reste un élément de routine, comme l'indiquent les rapports de l'ARMP sur les marchés publics. Soit 70% de notre échantillon soulève une carence en archivage et 30% évoque plutôt une inexistence du service de préarchivage, ce qui induit une absence accrue de l'organisation des archives. De plus, les acteurs de la chaîne priorisent cette pratique de non-disponibilité des archives pour garder secret certains dossiers de marché. À en croire un chef service archivage :

*« nous leur exprimons des besoins en rayonnage pour les archives, mais cela n'est souvent pas une priorité pour les PRMP. »*

Cela peut s'expliquer par le fait que les acteurs de la chaîne de passation des marchés sont bien conscients des pratiques de passation et dont la découverte porterait atteinte à leur statut sur la chaîne. Au-delà de cette réalité presque méconnue de façon expresse chez les acteurs, on constate que la résultante de cette carence en archivage n'est que l'effet des jeux des acteurs dans l'application du code des marchés publics.

Le jeu des acteurs dans l'application du code des marchés publics est le produit des formes de perceptions que les acteurs ont du code des marchés publics. Pour Snaga (2016), il faut noter que le milieu politique est un facteur qui intervient à tous les niveaux dans le processus de passation du marché et qui, non seulement impacte négativement le processus, mais aussi contribue à l'amplification des mauvaises pratiques, non éthiques comme la corruption, la fraude, le favoritisme et le tribalisme. L'auteur (Campbell, 1998) confirme ce fait en définissant la corruption comme l'abus du pouvoir public pour obtenir un profit personnel.

Au regard des résultats issus du terrain, on constate que pour une régulation des jeux et pratiques de passation dans l'application du code des marchés publics, Snaga (2016) nous apprend en effet qu'il faudra commencer par s'approprier les textes (code, loi, décret) régissant les MP, car il est constaté que l'application de ces textes n'est pas respectée sur toute la ligne, que ce soit par les acteurs ou les entrepreneurs ; donc une maîtrise des procédures et une transparence totale dans leur application sont nécessaires. Aussi, veiller au respect des plans prévisionnels de passation qui constituent un aspect organisationnel très important de la procédure d'un marché et qui fixent les différents objectifs à atteindre. Selon Abdoulaye (1996), tous ces aspects résultent du fait que depuis plusieurs années, l'importance des marchés publics au Bénin a été sous-estimée et laissée au gré des fonctionnaires dont certains, par leur manque de probité et d'honnêteté, ont jeté le discrédit sur le processus.

De même, il est opportun d'attirer l'attention sur l'ingérence du politique observée à tous les niveaux, surtout dans la nomination des PRMP et des acteurs de contrôles, ce qui participe aux multiples dysfonctionnements et le manque de performance. Concept économique, la performance consiste à atteindre et même dépasser les objectifs réalisables fixés. Elle est le résultat ultime de l'ensemble des efforts d'une entreprise ou d'une organisation. Le terme performance peut être explicité par deux concepts : l'efficacité et l'efficience[62].

L'analyse descriptive menée révèle une dichotomie fondamentale entre le cadre normatif, pourtant de plus en plus complet, et les pratiques réelles sur le terrain. Le système de passation des marchés publics au Bénin semble fonctionner selon une double rationalité :

1. **Une rationalité formelle**, dictée par le Code et ses décrets, qui suit les principes de transparence, de concurrence et d'efficacité économique.

2. **Une rationalité informelle**, gouvernée par des rapports sociaux, des intérêts individuels ou collectifs, et des logiques de réseaux (politiques, familiaux, amicaux) qui contournent, détournent ou instrumentalisent la rationalité formelle.

Cette tension est le principal facteur de la contre-performance observée. L'étude met en lumière que les lacunes techniques (formation, référentiel de contrôle) sont exacerbées par des facteurs socio-politiques et comportementaux (nomination clientéliste, recherche de rente, faible culture de l'intérêt général). La faiblesse des sanctions et l'absence de reddition des comptes effective autre fois créent un environnement à faible risque pour les pratiques déviantes. Pour inverser cette tendance et aligner la pratique sur les objectifs initiaux du code,

---

[62] La performance joue essentiellement trois rôles. Le premier est relatif à l'objectif. Vu sous cet angle, la performance est entendue comme un moyen d'atteindre un objectif en liant l'efficacité et l'efficience, ces derniers étant définis comme «la capacité à réaliser des objectifs [...] qui se réfère au ratio output/input. Ainsi, l'accroissement de cette dernière provient de la maximisation de l'utilisation de ressources qui passe par l'augmentation de la production sans accroissement des coûts, ou de la délivrance d'un niveau de production ou de service donné en réduisant les dotations factorielles ». MORIN (E.), SAVOIE (A.), BEAUDIN (G.), L'Efficacité de l'Organisation -Théories Représentations et Mesures, cité par DUPOUX (J.) et GROSGEORGES (B.), Les marchés publics en France, 1ère édition, Paris, PUF, Que sais-je ? 1977, p.5. Le deuxième sert de mesure. La performance est entendue comme un instrument de mesure. En effet la performance permet d'apporter une approche mathématique à l'action d'un acteur économique, en introduisant des indicateurs de performance sur certaines activités. Et la performance est ainsi entendue comme un élément de mesure des objectifs définis vis-à-vis des objectifs atteints. Quant au troisième, il consiste en un contrôle. Ici, la performance est appréhendée comme un outil de contrôle de l'activité. En effet par l'analyse des mesures de performance, le gestionnaire va contrôler son activité et va pouvoir analyser les composantes de son activité qui sont optimales et celles qui sont défaillantes. Pour finir, ces économistes retiennent que l'impact, l'effectivité, l'efficacité, l'efficience des politiques et la satisfaction des clients constituent des indicateurs de performance.

une approche multidimensionnelle est essentielle et a été amorcé dans les réformes :

1. **Professionnalisation et Renforcement des Capacités** : Créer une filière de formation certifiante et obligatoire pour les PRMP et surtout pour les contrôleurs des marchés publics, en partenariat avec les universités et écoles d'administration (en cours). Puis élaborer et diffuser un référentiel métier et des guides techniques standardisés pour le contrôle a priori et a posteriori, afin de réduire l'interprétation subjective des textes.

2. **Dépolitisation et Méritocratie** : Instaurer un processus de sélection et de nomination transparent et basé sur des critères objectifs (diplômes, certifications, expérience) pour les postes clés (PRMP, chefs de CCMP), potentiellement via des concours ou des commissions paritaires indépendantes. Pour le corps des CCMP, il reste encore d'actualité mais s'emble connaître son épilogue dans les réformes à venir. Ensuite, renforcer l'indépendance technique des organes de contrôle (CCMP, DNCMP) vis-à-vis des autorités contractantes qu'ils sont censés contrôler.

3. **Transparence, Reddition des Comptes et Sanction** : Généraliser et moderniser l'archivage numérique de l'intégralité des dossiers de passation pour en assurer la traçabilité et faciliter les audits. Systématiser et rendre publics les rapports de contrôle de l'ARMP et de l'Inspection Générale d'État, en assurant un suivi rigoureux des recommandations et des sanctions en cas de manquements avérés. Appliquer de manière effective et dissuasive les sanctions prévues par le code en cas de fraude, corruption ou contournement délibéré des procédures, à l'encontre de tous les acteurs (ordonnateurs, PRMP, contrôleurs, entreprises). c'est le cas, aujourd'hui selon les actions mises en œuvre par les organes concernés. Il est souhaitable de ne plus être également dans une logique de sanction pure et dure, mais de conscientisation et de mécanisme de contrainte pour le respect des textes.

4. **Simplification et Appropriation des Textes :** Mener une revue participative des textes en associant les praticiens (PRMP, contrôleurs, entreprises) pour identifier et simplifier les dispositions ambiguës, complexes ou sources de contournement et ceux en collaboration avec le/les représentants du secteur privé. Lancer des campagnes de vulgarisation continues sur les procédures, les droits et les obligations de chacun, à destination de tous les acteurs de la chaîne.

**5.     Promotion d'une Culture de l'Intérêt Général et de l'Éthique :** Intégrer des modules d'éthique et de déontologie dans toutes les formations aux marchés publics avec une masse horaire significative. Valoriser et récompenser les bonnes pratiques et les acteurs exemplaires pour instaurer une émulation positive et restaurer la confiance dans le système.

En conclusion, l'amélioration de la performance du système de passation des marchés publics au Bénin ne passe pas seulement par une réforme supplémentaire des textes, mais par une transformation profonde de la gouvernance, mentalité et des pratiques, visant à réduire l'espace entre la règle formelle et la rationalité informelle. Cette transformation doit être portée par une volonté politique forte et constante pour imposer l'intérêt général et l'efficacité économique comme seules véritables finalités.

# CHAPITRES VII : ENJEUX DE LA REGULATION DES MARCHES PUBLICS : UN FUTURE

# I.  Des discours contemporains sur la régulation des marchés publics

La maîtrise des biais procéduraux et institutionnels liés à la nature des relations entre les acteurs de la chaîne de passation des marchés publics induirait une application optimale du code des marchés publics au Bénin. Pour y parvenir, un système de régulation performant, doté d'acteurs aux profils variés, est nécessaire. Depuis sa création, la régulation des marchés publics se limite souvent au traitement des recours et à des formations de remise à niveau pour des acteurs ne disposant pas toujours d'une formation de base adéquate.

## I.1. Une performance du système de gestion des marchés publics au Bénin entravée par des faiblesses

Aborder la question de la performance du système de gestion des marchés publics amène à retenir la définition avancée par Jouonang (2008). Issu de l'anglais *performance* et de l'ancien français *parfournir* (accomplir, achever), le terme « performance » désigne un exploit, un résultat ou une réussite remarquable dans un domaine donné, par une personne, une équipe, une institution, un animal ou une machine. Au-delà de cette acception, la performance correspond à la mesure des résultats obtenus par une institution ou un individu. Elle renvoie à l'atteinte d'objectifs ou de résultats escomptés, et plus largement à la création de valeur comprise, dans le secteur public, comme une optimisation des services rendus aux citoyens. La finalité principale demeure la satisfaction de l'intérêt général, correspondant à la responsabilité d'un service public face au gouvernement mandataire et aux citoyens.

De manière générale, la performance se définit comme le résultat obtenu par une organisation, traduisant le degré d'atteinte de ses objectifs. Un système est dit performant lorsqu'il produit d'excellents résultats au regard des moyens mis en œuvre. C'est pourquoi la performance est souvent associée aux notions d'amélioration et d'excellence. L'évaluation de la performance s'effectue au moyen d'indicateurs. Un indicateur permet de mesurer l'écart entre le résultat obtenu et les objectifs poursuivis, afin de déterminer si ces derniers sont atteints. Pour ce faire, il importe de s'assurer au préalable que les indicateurs ont fait l'objet d'une définition explicite, afin de limiter les erreurs de construction et les interprétations divergentes.

Les nombreuses réformes mises en œuvre depuis 2004 dans le domaine des marchés publics n'ont pas significativement contribué à l'amélioration des performances, en raison d'un défaut de positionnement adéquat des valeurs des indicateurs. Il est donc indispensable de situer la valeur de l'indicateur par rapport à une valeur de référence ou une cible à atteindre (norme, moyenne, prévision, objectif). Les marchés publics constituent un domaine phare pour l'appréciation de l'action des pouvoirs publics. C'est en ce sens que Tayler et Heidenhof (2011, cités par Jouonang, 2008) soutiennent que la passation des marchés publics, initialement perçue comme un sujet juridique et financier obscur, est devenue un domaine où les citoyens peuvent réellement évaluer la performance et les résultats effectifs de l'action publique.

L'analyse de la performance en matière de passation des marchés publics consiste à vérifier la mise en œuvre des principes de base que sont la liberté d'accès à la commande publique, l'égalité de traitement des candidats et la transparence des procédures. En ce qui concerne les nouveaux acteurs issus de la réforme tels que les Délégués régionaux et départementaux des marchés publics, leurs collaborateurs impliqués dans le processus et les membres des Commissions locales de passation des marchés publics, l'analyse de la performance vise à s'assurer qu'ils accomplissent leurs prérogatives dans le respect des règles prescrites par le législateur, afin de mettre en œuvre les principes énoncés ci-dessus.

D'un point de vue historique, la note de synthèse de l'ARMP (2009) sur l'état du système de gestion des marchés publics avant 2009 rappelle certaines faiblesses du système, liées à la perception des acteurs concernant l'esprit des réformes en général. Il en ressort que le système de passation des marchés publics issu de la réforme est perçu par les maîtres d'ouvrage et certains acteurs du secteur privé comme un facteur de blocage, un « machin » fabriqué de toutes pièces, qui n'aurait d'autre effet que de freiner et de compromettre la mise en œuvre efficace des projets.

De ce fait, les structures faîtières en charge de la gestion de la réforme en l'occurrence la Direction nationale des marchés publics (DNMP, devenue Direction nationale de contrôle des marchés publics) et la Commission nationale de régulation des marchés publics (CNRMP, devenue Autorité de régulation des marchés publics, ARMP) sont, à tort ou à raison, considérées comme des empêcheurs de tourner en rond, voire comme de simples nids à corruption, et généralement traitées comme tels. Cette mauvaise perception, qu'il importe de corriger rapidement et qui se traduit par une série de mauvaises pratiques, est largement imputable aux difficultés rencontrées par la CNRMP[63].

En effet, l'organe de régulation, tel qu'il opère depuis son installation, apparaît comme une structure relativement « marginalisée ». Disposant de peu de moyens, il peine à acquérir la visibilité nécessaire et à prendre sa vraie place dans le système. Un autre frein aux enjeux de régulation réside dans les dysfonctionnements et les biais de la chaîne de passation des marchés. Comme souligné dans les chapitres précédents, on relève des problèmes de compétence des acteurs, une méconnaissance ou une mauvaise interprétation des textes régissant les marchés publics, autant d'éléments qui nuisent au système et affectent son efficacité globale. La même note relève divers actes attentatoires au code des marchés publics, qui compromettent sérieusement les dispositifs d'accès sociaux à la commande publique.

Plusieurs actions et projections ont été menées pour remédier aux maux dont souffre l'environnement des marchés publics. On peut citer, entre autres, le renforcement des capacités opérationnelles des organes intervenant dans le système national de gestion de la commande publique. Cet objectif a été atteint progressivement avec l'évolution des réformes et l'ensemble des attributions dédiées à ces organes. Au-delà du renforcement, c'est la rationalisation des outils et normes de gestion du système qui fait défaut. Malheureusement, un constat s'impose : les structures intervenant dans le système de gestion des marchés publics et habilitées à réfléchir à son avenir ne sont souvent pas dotées de plans d'action. Ainsi, la Direction nationale de contrôle des marchés publics et l'Autorité de régulation des marchés publics ne disposent pas au para avant d'un plan stratégique opérationnel adapté. Certes, l'ARMP a élaboré un plan stratégique pluriannuel pour 2009-2011, mais ce document n'a manifestement pas connu d'aboutissement.

L'importance d'un plan stratégique relève de la nécessité pour toute structure qui aspire à la performance. Dans le cas présent, les enjeux de la régulation des marchés publics montrent l'urgence de doter tout organe de régulation de cet outil, eu égard à son importance. L'identification des forces et faiblesses en vue d'une vision à long terme, voire prospective, compte tenu des objectifs de la régulation du système, ne peut se faire sans un minimum d'outils et de mécanismes de mise en œuvre, pour reprendre les analyses de Hansen (2008).

---

[63] ARMP sous la loi 2009 à 2020

Rappelons que l'objectif global de la réforme des marchés publics est essentiellement de contribuer à l'amélioration du système de gestion des finances publiques, car les marchés publics, selon l'OCDE, sont une activité du pouvoir public et occupent une part importante du budget. La qualité de la dépense publique, l'utilisation des deniers publics qu'il s'agisse de ressources nationales ou de financements extérieurs restent vitales pour l'économie, donc pour la création et la redistribution de la richesse nationale. La question des réformes du système requiert une réflexion accrue face aux enjeux escomptés.

Les discours contemporains sur la régulation du système des marchés publics semblent dépourvus d'une politique affirmée d'information et de communication. Comme l'affirme la note de synthèse sur les réformes du système, la solution à la faible visibilité de l'instance de régulation passe par la mise en œuvre d'une politique d'information et de communication mieux pensée et plus offensive. Cela renvoie une fois encore à l'élaboration d'un plan de développement des objectifs assignés pour une performance du système. De cette performance découle le renforcement des capacités des acteurs, suite aux rapports d'audit de l'ARMP sur l'état et le fonctionnement du système de gestion de la commande publique.

On observe en effet un certain nombre de dysfonctionnements dans la gestion des marchés publics, dont les implications sont quasi systématiquement liées à un problème de compétences chez la plupart des acteurs. La compétence est la « connaissance, l'expérience qu'une personne a acquise dans tel ou tel domaine et qui lui donne qualité pour en bien juger ». Dans le *Traité des sciences et des techniques de la formation* coordonné par Carré et al. (2017), la compétence est présentée ainsi : « *La compétence permet d'agir et/ou de résoudre des problèmes professionnels de manière satisfaisante dans un contexte particulier, en mobilisant diverses capacités de manière intégrée* ». Trois caractéristiques principales sont relevées :

- La compétence permet d'agir, et c'est là qu'on peut la repérer ;
- Elle est contextuelle, c'est-à-dire liée à une situation professionnelle donnée ;
- Elle regroupe un ensemble de rubriques constitutives : savoir, savoir-faire et savoir-être.

Pour Levy-Leboyer (2009), la compétence est « la mise en œuvre intégrée d'aptitudes, de traits de personnalité et aussi de connaissances acquises, pour mener à bien une mission complexe dans le cadre de l'entreprise qui en a chargé l'individu, et dans l'esprit de ses stratégies et de sa culture ». La compétence, telle que perçue par ces auteurs, montre à quel point cet élément est nécessaire pour une régulation réussie.

Pour lever les blocages identifiés, l'ARMP a inscrit dans son plan d'actions 2009 trois principales activités :

- L'élaboration et la mise en œuvre d'un plan stratégique national de renforcement des capacités et des divers modules de formation afférents ;
- En attendant l'élaboration de ce document (actuellement en phase de sélection du consultant), une série d'actions de formation au profit :
  o des membres de la Commission et du personnel du Secrétariat permanent sur le règlement des conflits et des litiges (arbitrage, conciliation et sanction) ;
  o des agents de la Direction nationale de contrôle des marchés publics (DNCMP) sur le contrôle, le suivi et l'évaluation des marchés publics ;
  o des autres acteurs intervenant dans la passation des marchés (PRMP, contrôle financier) sur les procédures de passation des marchés.

Tel que prévu, les deux premières actions n'ont pas été mises en œuvre par défaut de mécanisme de faisabilité, tandis que la formation des autres acteurs a connu un début de réalisation et s'étale dans le temps en fonction des différentes réformes intervenues dans les marchés publics.

## I.2. Des outils de modernisation et des facteurs de dysfonctionnement du système de régulation des marchés publics

La mise en place d'outils modernes pour une gestion performante du système des marchés publics vise essentiellement à accroître le niveau de performance global du système au moyen d'actions publiques. À ce titre, en considérant la perception de l'OCDE sur les marchés publics, il importe de mettre l'accent sur les outils permettant d'atteindre les objectifs poursuivis. On note ainsi un certain nombre de documents, tels que les documents-types, les guides de l'acheteur public et du soumissionnaire, le guide de traitement des recours et le Système intégré d'information et de gestion des marchés publics (SIGMaP), tous actualisés au fur et à mesure des réformes successives.

Toujours dans la recherche de la meilleure performance possible, l'ARMP a initié la mise en place d'un système de management de la qualité, avec pour objectif une certification ISO 9001/2008. Cette démarche n'a malheureusement pas abouti à ce jour, en raison d'un certain nombre de facteurs freinant la régulation. Les enjeux de la régulation passent aussi par les restrictions à l'ARMP en termes de moyens matériels, intellectuels et surtout financiers. Autre fois, cette restriction, est beaucoup plus liée à l'orientation des reformes et ne doit pas être perçue comme une sanction. Néanmoins, selon nos observations du terrain et ce depuis plusieurs années, les dirigeants ont toujours été déterminés à soutenir l'Armp, non seulement sur le plan matériel, mais aussi en termes d'aide humaine.

Parmi ses attributions, l'ARMP doit organiser des audits annuels afin de rendre compte de l'état du système national de passation des marchés publics. En raison d'un manque de moyens financiers, les audits de 2019 n'ont pas été réalisés à temps. Mais grâce à l'appuis budgétaire national et des bailleurs, ces audits sont rattrapés mais n'a pas été fait dans le temps. L'ARMP est au cœur des enjeux de régulation sans que les actions du pouvoir politique au paravent n'en tiennent compte. Une constante se dégage : un contrôle a posteriori systématique des marchés passés chaque année par toute autorité contractante assujettie à l'application du code. Celui de 2019 n'ayant pas été réalisé, le système se trouve sans contrôle, donc sans régulation.

Selon les acteurs autrefois, plusieurs facteurs ne favorisent pas ces enjeux de régulation. On note entre autres :

- Le manque de ressources pour le lancement des audits annuels ;
- Le retard dans la mise à disposition des ressources, mais sont rendus disponibles dès que possible ;
- La non-publication des résultats d'audit, pourtant décriée par les institutions de Bretton Woods ;
- Une forte récurrence de carences documentaires au niveau de certaines autorités contractantes auditées ;
- L'absence de sanctions à l'encontre des acteurs cités dans les audits passés ;
- L'ingérence du politique dans le traitement efficace des recours, par moments.

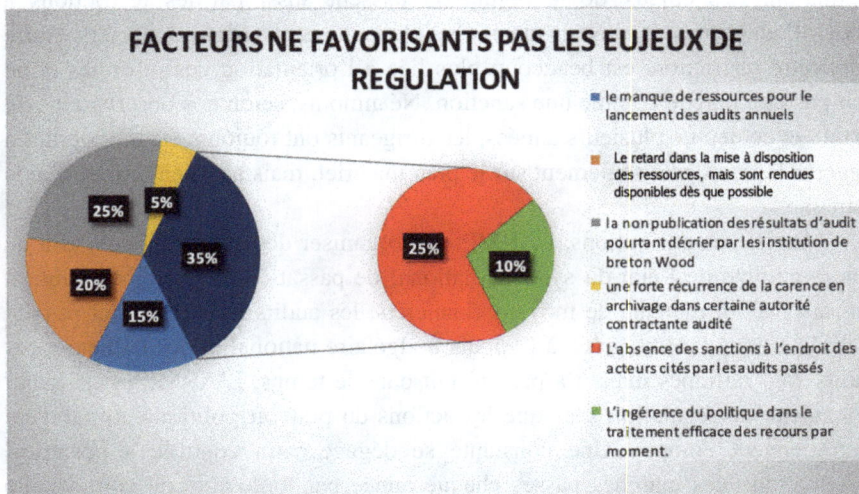

## FACTEURS NE FAVORISANTS PAS LES EUJEUX DE REGULATION

- le manque de ressources pour le lancement des audits annuels
- Le retard dans la mise à disposition des ressources, mais sont rendues disponibles dès que possible
- la non publication des résultats d'audit pourtant décrier par les institution de breton Wood
- une forte récurrence de la carence en archivage dans certaine autorité contractante audité
- L'absence des sanctions à l'endroit des acteurs cités par les audits passés
- L'ingérence du politique dans le traitement efficace des recours par moment.

**Source** : Données de terrain 2019

L'analyse du graphique montre la part importante qu'occupent les facteurs d'absence de sanction et d'ingérence du politique (35 %), suivis de la non-publication des résultats (25 %) un facteur qui relève de la volonté politique dans un esprit de bonne gouvernance. La publication des résultats aurait permis de clarifier les actions et stratégies des acteurs qui participent à la non-performance du système de passation des marchés publics. De plus, tel que conçu, le système de régulation suppose que les audits réalisés ont pour finalité l'amélioration du système au regard des différents biais et pratiques observés par les contrôleurs externes. Il s'agissait en effet, d'une chaîne dont le dysfonctionnement empoisonne l'ensemble du système.

Le manque de ressources (15 %) et le retard dans la mise à disposition des crédits (20 %) sont des facteurs qui ne permettent pas la réalisation en temps utile des formations ou des audits annuels ; ainsi, les audits sont réalisés à des périodes où leurs résultats n'ont plus d'effet sur la chaîne. La récurrence des carences en archivage, comme souligné au chapitre précédent, ne contribue pas à l'atteinte des résultats escomptés dans le cadre de la régulation. Dans cette démarche, le « jeu de l'information » non disponible est une stratégie développée pour éviter le contrôle proprement dit. Ainsi, les audits ne sont pas réalisés correctement ou le sont avec des informations ne permettant pas d'évaluer le système.

La question de la disponibilité des crédits semble trouver sa source dans des contraintes politico-financières. L'ARMP est certes une structure administrative indépendante, mais cette indépendance est « colonisée ». Retenons, par exemple, que la sanction la plus forte se limite à l'exclusion des acteurs de la chaîne de la commande publique pour une période déterminée ou définitive(…).

Cependant, des actions sont menées en vues de l'amélioration de ces failles depuis des décennies. Il est également manifeste que les résultats sont visibles et contribuent au développement du Bénin. Il s'en déduit qu'il est important que l'ARMP, dans son indépendance, dispose de l'ensemble des mécanismes lui permettant de fonctionner régulièrement.

Quant au système de répression, l'entité administrative qu'est l'ARMP ne permet pas un bon suivi des sanctions, même non pénales. Les pratiques des acteurs intervenants laissent percevoir que des cas de résistance face aux décisions de l'ARMP et des actes répétés de déviance prospèrent en raison de l'impunité ayant jusque-là caractérisé le secteur (extrait du rapport du secrétariat permanent de l'ARMP sur le système de gestion des marchés publics publié sur le site de l'ARMP).

A priori, les marchés passés constituent une base indispensable à la croissance de l'État et contribuent à la diminution de la pauvreté et à la réalisation des Objectifs de développement durable (ODD). Nonobstant, la réalisation de ces marchés via des procédures de passation réglementaires, les données montrent que ces procédures subissent des transformations dans le processus de passation. Celles-ci fonctionnent comme un cycle dont les étapes se suivent, se complètent et forment un processus déterminé. Ainsi, dans le cadre de ce travail de recherche, la non-performance du système trouve sa source dans les dysfonctionnements qui émaillent les procédures de passation et la régulation dans la mise en œuvre des projets de développement.

Les extraits d'entretiens montrent que ces différents dysfonctionnements relevés dans le processus de passation des marchés publics ne contribuent pas véritablement à l'atteinte des objectifs ; lesquels semblent se perpétuer malgré la mise en place d'orientations réglementaires. Cette situation interpelle les acteurs impliqués dans le processus de passation des marchés publics, souvent accusés et pointés du doigt pour les effets négatifs engendrés par ces dysfonctionnements.

Ensuite, les marchés publics sont un instrument de développement économique, et la régulation est un gage de la qualité de la dépense des deniers publics. Cette condition remplie, les problèmes ardus de performance du système au Bénin dus à des dysfonctionnements résultant du non-respect des processus dans la passation des marchés devraient être résolus. Ainsi, au vu des constats sur l'état du système et du fait qu'ils handicapent la performance du système et le développement du Bénin, cette recherche vise à faire ressortir les éléments qui auront un impact positif et significatif sur la performance du système au Bénin.

De même, les efforts accomplis par le gouvernement ne transparaissent pas dans les indicateurs, en raison de dégradations au niveau de certaines composantes stratégiques de la chaîne[64]. L'accent a été davantage mis sur la mise en place d'un cadre légal et institutionnel plus souple, avec un mécanisme de contrôle a posteriori renforcé, car dans la pratique, les règles établies ne sont pas rigoureusement appliquées. De plus, la responsabilité du législateur est interpellée, dans la mesure où le Bénin a connu huit réformes depuis 1954, soit soixante-six ans d'expérimentation et d'orientation de différents cadres réglementaires et législatifs successifs. Il semblerait que l'environnement des marchés publics connaisse une réforme mitigée.

## II. La défaillance des systèmes d'éthique dans les marchés publics : quand les règles sont détournées par des logiques d'acteurs (entre régulation mitigée et régulation contrôlée)

Pour Lahire (2005), de la même manière que l'on peut se baser sur certaines valeurs ou qualités propres au métier d'électricien pour dire qu'un électricien est bon ou mauvais, il est possible de dire, par rapport à un certain nombre de valeurs propres à la science en général et à la sociologie en particulier (rigueur dans l'argumentation, contrainte méthodologique, sévérité empirique), si tel ou tel travail de sociologie est l'œuvre d'un bon sociologue ou non.

Malgré l'existence d'un cadre formel strict, comme le code d'éthique et de déontologie, les marchés publics souffrent d'une faille systémique cruciale

---

[64]Le cadre institutionnel des marchés publics est l'une des composantes qui constitue un réel frein dans l'atteinte des objectifs prévus par le législateur.

**: la prédétermination des décisions par des acteurs qui placent leurs intérêts et leurs mobiles personnels ou collectifs au-dessus des principes éthiques.** Ce dévoiement des procédures, orchestré en amont, non seulement contourne la régulation mais pervertit la performance même du système qu'il était censé servir.

La question n'est donc plus tant de savoir si l'éthique est régulée, mais comment et pourquoi ses mécanismes sont systématiquement neutralisés par des stratégies conscientes et organisées. Le véritable enjeu est celui du détournement institutionnalisé : les acteurs de la chaîne agents publics, entreprises, intermédiaires s'arrangent pour fixer le résultat avant même le lancement de la procédure, transformant les règles d'impartialité et de transparence en une simple mise en scène légitimant.

Cette analyse révèle que la performance du système de passation n'est pas entravée par un manque de règles, mais par **la captation de ces règles par des logiques opaques** où le favoritisme, le clientélisme et la recherche de rente prennent le pas sur l'intérêt général. La régulation doit dès lors être revisitée non pas pour ajouter de nouvelles normes, mais pour **démanteler les mécanismes informels** qui permettent à ces mobiles préétablis de corrompre l'ensemble du processus.

Il ne peut en être autrement, puisque ce sont des acteurs sociaux qui ont la charge de conduire l'ensemble des procédures de passation des marchés publics des acteurs calculateurs, doués de facultés diverses. L'évidence est telle que la régulation du système tient parfois compte de l'ensemble de ces facteurs, ce qui n'est pas idéal, du moins dans une logique de performance. « La bonne foi dans les marchés publics n'existe pas », dixit un informateur. Ainsi, les logiques valorisées et les pratiques développées tant dans la passation des marchés que dans la régulation du système sont, selon les résultats du terrain, teintées d'éléments de non éthique à charge ou à décharge.

Il s'ensuit qu'aucune action humaine n'est totalement neutre, mais pour ne pas basculer dans le socialement difficile à contrôler, il importe que le législateur et les bailleurs de fonds intervenant dans les réformes contribuent aux actions à mener, afin d'instaurer dans le système un minimum de règles assurant un équilibre acceptable pour tous.

Dans le cadre de l'amélioration du climat des affaires un objectif qui avait conduit le gouvernement de la rupture à adopter la loi de 2017, un arrêté a été pris pour l'octroi de primes aux acteurs de la chaîne de passation et de contrôle des marchés publics. Sa mise en application est rendue difficile compte tenu des critères évoqués avant l'octroi de ces primes. Ainsi, les objectifs du Doing Business ont été atteints en partie, mais la finalité de l'arrêté est restée sans suite, en raison de la non-prise en compte des réalités socioéconomiques et des perceptions des acteurs au regard des procédures de passation des marchés publics. Cette mesure aurait pu, selon les analyses, participer à pallier certains dysfonctionnements du système. Mais de l'avis de certains informateurs, acteurs des reformes, des actions, sont en train d'être menées pour ramener cette initiative dans la réalité en tenant compte de certains aléas. Mais la faute n'est pas à charge de l'arrêté, mais plutôt à charge du système et puis le B-ready[65] corrige le tir actuellement confiait une PRMP.

La question que l'on est légitimement fondé à se poser est celle de savoir s'il n'est pas enfin temps d'aborder indubitablement la question de l'ethnicité et son degré de manifestation dans les marchés publics au Bénin. Le point sur l'état de la littérature a permis de procéder à une analyse critique des débats contemporains en Afrique francophone, et plus spécifiquement au Bénin, sur la question de l'ethnicité.

### II.1. Entre régulation et réforme mitigée : le défi éthique face aux logiques d'acteurs dans les marchés publics

Malgré l'existence de codes d'éthique et de déontologie, les systèmes de passation des marchés publics souffrent de la prévalence de mobiles et de motifs préalablement fixés par les acteurs de la chaîne, qui corrompent l'idéal régulatoire et hypothèquent la performance du système.

Cette analyse s'appuie sur les travaux de Kakai (2020) en sociologie des contrats, qui révèlent comment les logiques sociales, dont l'appartenance communautaire, peuvent pervertir les dispositifs formels. Le constat est sans appel : il est illusoire d'étudier les marchés publics en Afrique francophone sans considérer ces données informelles. Bien que le législateur de l'UEMOA ait érigé des principes intangibles (égalité, transparence), leur application se heurte à une réalité où les intérêts particuliers prennent le pas sur l'intérêt général. A ce

---

[65] B-READY fait référence à l'indicateur Business Ready (B-READY), un nouveau projet de la Banque mondiale visant à évaluer le climat des affaires et des investissements dans le monde, qui remplace le rapport Doing Business.

titre, le système se heurte à un type de manifestations caractérisé entre autres par des déficits éthiques que sont :

• Détournement des procédures : Des appels d'offres sont conçus pour favoriser délibérément certains soumissionnaires, violant le principe d'égalité d'accès.

• Faiblesse du contrôle et culture de l'impunité : L'insuffisance des vérifications techniques et la non-systématisation des sanctions face aux irrégularités (fausses attestations, garanties fictives) créent un climat de tolérance contraire à toute déontologie.

• Resistance aux réformes : La persistance de ces pratiques illustre le faible impact des réformes juridiques face à la maturité encore insuffisante du secteur et à la résistance des acteurs.

La sanction, pierre angulaire de l'éthique ; comme l'illustre le mythe de l'anneau de Gygès (cité par Schubert, 1997), l'homme n'est juste que par crainte de la sanction. L'arsenal juridique béninois existe, mais son efficacité est annihilée par des considérations extra-juridiques (interventions politiques, familiales, amicales) qui entravent l'action des régulateurs administratifs et judiciaires.

La solution ne réside pas dans de nouvelles proclamations de principe, mais dans une action résolue sur deux leviers :

1. **Le renforcement capacitaire des contrôleurs** : Adjonction d'experts pour apprécier la technicité des dossiers et garantir des sanctions incontestables.

2. **La sanction systématique et impartiale de type correction immédiate et forcée des règles** : Seule une répression non de type classique mais de crédible mettant l'acteur en jeu et dépourvue de toute influence peut instaurer une culture de la reddition des comptes et du respect de l'éthique.

3. **L'éducation continue des acteurs :** Réaffirmation de la notion de bien public et de service public pour ancrer un changement de mentalité.

L'enjeu est de taille et les marchés publics représentent une part significative du PIB et des dépenses publiques. Leur intégrité est donc une condition non-négociable pour une utilisation efficace et responsable de l'argent des contribuables et pour la performance économique nationale.

## II.2.    Une régulation du système de passation des marchés à recadrer par des référentiels techniques

Il s'agit d'une analyse critique portant essentiellement sur les tenants et aboutissants de la régulation des marchés publics. Face aux risques majeurs auxquels sont exposés les marchés publics et aux dispositions juridiques spécifiques aux agents intervenant dans le secteur de la commande publique, il importe de procéder à un recentrage, voire à un recadrage, de la position des intervenants et du corpus qui fonde ce secteur.

Il est nécessaire aujourd'hui de donner de la valeur à la professionnalisation des acteurs de l'environnement des marchés publics (organes de passation, de contrôle et de régulation), puis de repenser les différentes étapes pour une amélioration de la transparence des procédures. Le recadrage de la réforme consistera à améliorer certains textes, mais surtout les pratiques de passation des marchés, de façon à assurer l'efficacité de la commande publique en instaurant, au niveau des organes d'exécution et de contrôle des marchés publics, une culture fondée sur le résultat et non sur la seule conformité des processus et des constructions sémantiques données aux procédures.

La contre-performance du système s'analyse et s'explique surtout par le défaut de professionnalisation et l'absence de recyclage, voir formation continue. La bonne gouvernance des marchés publics et les politiques publiques à venir doivent permettre de revoir l'ensemble du système. À ce titre, la qualité de la gouvernance ne semble pas du tout être mitigée, tant au niveau du renforcement de l'État de droit qu'à celui de l'accélération de la réforme administrative.

Ceci étant, les enjeux sociopolitiques qui participent dont les implications contribuent à la déviance dans l'application du code des marchés publics ont aussi besoin d'un recadrage. Cette activité du pouvoir public, qui prend une part importante du budget de l'État, partage en effet les mêmes fonctions que le budget, puisque c'est de ce dernier que découlent les dépenses faites pour passer les marchés.

Ainsi, Musgrave (1959), cité par Waline et al. (2012), a mis en évidence les trois fonctions gouvernant la politique budgétaire :

- La fonction « allocation », dévolue à la satisfaction des besoins collectifs par le biais de dépenses publiques que les marchés publics se chargent de concrétiser ;

- La fonction « redistribution », destinée à modifier la répartition des revenus et la distribution des fruits de la fiscalité et des transferts sociaux que les marchés publics visent également à travers la redistribution de la richesse nationale ;
- La fonction « stabilisation », qui cherche à agir sur la conjoncture, en jouant sur la demande des ménages et le marché de l'emploi, et sur la croissance de long terme par une politique de reconversion de certaines activités économiques et la mise en place d'une « politique industrielle ».

Cette dernière fonction a poussé le programme d'action du gouvernement depuis 2016 à refondre les textes pour revoir les politiques sociales incluses dans le corpus juridique des marchés publics, de même que l'ensemble des politiques touchant les micros, petites et moyennes entreprises (MPME) ainsi que la petite et micro-industrie. Les résultats sont visibles et très appréciés à travers tout le pays et même au-delà des frontières.

Supposé que, de façon coutumière, la passation, le contrôle et l'exécution des marchés font intervenir trois catégories d'acteurs publics, l'analyse en profondeur de la gouvernance des marchés publics laisse entrevoir l'intervention de plusieurs autres catégories d'acteurs qui s'y invitent, soit directement ou indirectement, soit par la force des normes présentes :

- Les acteurs politiques : Parlement (législatif) et Gouvernement (exécutif) ;
- Les acteurs administratifs : acteurs de la chaîne budgétaire (administration centrale des finances, agents des autres ministères et institutions) ;
- Les juridictions financières;
- Les partenaires sociaux : organisations syndicales et société civile ;
- Les partenaires techniques et financiers (PTF) ;
- Les acteurs supranationaux : espaces communautaires économiques d'intégration régionale (UEMOA).

Dans un contexte juridique et sociopolitique marqué par l'adoption de plusieurs textes regroupant plusieurs corporations et ayant un ancrage dans les marchés publics, on est en droit de dire que l'environnement des marchés publics regorge, dans son ensemble et de façon plus précise, une multitude d'acteurs essentiels qui font face à des enjeux sociopolitiques qui, même s'ils ne sont pas nouveaux, obéissent à un contexte nouveau.

En effet, l'adoption ou la réforme intervenant dans les marchés publics apparaît comme une « révolution » dans l'histoire du droit des marchés publics et s'interprète comme la mise en œuvre d'« un nouveau contrat social pour les marchés publics », socle d'une régulation du système qui, malheureusement, tâtonne. Les nouveaux textes visent donc à instaurer une « culture de la performance » dans la gouvernance des marchés publics. Ils tendent à induire des transformations politiques, sociales, économiques et financières à partir de réformes structurelles et fonctionnelles, tant au niveau des administrations que des juridictions financières et des pouvoirs publics.

C'est d'ailleurs pour cela que l'ARMP a, par exemple, organisé une séance de formation à l'endroit des juridictions sur le contenu des nouveaux textes, afin d'attirer leur attention sur l'évolution du code des marchés publics face aux objectifs de bonne gouvernance. L'application de la nouvelle loi en 2020, après deux ans d'application de la loi de 2017 sans que les acteurs ne soient véritablement imprégnés, compromet indubitablement une transmutation essentielle du processus de décision, qui exige un effort d'acclimatation étendu pour les acteurs intervenant dans la chaîne.

Dans cette dynamique, les acteurs sont obligés à plus de contraintes normatives en vue de la recherche de l'efficacité dans la mise en œuvre des politiques publiques, reconnues aujourd'hui comme relevant de l'action publique, car le concept a évolué dans le temps. Cette époque n'est pas unique au Bénin ; elle s'étend à l'ensemble des autres pays. Leveque (2008) l'a démontré : l'analyse des politiques publiques se heurte à la difficulté posée par le caractère polysémique du terme « politique ». Il recouvre à la fois la sphère politique dans son opposition à la société civile (*polity*), l'activité politique et sa compétition (*politics*) et le processus de mise en place de programmes d'action publique (*policies*).

Étudier l'action publique revient classiquement à se situer dans la troisième acception du terme. Notons toutefois que cette trichotomie se voit aujourd'hui nuancée et remise en question (Dubois, 2009). Ainsi, notamment, la Nouvelle Gestion Publique (NGP) propose de redessiner la relation politico-administrative en se fondant sur la différenciation entre conception et exécution des politiques publiques et de revoir le positionnement des hauts fonctionnaires vis-à-vis du pouvoir politique (Dubois, 2009).

L'action publique forme le produit des pratiques et représentations des agents qui y sont engagés ; ces pratiques et représentations sont orientées par leurs positions, trajectoires et caractéristiques sociales : comprendre le « produit

» (l'action publique) implique donc de faire la sociologie de ses producteurs. Cette réflexion de Dubois rend compte de l'arène des marchés publics au Bénin. Ici, la position des acteurs sur la chaîne des marchés publics constitue un élément important qui concourt au reste des actions menées par les acteurs.

L'analyse positionnelle est en ce sens indispensable à la sociologie de l'action publique (Dubois, 2009). Elle passe entre autres par l'étude des groupes les plus régulièrement présents dans la fabrication des politiques publiques : les hauts fonctionnaires nationaux (Eymeri, 1999 ; Laurens, 2006) ou européens (Georgakakis, de Lassalle, 2007a), les membres des cabinets ministériels (Mathiot et Sawicki, 1999), les experts (Robert, 2003), les élites sectorielles (Genieys, 2008), etc.

Quelle que soit la configuration de la politique étudiée et quel que soit l'outil analytique qu'on juge le plus approprié pour en rendre compte (système d'action, champ ou réseau), il existe sinon une correspondance, au moins une relation, entre l'organisation des relations sociales qui donnent lieu à une politique et les caractéristiques de cette politique. L'analyse positionnelle constitue de ce fait le point de départ à l'établissement systématique des structures relationnelles au fondement d'une politique (Dubois, 2009).

De plus, en se référant aux travaux de Dubois (2009), l'analyse des politiques publiques décrit abondamment les groupes et espaces dans lesquels s'élaborent les politiques, et n'est pas avare d'appellations pour les désigner. L'ensemble ni parfaitement stable ni homogène, composé par les autorités publiques et les représentants du secteur (marchés publics) concerné, est classiquement qualifié de « communauté de politique » [Heclo et Wildawsky (1974) ; Meny (1989)]. Au sein d'un tel ensemble, on peut dans certains cas identifier une « communauté épistémique », regroupant des acteurs qui « ont en commun un modèle de causalité et un ensemble de valeurs politiques » et s'engagent afin de « traduire cette croyance en politique publique » (Haas, 1990, p. 42).

Quant à Jobert (1994), il propose d'analyser les changements globaux de politique publique en les rapportant à la manière dont s'articulent trois principaux « forums » : scientifique, du débat politique et de la fabrication des politiques (Jobert et Théret, 1994). Ces notions présentent des vertus descriptives et/ou analytiques. Mettant l'accent sur les mécanismes d'interdépendance, elles tendent cependant à laisser de côté les rapports de force et hiérarchies internes à ces ensembles, de même que les propriétés sociales des acteurs qui les structurent.

Or, ce n'est qu'au prix d'une restitution précise des positions, dispositions et prises de position des agents individuels et collectifs engagés dans la production d'une politique que l'on peut comprendre pleinement les modalités de constitution et de fonctionnement des espaces relationnels qu'ils constituent et, partant, les logiques de production des politiques (Dubois, 2009).

Le Bénin est donc tenu « d'adapter l'État à son nouvel environnement économique et sociologique ». Dans le même cadre, on peut situer le rôle et les enjeux liés à l'appui des partenaires techniques et financiers (PTF). Car c'est la bonne gouvernance et la transparence dans la gestion des affaires publiques qui constituent le socle du développement de la société béninoise ; depuis une décennie. En effet, il est prouvé que la transparence favorise l'instauration d'un environnement attractif pour les PTF et les investisseurs privés.

Depuis les années 60, période de l'indépendance du Bénin, l'importance des marchés publics a été sous-estimée et laissée au gré des fonctionnaires dont certains, par leur manque de probité et d'honnêteté, ont jeté le discrédit sur le processus (Abdoulaye B. T., 1996)[66].

En effet, dans un contexte marqué par de récentes et graves crises financières et économiques mondiales, la rareté des ressources traditionnelles, les PTF incitent de plus en plus les États à mobiliser davantage de ressources internes et à améliorer la qualité de la gouvernance financière publique, ce qui rendra compte de l'assainissement des finances publiques souhaitées à la faveur de la Conférence des forces vives de la nation en 1990.

Le contexte de rareté des ressources, l'obligation de mobiliser davantage de ressources internes (pression fiscale) révolutionnent le rôle du citoyen. Ainsi, « le regard porté par les citoyens sur les dépenses et les recettes publiques est en pleine évolution ». Préoccupés de plus en plus par le niveau des revenus, les citoyens sont plus réceptifs à la question du contrôle des deniers publics. Deux logiques se côtoient donc :

- La première, d'essence plutôt politique, place au premier plan la transparence dans les procédures ;
- La seconde, d'essence bonne pratique, vise l'efficacité et la performance de la gestion de l'argent public et du système national de gestion des marchés publics.

Les discours contemporains ne donnent pas une bonne visibilité du secteur ; ainsi, les travaux d'Azondekon et Gassare (2013) indiquent qu'à ce

---

[66] Abdoulaye B. T (1996) in développement socio-économique du Bénin.

jour, il est quasiment impossible de parler de marchés publics sans évoquer son corollaire, la corruption. Comme l'a souligné Bennadji (2008), dans la plupart des cas de marchés publics et corruption en Algérie, l'on serait en présence de « passation de marchés publics en contradiction avec la législation en vigueur », ou encore de « passation de marchés en violation du code des marchés publics ». Parfois, la formule « passation illégale de marchés publics » est également utilisée.

Tout en demeurant dans le même ordre d'idée, la revue de l'OCDE sur le développement (2008/4, n° 9) dit que rendre les systèmes de passation des marchés publics plus efficaces, économiques, transparents et performants est un souci constant pour les gouvernements et la communauté internationale du développement. On ne peut maximiser l'utilisation des fonds publics (y compris ceux provenant de l'aide officielle au développement) sans un régime national de passation des marchés publics qui réponde aux normes internationales et qui fonctionne comme il le doit.

Azondekon et Gassare (2013), en s'appuyant sur l'importance des outils de technologie de l'information et des communications, dont le logiciel de gestion des marchés publics, suggèrent une série de mesures pour lutter contre la corruption dans les marchés publics, afin de disloquer le couple corruption-marchés publics qui s'identifie à un facteur de régulation mitigée. Toutefois, ils pensent que « la manifestation de la volonté politique dans les actes, à travers la culture de reddition des comptes et le contrôle citoyen de l'action publique, sont indispensables pour garantir une meilleure gestion dans les communes du Bénin ».

Ainsi, comme l'a mentionné l'OCDE (2008), « la passation des marchés devrait être considérée comme faisant partie intégrante des stratégies de gouvernance et de lutte contre la corruption. Des pratiques et des processus de passation des marchés responsables, transparents et éthiques aident à assainir un environnement très propice ». Un avenir possible et meilleur qu'aujourd'hui nécessite une refonte totale du système pour un recadrage à la base.

La plupart des pays en développement sont conscients de l'importance des difficultés dans la mise en œuvre des procédures de marchés publics, malgré les dysfonctionnements observés dans les procédures de ces derniers. En réalité, au-delà de la base (formation de base et professionnalisme), se retrouvent les différentes étapes de passation des marchés qui constituent un véritable terreau d'action publique ne permettant pas a priori la performance recherchée et une régulation escomptée.

Ces dysfonctionnements engendrent de bonnes et de mauvaises pratiques en matière de marchés publics, non seulement pour la bonne gouvernance du système, mais aussi pour le respect du budget prévisionnel inscrit dans le plan de passation des marchés, de l'échéancier et de la conformité du contenu des marchés à passer en vue de la satisfaction des intérêts collectifs.

Conscients de l'influence qu'a le domaine des marchés publics sur le processus de développement du Bénin et soucieux de la bonne gestion des deniers publics, de nombreuses dispositions ont été prises par les gouvernants en vue de réglementer la pratique des marchés publics et de garantir son efficacité. Mais ces dispositions restent pour l'heure illusoires (problème de perception de ce que sait la chose publique), compte tenu du fait que les racines du mal ne sont pas revues.

Cependant, plusieurs travaux de disciplines confondues, dans le but d'améliorer le processus des marchés publics et de permettre plus de produits et de services satisfaisants, ont mentionné l'importance de posséder une stratégie de passation des marchés (Tchokogué, 2005, cité par Ndolo, 2014). D'autres auteurs comme Collard (1993), Hunsaker (2009) et Thai (2001) se sont prononcés sur l'aspect socioculturel du système des marchés publics afin d'améliorer la qualité des services.

Concernant le cadre réglementaire, Arrowsmith (2005), Eaton (1997), Hanine (2008), Hunsaker (2009), Kornecki (2011), Mori et Doni (2010), Schapper et al. (2006) et Thai (2001), ainsi que plusieurs autres, ont souligné l'importance d'une revue et du respect de l'arsenal juridique en vigueur en matière de marchés publics pour pouvoir atteindre les objectifs fixés, que ce soit dans un projet ou dans une organisation (Ndolo, 2014).

Il est certain qu'une mauvaise pratique dans les marchés publics débouche sur un mauvais résultat concernant ce marché public, ce qu'impliquent les aléas moraux. Des marchés passés et souffrant de la compétence des acteurs les ayant passés, ont pour causes parfois des silences du code, de la non-application des règles adéquates et, par ricochet, d'une régulation contrôlée.

Ainsi, visant le même objectif, Cooper (1993) estime qu'il est nécessaire de viser une amélioration continue afin d'obtenir plus de qualité dans les organisations publiques et privées. À cet effet, McCue et Gianakis (2001, p. 71) sont d'avis que « les acquisitions faites dans le secteur public continuent à subir des pressions croissantes pour réformer tout le processus d'acquisition actuel ».

Cependant, les auteurs (Azondekon et Gassare, 2013) ont noté tout particulièrement la mise en place de dispositifs par les partenaires au développement pour contrôler la gestion de l'aide publique au développement et, partant, asseoir les bases d'un système de contrôle, de suivi et d'évaluation des projets et de la gestion des fonds publics. L'analyse du système de passation des marchés par ces auteurs montre en effet où résidée la contre-performance du système.

Ainsi, pour Hanine (2008), « l'achat public est une question d'actualité brûlante, quel que soit le pays concerné, et c'est important pour nous de l'améliorer ». Il est d'avis que ces améliorations doivent s'effectuer dès le commencement du processus de marché public afin de permettre l'exécution du marché dans les meilleures conditions. Ainsi, nous pouvons comprendre, suite à ce qui précède, la justification de la lourdeur qui entoure tout ce processus, ainsi que la volonté du gouvernement béninois de lutter contre les mauvaises pratiques dans les marchés publics et d'assurer une meilleure gestion des biens publics. C'est d'ailleurs ce qui est de l'heure.

Assurer un avenir meilleur dans le but de rendre plus performant le système national des marchés publics au Bénin nécessite que les acteurs s'approprient les textes (code, lois, décrets) régissant les marchés publics, veillent au respect de ces textes et lois en vigueur, et respectent les plans prévisionnels de passation, qui constituent un aspect organisationnel très important de la procédure d'un marché et fixent les différents objectifs à atteindre.

Il ne serait pas audacieux d'attirer également l'attention sur l'ingérence du politique et autres formes de relations qui annihilent la régulation et les réformes, observée à tous les niveaux. Ces différentes propositions de solutions issues de notre recherche nous ont amené à tirer des conclusions et à faire des recommandations qui permettront de résoudre, à travers certaines stratégies proposées, les dysfonctionnements identifiés dans le système.

Il est indéniable de constater que cette recherche sur les futurs possibles des marchés publics nous permet de conclure que les marchés publics sont un instrument de développement économique, un levier d'action publique, et leur mise en concurrence constitue un gage de la qualité de la dépense publique. En dépit de tout, il faut noter qu'il subsiste des limites liées entre autres aux concepts socioculturels, politiques et administratifs.

### II.3. Que retenir de cette réflexion sur les enjeux et logiques des acteurs dans l'application du code des marchés publics ?

L'assainissement des finances publiques a engendré de nombreuses réformes, dont celles relatives aux marchés publics. Cette démarche a bouleversé tout le système de gouvernance des marchés publics, tant dans les pays ayant accédé à l'indépendance dans les années 1990. Le Bénin n'est pas resté en marge, car l'absence de ces réformes sur le système de gouvernance des marchés publics ne sécurise pas les mouvements et la gestion des deniers publics.

Il convient de noter que les nombreuses révisions apportées au régime de gestion des contrats publics ne visent qu'à assainir les finances, le fonctionnement interne et l'environnement, ainsi qu'à améliorer la qualité des règles encadrant ce domaine. L'objectif est de simplifier les processus et d'accélérer les dépenses, tout en instaurant des limites conduisant à une tolérance zéro. Cependant, ces réformes ne touchent pas, pour la plupart, les diverses attitudes que développent les acteurs qui y sont présents.

En effet, tout observateur averti qui s'intéresse à l'environnement des marchés publics est forcément attiré par les nombreux scandales en lien avec la passation des marchés publics. Il s'avère important de se poser la question de savoir quel est cet environnement qui peine à tenir malgré les réformes et dans lequel les acteurs se livrent à des pratiques déviantes, même en présence des textes.

La présente thèse s'intéresse aux enjeux et logiques des acteurs dans l'application du code des marchés publics au Bénin, notamment aux pratiques de contournement des textes et aux logiques qui y sont développées.

L'application du code des marchés publics pour la passation des marchés publics est ici perçue comme une politique publique permettant de mettre en œuvre l'action publique dans la satisfaction des besoins recherchés par l'État à travers ses démembrements, pour un développement inclusif. L'action publique est ainsi une expression en lien avec l'application du code des marchés publics.

La lecture croisée de plusieurs auteurs montre que l'action publique désigne l'action de l'administration publique ; pour dire toute action menée par les acteurs de l'administration afin de rendre le service public. C'est un concept de sociologie politique qui désigne à la fois l'activité de gouvernement et les actions de gouverner. La notion d'action publique est utilisée à la place de la notion de politique publique en sociologie pour souligner la complexité de l'action de l'État et plus généralement de l'administration publique.

À la différence de la notion de politique publique, la notion d'action publique est employée pour mettre en relief la question de la mise en œuvre des politiques publiques. L'objectif de cette approche est d'étudier ce que les acteurs font et non pas ce qu'ils disent qu'ils font. Lorsque les attitudes, les logiques et les pratiques se retrouvent chez un même acteur ou un même groupe d'acteurs, de sorte que la société reconnaît ce dernier comme tel et lui attache cette étiquette, alors lesdits comportements sont qualifiés de « déviance » et leurs auteurs sont des « déviants ».

La présente recherche s'attache à décrire le mécanisme de production des pratiques de passation, des logiques développées entre l'application du code des marchés publics tel que décrit par le code et tel que c'est fait dans la pratique. Deux types de données ont été collectés lors des enquêtes de terrain : des données de type qualitatif, appuyées par des données quantitatives secondaires. La recherche documentaire, l'observation participante, l'entretien informel et formel et la photographie sont les techniques de collecte de données utilisées.

Le modèle d'analyse utilisé est l'actionnisme, abordé sous l'angle global de la sociologie et de l'anthropologie du développement. De manière spécifique, la recherche combine les approches disciplinaires que sont la sociologie de l'action publique, les sciences de l'administration, la sociologie politique, la sociologie des contrats et la sociologie juridique.

Les résultats obtenus indiquent que, s'il existe aujourd'hui un paramètre qu'il faut prendre en compte dans l'application du code des marchés publics, c'est bien celui du mécanisme de construction de la loi au prisme de l'environnement dans lequel, elle doit s'appliquer. Cette situation, qui part de la manière dont les réformes sur le code des marchés publics sont faites et compte tenu de son caractère procédural, augmente quotidiennement le risque des enjeux et logiques valorisés par les acteurs chargés de l'application.

Cet état de chose confirme que l'écart entre les objectifs du législateur et ceux des acteurs augmente le risque des pratiques de contournement. En réalité, la plus grande part se retrouve au niveau des acteurs chargés de la mise en application du code, qui en font un véritable actif individuel ou de groupe selon les orientations ; ce qui donne lieu à des déviances.

Il s'agit des gestionnaires de crédits qui sont identifiés par les PRMP, contrôleurs et autres acteurs de la chaîne comme les acteurs les plus infidèles dans l'application du code des marchés publics. De plus, ces derniers affirment aussi leur part d'action. Ils sont impliqués dans la plupart des pratiques observées, à tel enseigne que les rapports d'audit ne les épargnent. S'ils se reconnaissent tous comme tels, leur présence dans ces groupes n'est pas sous-tendue par la même raison, car chaque acteur valorise des logiques qui peuvent être politiques, de bien-être, de gain facile, etc.

De même, ils développent différentes stratégies dans la production des pratiques de contournement. Des stratégies bien pensées en fonction de la nature du marché à passer. Il en ressort donc que les statuts des acteurs, les logiques valorisées et la maîtrise des biais procéduraux influencent l'application du code des marchés publics. Les acteurs intervenant dans l'application du code des marchés publics semblent être habités d'un sentiment de subjectivité qui est le risque perçu par les actions mises en œuvre.

Pour tenir compte des actions mises en œuvre et du pourquoi des écarts observés dans l'application du code des marchés publics, la présente thèse avance que la refonte du système national de passation des marchés, à travers la revue des profils et la création du corps, va participer à la maîtrise des biais procéduraux et institutionnels du système de gouvernance des marchés publics dus à la nature des rapports qu'entretiennent les acteurs de la chaîne de passation des marchés publics ; ce qui induirait une application optimale du code de passation des marchés publics au Bénin. Il est également crucial de souligner les efforts déployés par les dirigeants pour assainir le milieu et garantir un avenir plus transparent.

Eleanor Roosevelt écrivait ceci : « Le futur appartient à ceux qui croient en la beauté de leurs rêves ». En effet, cette étude ne constitue qu'une étape dans la recherche de solutions à l'amélioration de la performance du système des marchés publics, et nous avons le ferme espoir que les limites à cette recherche seront comblées par la poursuite et le développement d'autres recherches en la matière.

# CONCLUSION

Cette étude se penche sur la manière dont les individus impliqués s'engagent dans la mise en œuvre du règlement régissant les contrats publics. Elle explore ainsi un domaine jusque-là inexploré, exempt de tout préjugé, stigmatisation ou dénonciation : celui du champ social dans les marchés publics, ou des rapports sociaux entre les acteurs de la chaîne de passation des marchés face à la réglementation. La réalité sociale qu'induit l'application du code des marchés publics aujourd'hui amène, à travers cette thèse, à nous inscrire dans une démarche diachronique et synchronique pour établir une connaissance beaucoup plus avancée du phénomène et des pratiques qui annihilent l'effort des réformes.

La question des marchés publics a évolué sous l'égide des différentes transformations (politiques, économiques, juridiques et sociales) qui ont touché la société béninoise contemporaine en général. Ces transformations n'ont cependant pas permis de régler un certain nombre de maux dont souffrait la passation des marchés publics. Mais très vite, il est constaté qu'à chaque mal traité, de nouveaux maux naissent à travers les logiques que valorisent les acteurs de la chaîne de passation des marchés et les perceptions de ces derniers sur la réglementation des marchés publics. Cette situation interpelle aussi bien les chercheurs que les acteurs de la chaîne.

Pour mieux comprendre les systèmes de passation des marchés publics et le processus de passation des marchés, qui est une activité livrée à des jeux dans l'application de la réglementation y relative, la thèse a mobilisé divers outils et techniques de collecte de données. La posture méthodologique adoptée a servi de cadre de référence pour interroger les acteurs de la chaîne, toutes catégories confondues, pour une mise en évidence des enjeux, des déterminants, des logiques et stratégies des différents groupes sociaux impliqués dans l'application du code des marchés publics.

Entre pratiques de passation, logiques valorisées et stratégies développées, l'environnement des marchés publics reste une arène dont les réalités sociales vont à contre-courant des réformes qu'a connues ce secteur. Les marchés publics constituent d'une part une activité qui prend de la valeur vu son importance dans les réflexions portant sur la bonne gouvernance, et d'autre part ils deviennent indispensables pour tout État qui s'inscrit dans un processus de développement et de redynamisation de l'économie.

De cette recherche, on peut comprendre que les marchés publics sont sujets de jeux et enjeux. Les réformes successives du code des marchés publics du Bénin ont connu des avancées notables dans le domaine, mais il reste des imperfections qui doivent être prises en compte dans l'application du code par les acteurs. Les actions du législateur et du pouvoir réglementaire doivent pouvoir s'harmoniser avec celles des acteurs devant appliquer le code. Mais la réalité sur la gestion des fonds publics reste encore mitigée.

Il est aussi à souligner que le problème relatif aux biais procéduraux dans l'application du code des marchés publics n'est pas qu'un problème d'institution, mais surtout un problème relatif aux interactions entre les acteurs intervenant sur la chaîne. Comme souligné dans le chapitre VI, les acteurs éprouvent un sentiment d'acceptation des réformes. Ce sentiment peut influencer positivement ou négativement les objectifs du législateur, dans la mesure où l'on ne sent pas une harmonie entre les chargés de réformes et les applicateurs. Cela induit donc une prise en compte de la formation et de l'information sur le contenu et l'esprit des textes, pour insuffler l'idée et les modalités de développement voulu.

En faisant le point des réformes et des avancées, il apparaît bien pour les uns, spécialistes des marchés publics, que les différentes pratiques observées dans l'application du code des marchés ne peuvent engendrer une bonne performance du système et, par-dessus tout, un système efficient. Mais pour les autres, politiciens comme chefs d'entreprises, auteurs de régulation, toute action de l'État est une action politique, à buts variés, car les marchés publics, au-delà de sa fonction primaire qui a pour finalité la satisfaction des besoins d'intérêt général, a pour autre fonction : la politique. De ce fait, puisqu'il n'est pas délié de la politique, les pratiques qui s'observent participent à la contre-performance.

C'est pourquoi il est important d'appréhender les jeux des acteurs dans l'application du code des marchés publics comme un élément de l'action publique. Ainsi, en tenant compte des rapports et interactions présentes dans l'environnement des marchés publics, il a été mis en lumière ce qu'est l'action publique dans les marchés publics en contexte béninois, et ce dans son sens et dans sa pratique. L'action publique dans les marchés publics se présente en contournement des textes, à la recherche du gain facile, par des pratiques magico-religieuses, par la rétention de l'information, par le détournement des procédures et par la transformation des intérêts collectifs en actifs individuels.

Cette thèse sur les marchés publics nous a permis de faire ressortir deux autres fonctions primordiales que revêt la fonction d'achat, et il s'avère que, de l'avis des informateurs, deux autres fonctions fondamentales méritent d'être soulignées. Il s'agit de la dimension économique et de la dimension sociale.

- Dans la dimension économique, les marchés publics sont, selon les discours recueillis, un support physique sur lequel est fixée la redistribution de la richesse nationale du point de vue économique.

- Cette perception économique traduit également une indissociable réalité sociale. Selon les logiques valorisées, appliquer le code des marchés publics n'est pas seulement un mécanisme permettant de satisfaire les besoins, mais elle établit aussi un rapport social entre les hommes qui y sont assujettis. À travers ce principe social, l'accès aux marchés publics renvoie à une relation d'achat, c'est-à-dire à un rapport social qui crée un lien entre des acteurs, soit de façon individuelle ou collective, autour de l'environnement des marchés publics et qui est sous-tendue par une multitude d'actions publiques très hétérogènes et dépendantes des acteurs impliqués.

De cette analyse des dynamiques sociales et des politiques d'amélioration successives du code et de leurs impacts, il ressort que la passation des marchés est passée du registre de satisfaction de besoins d'intérêt général à un registre de satisfaction d'intérêts individuels ou collectifs. En effet, on est passé de manière drastique, en tenant compte des évolutions sociales, à la monétarisation des échanges économiques et juridiques, qui ont permis de transformer la philosophie relative aux marchés publics en une quête individualiste. Toutefois, les législateurs béninois ne semblent pas vouloir se laisser faire : ils se transforment en gendarmes afin d'assainir le secteur.

Face aux « biais procéduraux » introduits par les acteurs, il devient opportun de se pencher sur le devenir du système. Par ailleurs, confrontés aux défis du développement durable et voulant être en phase avec l'évolution de ce concept, de nouvelles politiques doivent être initiées par les acteurs institutionnels en collaboration avec les PTF. Ces politiques doivent s'inscrire pour la plupart dans une démarche prospectiviste de modernisation du système à travers la mise en place de référentiels techniques, et la réorientation des objectifs en lien avec la passation des marchés en vue d'une « révolution verte ».

Les multiples évolutions et changements sociaux (socio-économiques, juridiques et politiques) ont donné lieu à une monétarisation de la vie sociojuridique. Ainsi, les nouveaux rapports sociaux, basés désormais sur les échanges économiques, ont eu comme implication dans l'application du code des marchés publics une transformation des résultats recherchés par le législateur en un résultat en termes d'actif personnel.

Dans l'arène sociale qu'encadre le code des marchés publics, plusieurs profils d'acteurs se dégagent :

- D'abord les **techniciens marchés publics** (PRMP),
- Ensuite, l'on retrouve les **contrôleurs ;**
- Les **premiers responsables des structures** sont considérés comme des gardiens du trésor, puisqu'étant l'ordonnateur du budget de l'entité concernée dans la passation des marchés ;
- Enfin, on remarque également dans l'environnement des marchés publics la présence de quelques **acteurs secondaires** que sont les intermédiaires (amis, autorité politique, collègue, maîtresse, copine, etc.) qui jouent un rôle non négligeable dans le processus de passation d'un marché.

En définitive, les pratiques de passation observées pendant l'application du code des marchés publics permettent aux acteurs de la chaîne d'être dans un décalage et une désobéissance face aux normes sociales admises, au profit de la valorisation des actifs individuels et collectifs. Le code des marchés publics est appliqué de nos jours par une multitude d'acteurs aux profils sociologiques et aux logiques aussi divers que variés.

De l'observation des pratiques de passation et des logiques valorisées par ces novices du système sans formation ou technicité qui se réclament spécialistes en passation des marchés pour avoir siégé dans des commissions *ad hoc*, ou pour avoir eu le parchemin, il apparaît encore difficile de justifier leur soutien et adhésion aux politiques de professionnalisation de la chaîne. Cette situation, selon les enquêtés, conduit à une forte dégradation du tissu social qui se traduit par la transformation des acteurs de la chaîne de passation des marchés en des commerçants publics doués d'une logique de rentier.

Ces acteurs, notamment ceux chargés de mettre en œuvre les procédures, contrairement aux principes de gestion des marchés publics, ont tendance, sous couvert du code des marchés, à transformer les règles de passation pour des finalités exclusivement économiques et personnelles. De plus, c'est grâce à eux que le code des marchés publics est devenu une question financière, puisqu'ils ont introduit l'argent comme unité de transaction. Ils paraissent également s'adonner à des pratiques lorsqu'ils appliquent ce principe.

Les enjeux de développement, et plus précisément de développement durable, sont des questions d'actualité qui entrent en lien avec les services essentiels. Or, ces services découlent de la satisfaction des besoins issue de la passation des marchés. La non-prise en compte de façon considérable des objectifs de long terme dans les textes ne permet pas de se positionner sur la question de la durabilité. Comment faire pour l'intégration du développement durable pendant l'application du code des marchés publics ? Comme le souligne Etrillard (2006), il faut s'y intéresser et veiller non seulement à la sécurité juridique de la passation des marchés publics, mais également assurer la possibilité d'utiliser les achats comme levier pour favoriser la prise en compte du développement durable dans notre société.

En se référant à Frot (2008) pour ce qui est du code des marchés publics français, l'on doit pouvoir transposer dans le code des marchés publics du Bénin que le développement durable en général, ou ses composantes sociales et environnementales, pourraient être précisés et pris en compte aux niveaux suivants :

- la définition des besoins (ce qui est déjà fait dans la loi de 2020) ;
- les spécifications techniques et les écolabels ;
- les clauses contractuelles sociales et environnementales ;
- les marchés réservés ;
- la capacité des candidats ;
- l'autorisation des variantes ;
- les critères de choix.

Les politiques publiques dans le secteur des marchés publics doivent être faites en étroite collaboration avec l'ensemble des acteurs, parce que la conception des droits des marchés publics et son application au moyen du code sont au cœur du contrat social de toute société. Revisiter les dispositifs sociaux d'accès à la commande publique est crucial, car les inégalités, discriminations et contournements sont au cœur de nombreux contentieux. C'est aussi le moment pour l'État de revoir le rôle des services techniques aux côtés des personnes responsables des marchés publics, car le début du processus découle de leurs actions ; de même que les services financiers, qui sont en fin de procédure et semblent constituer un goulot d'étranglement dans le processus de passation des marchés, compte tenu de leurs modalités d'intervention et de leur statut en relation avec le principal acteur de la chaîne, qui devrait être celui sur qui reposent les critères de performance.

Cela étant, est-il opportun de rappeler que cette thèse reste et demeure avant tout un travail scientifique qui doit marquer une rupture avec toutes les pratiques de « *consultations* » qui « enferment » le chercheur dans un cadre directif de formulation de recommandations toutes faites et « prêtes à porter ».

Dans cet élan de marquage de son espace, et pour rester en phase avec le rôle de chercheur que nous avons endossé, nous pensons qu'au lieu de fermer le champ de la discussion, nous devrions plutôt l'ouvrir vers d'autres pistes de réflexion pour des analyses plus fines et approfondies sur la question des marchés (Nassi, 2013).

Toutefois, cette étude pourrait aider l'État béninois à apprécier le degré des dysfonctionnements dans les processus de passation des marchés publics en vue d'éventuels apports de corrections nécessaires pour améliorer la performance et, surtout, éradiquer certaines pratiques préjudiciables à la bonne gestion des projets au Bénin (Sanga, 2016).

Parmi les documentations utilisées dans notre recherche, nous avons constaté que certains pays ont réussi la réorganisation de leur système de marchés publics grâce à des réformes instaurées et bien appliquées. Ceux-ci peuvent servir d'exemple et d'études comparatives afin d'appliquer leurs meilleures pratiques au contexte béninois.

Dans un souci de conformisme aux principes scientifiques, et en termes de perspectives d'exploitation de cette thèse, nous envisageons, dans des recherches futures, d'élargir le champ du débat, comme le stipule Lavigne (2010), vers les questions de recherche suivantes :

- Comment l'application du code des marchés publics constitue-t-elle un frein pour l'accroissement des petites et moyennes entreprises ?
- Comment les pratiques de passation des marchés ont-elles fait des marchés publics une réalité sociologique ?
- Comment concilier les politiques publiques dans les marchés publics et les dynamiques des acteurs pour une meilleure alternative face aux enjeux du développement durable ?
- Quel est le niveau d'acceptation des réformes du code des marchés publics par les acteurs du contrôle des marchés publics ?
- Quelle est la contribution de l'application du code des marchés publics à la réduction de la pauvreté par un développement inclusif ?
- Quel tribunal pour les marchés publics dans le cadre de la régulation du secteur ?
- Aurions-nous tors de repenser l'éducation civique ?
- La base des curricula de formation à tous les acteurs devant intervenir sur la chaîne est-il opportun ?

**REFERENCES BIBLIOGRAPHIQUES**

## I.  OUVRAGES

1. Ahossi Gnonlonfoun P., (2014), *Crise économique généralisée, mauvaises gouvernances en Afrique*, édition groupe CITIS, 30p.

2. Ahou N'goran Béatrice., (2007), *Technique de planification approfondie*, Mimographe, Ecole Nationale d'Economie Appliquée et de Management, Université d'Abomey Calavi, pp. 5-9

3. Akakpo Maxime Bruno., (2015), *Démocratie financière en Afrique occidentale francophone*, Cotonou, Les Cocotiers, 165p.

4. Albert Mario., (2006), « L'avenir des finances publiques du Québec face aux changements démographiques. Éléments factuels sur la démographie » in Agir maintenant pour le Québec de demain, PUL.

5. Amouzouvi Dodji Hyppolite., (2012), *Le marché de la religion au Bénin*, Paris, L'Harmattan, 320p.

6. Aple Yves, Lambert Jean Renaud, Beitone Alain, Sandrine Parayre, Dollo Christine., (2013), *Lexique de sociologie*, DALLOZ 4ème édiction, 467p.

7. Audrey Levêque., (2008), *Dans Épistémologie de la sociologie* pp. 53-67.

8. Autorité De Régulation Des Marches Publics, (2015), *Guide du Soumissionnaire*, Cotonou édition sokemi ,152p.

9. Avamasse Benjamin., (2012). « *Economie des Marchés Publics* », pp. 11-15

10. Awoudo François et Adoun Wilfrid Hervé., (2008), *Bénin : une démocratie prisonnière de la corruption,* Cotonou, Editions COPEF, 386p.

11. Bakandeja Wa Mpungu Grégoire., (1997), *Manuel de Droit Financier*, éditions Universitaires Africaines Kinshasa

12. Bakandeja Wa Mpungu Grégoire., (2006), *Les finances publiques : Pour une meilleure gouvernance en RDC*, Larcier. 2006

13. Bauer Otto., (1987), « La question des nationalités et la social-démocratie, Montréal/Paris, Études et documentation internationales ». Arcantère et Guérin littérature, (1ère édition en 1907). Traduit de Die Nationalität enfrage und die Sozialdemokratie, Vienne, Wiener Volksbuchhandlung, 1924.

14. Behiels Michael D., (1981), Frontières ethniques en devenir / Emerging Ethnie Boundaries, édité par Danielle Juteau Lee (book review). Journal of Américan Etshnic history, vol.1 no1 p102.

15. Belley Nathalie., (1995), « Les marchés publics : étude des obligations internationales du Canada », du GATT à l'ALENA, ERUDIT, vol. 36, n° 2, p. 503-548.

16. BELLIER Sandra., (1999), La compétence, Traité des sciences et des techniques de la formation (Philippe Carré et Pierre Caspar (dir.)), Paris, Dunod,

17. Bellier Sandra., (1999), La *compétence in Traité des sciences et des techniques de la formation* (Philippe CARRÉ et Pierre CASPAR (dir.)), Paris, Dunod, 30 p.

18. Bernoux    Philippe., (1985), *La sociologie des organisations* , paris : seuil, 363p.

19. Bio-Tchané Abdoulaye., (1996), *Développement socio-économique du Bénin*, Plan National de Développement 2018-2025, 300 p

20. Blanchard Olivier, Chouraqui Jean-Claude, Hagemann Robert, et Sartor Nicola., et al. (1990), « La soutenabilité de la politique budgétaire : nouvelles réponses à une question ancienne. » Revue économique de l'OCDE, 15, automne.

21. Blöndal Jon. R., (2002), « La réforme budgétaire dans les pays membres de l'OCDE : tendances communes » OECD, 174.

22. BLUNDO Giorgio., (2001), « La corruption quotidienne dans la passation des marchés au Sénégal », Politiques Africaines N° 83, octobre 2001, pp. 79-97

23. Boivin Jacky., (2012), *Vieillir en beauté : l'inévitable évolution démographique du Canada*, Discours prononcé devant l'Economic Club of Canada, Toronto.

24. BOLLEN S., LAMBERT M., VANDER BORGHT L., VAN RILLAER M.-L., VERCRUYSSE E., (2013), « Vade-mecum des marchés publics des pouvoirs locaux », Edition 2013, Bruxelles, Politeia/UVCW, 2013, pp. 352 et s.

25. Bonardi Christine et ROUSSIAU Nicolas., (2014), *Les Représentations Sociales*, DUNOD, 125p.

26. Boncori Anne-Laure et Mahieux Xavier., (2012), « Au-delà du bien et du mal La théorie et les pratiques de gestion », Revue française de gestion, 9-10 N° 228-229, pp.129-146.

27.Bouthinon-Dumas Hugues., (2001), Les Contrats Relationnels et la Théorie de l'Imprévision ; De Boeck Supérieure/Revue internationale de droit économique, pp.346-347

28.Bouvier Michel, Esclassan Marie-Christine et Lassalle Jean-Pierre., (2016), *Finances Publics*, France, L.G.D.J, 990p.

29.Boyer et Jean-Daniel., (2016) « La sociologie d'Émile Durkheim », Revue des sciences sociales, 56 | pp : 118-125.

30.Braud Philippe., (2016), *Sociologie politique*, Mayenne, Lextenso, 687p.

31.Brouillette Sylvie., (1991), *Les marchés publics à Montréal : 1840-1860*.Trois-Rivières, Université du Québec à Trois-Rivières.

32.Bruneteaux Patrick et Lanzarini, Corinne., (1998), *Les entretiens informels. In: Sociétés contemporaines*,N°30,. pp. 157-180 ; consulté le 04 mars 2021 à 10h 17 mn sur le site www.persee.fr › socco_1150-1944_1998_num_30_1_1853

33.BUEB Jean-Pierre., (2006), « La lutte contre la fraude et la corruption dans les marchés publics », Forum Mondial de l'OCDE sur la gouvernance, 30 novembre-1erdécembre 2006, Editions OCDE. Bureau du vérificateur général (2012), « La viabilité à long terme des finances publiques – Finances Canada », chapitre 7 du *Rapport du vérificateur général du Canada à la Chambre des communes*.

34.Chauvel Frédéric., (2008), « L'essentiel des finances publiques », Paris, Gualino, 95p.

35.CHONG Eshien, STAROPOLI Carine et YVRANDE-BILLON Anne., (2013) « Enchères ou négociations dans les marchés publics : une analyse empirique », Revue d'économie industrielle, 141 | 2013, 51-72.

36.Clavet Nicholas-James, Duclos Jean-Yves, Fortin Bernard et *al.*, (2013), *Les dépenses de santé du gouvernement du Québec, 2013-2030 : projections et déterminants,* CIRANO, Série Scientifique no 2013s-45.

37.Colson Aurélien., (2009), *La négociation diplomatique au risque de la transparence :rôle et figures du secret envers des tiers* ; De Boeck Supérieure, 226p.

38.Crozier Michel et Friedberg Erhard., (1977), *L'acteur et le système*, Paris : Seul, p.47.

39.Didry Claude., (2004), *Emmanuel Lévy et le contrat, la sociologie dans le droit des obligations ; Revu Droit et Société n°56-57.* pp151-164

40.Didry Claude., (2011), *Contrat, propriété et travail dans la sociologie durkheimienne du droit*. Texte pour le Colloque '' Durkheim et ces usages'', inachevé. 19p.

41.Dubet François., (2002), *Education et Sociétés*, De Boeck Supérieure, 184p.

42.DUMEZ Hervé., (2011), « Faire une revue de littérature : pourquoi et comment ? » Le Libellio d'AEGIS Vol. 7, n° 2 - Été 2011, pp 15-27.

43.Dungan Peter et Murphy Steve., (2013), *Long Term Outlook for the Canadian Economy:National Projection Through 2040*, University of Toronto, PEAP Policy Study.

44.Durkheim Emile., ([1895] 1993), *Les règles de la méthode sociologique*, Paris, PUF, 149p.

45.Durkheim Emile., (1893), *De La Division Du Travail Social*. Paris PUF, 206p.

46.Etrillard Claire., (2003), *Le développement durable dans les marchés publics des villes. In : Revue juridique de l'Ouest*, 2006-3. pp. 313-332

47.Eyebiyi Elieth P., (2012), « La réinvention de la lutte contre la corruption. Les mobilisations civiles de la lutte contre la corruption et la construction de l'Etat au Bénin (1990- 2012) », doctorat en Sociologie-Anthropologie, soutenu à la FLASH, 335p.

48.Eymeri Jean-Michel., (1999), « Les gardiens de l'Etat. Une sociologie des énarques de ministère », Thèse en science politique, Université Paris I.

49.Floya Anthias et Nira Yuval-Davis., (1992), *Racialized Boundaries: Race, nation, colour and class and the anti-racist struggle*, Londres/New York, Routledge,

50.Formarier Monique, Poirier-coutansais Geneviève., (1986), « méthodologie de la recherche, le cadre conceptuel dans la recherche », Recherches en Soins Infirmiers No 4 Février 86, P. 71 à 78.

51.Friedberg Erhard., (1993), *Le Pouvoir et la Règle. Dynamiques de l'action organisée*, Paris, Seuil, 405p.

52.Frot Olivier, (2008), *Développement Durable & marchés publics*, AFNOR, 233p.

53.Gaga Finagnon André., (2015). « Codes de banalisation langagière de la persistance des pratiques corruptives dans les universités nationales du Bénin », Thèse de doctorat en sociologie, FLASH, UAC, 346 p.

54.Godbout Luc., (2007, *Oser choisir maintenant : Des pistes de solution pour protéger les services publics et assurer l'équité entre les générations*, PUL.

55.Godjo Aubin., (2013), « Les marchés publics au Bénin », communication Colloque international du Centre de Droit Administratif et de l'Administration Territoriale « CeDAT » de l'Université d'Abomey-Calavi et le Centre de Droit Public (CDP) de l'Université de LOME 28.p

56.GRACIER J. R., (2008), « La transparence dans les administrations publiques », Revue français de science politique 35p.

57.Granovetter Marc., (1985), *Economies'action and social structure: the problem of embeddedness*, American Journal of Sociology, 91, 3, Novembre, pp.458-510

58.Grawitz Madelaine., (2000), *Méthodes des sciences sociales*, 8ème édiction DUNOD

59.Guillaumin Colette., (1972), *L'idéologie raciste. Genèse et langage actuel. Nice* : Institut d'études et de recherches interethniques et interculturelles, Paris/La Haye, Collection IDERIC 1972. 256 p.

60.Guillaumin Colette., (1995), *Racism, sexism, ideology and power, Londres, Routledge*. 288 p.

61.Gunew Sneja., (1990), *Feminist knowledge. Critique and construction*, Londres, New York, Routledge, (éd.) p. 332-345.

62.Gurvitch George, Moore Wilbert Elis., (1947). *Sociology of Law*, PUF; pp.42-55

63.Haas Ersnt., (1990), «When knowledge is power: three models of change in international relations», Berkeley, University of California Press.

64.Hall Stuart., (1992), « New Ethnicities » dans James Donald, Ali Rattansi (eds.) Race, culture & difference, Londres,

65.Hansen Jeffrey J., (2008), «A Strategic Planning Template for Dummies. Woodhill Park Retreat».

66.Hassenteufel Patrick., (2008), *Sociologie politique : l'action publique, Armand Colin*, coll. « U Sociologie », 294 p.,

67.Hauner David., (2005), *Aging: Some Pleasant Fiscal Arithmetic*, IMF Working paper, WP/05/71, avril 2005.

68.Hout Wil., (2010), Governance and Development: changing EU policies". Third World Quarterly, p.12

69.Ian Macneil., (2005), *Sociologie des contrats relationnels ; une théorie du contrat social*, édition DALLOZ ; 20p.

70.IDLO., (2007), « Les marchés publics dans les pays en développement : leçons apprises des activités récentes de l'IDLO », Actualités du droit du développement - N° 1, 2007.

71.Jobert Bruno et Théret Bruno., (1994), *Le tournant néo-libéral en Europe*, Paris, L'Harmattan.

72.Jouonang Paul René., (2008), *Réforme des marchés publics et performance du système : cas des nouveaux acteurs de la passation des marchés publics*, Mémoire de Master 2, Département SCISOD, I.S.S. - Université de Maroua, p :16

73.Juteau Danielle., (1996), « L'ethnicité comme rapport social. » In : Mots, n°49, décembre 1996. Textes et sexes. pp. 97-105

74.Juteau Danielle., (1996), «Theorizing ethnicity from the margins. Ethnic communalizations in the world system », Nations and Nationalism 2 (1).

75.Juteau Danielle., (2015), *La sociologie des frontières ethniques en devenir* Montréal, Presses de l'Université de Montréal, [2e éd., rev. et mise à jour], 306 p.

76.Juteau Danielle., (1996), « La part réelle de l'idéel. La vision des minoritaires en sociologie » In: *Mots*, n°49, décembre 1996. Textes et sexes, sous la direction de Colette Capitan et Catherine Viollet. pp. 97-105.

77.JUTEAU-LEE Danielle., (1983), « La production de l'ethnicité ou la part réelle de l'idéal » in Sociologie et sociétés Volume 15, numéro 2, octobre 1983, 1983, 15 (2), p. 39-55.

78.Klitgaard Robert., (1997), *Combattre la corruption, Manille,* Nouveaux Horizons, 227p.

79.Koné Mariatou., (1971). Stratagems and spoils : a social anthropology of politics, par F. G Bailey, Oxford, Basil Blackwell, 1969, traduction française par J.Copans : Les règles du jeu politique : une étude anthropologique. Paris : PUF. Bulletin de l'APAD

80.Kossivi Agbodji Edem., (2020), *La procédure de contrôle de l'attribution des marchés publics au Togo* KAS African Law Study Library, Librairie Africaine d'Etudes Juridiques vol no 6 pp 465-473

81.Lagroye Jacques, Bastien Francois, Et Sawicki Frédéric., (2002). *Sociologie politique*, Paris, Dalloz, 599p.

82.Lahire Bernard., (2005), *L'esprit sociologique,* Paris, Éd. La Découverte, coll. Textes à l'appui, 435 p.

83.Lascoumes, Pierre et Le Galès, Patrick., (2007), *Sociologie de l'action publique*, Paris, Armand Colin, collection 128, 126 pages.

84.Laurens Sylvain., (2006), « Hauts fonctionnaires et immigration en France (1962- 1981) ». Socio-histoire d'une domination à distance, *thèse de sociologie*, Paris, Ecole des Hautes Etudes en Sciences Sociales.

85.Le conseil général du Bas-Rhin., (2011), *Guide de déontologie de l'achat public*, 22p.

86.Lefebvre, Muriel., (2010), *Les finances publiques du Québec : l'heure des choix a sonné.* Les Éditions de l'Université d'Ottawa, 1979, p. 3-18.

87.Lemieux Cyril., (2013), *Sociologie Du Vif*, Presses des mines via open Edition, 10p.

88.Leroy Marc., (2007), *Sociologie des finances publiques*, La Découverte, 1577p.

89.Lévy-Leboyer C., (2009), « *La gestion des compétences : Une démarche essentielle pour la compétitivité des entreprises* », Collection Ressources humaines, 146 p

90.LEVY-LEBOYER Claude., (2009), « La gestion des compétences : Une démarche essentielle pour la compétitivité des entreprises », Collection Ressources humaines, janvier 2009.

91.Lexique des termes juridique., (2018), Collection ; « Dalloz » ; 25ème édition, 1214 pages.

92.Loi N° 2009-02 du 07 Août 2009, (2015), *Portant Code des Marchés Publics et de Délégation de Service Public et ces décrets d'application*, Édition SOKEMI, Cotonou, 60p.

93.Marcelin Joanis et Montmarquette Claude., (2004), « La dette publique : un défi prioritaire pour le Québec », *IRPP, Choix*, vol. 10, no 9, octobre.

94.Marquette Heather., (2003), *Corruption, Politics and Development: The Role of the World Bank. New York: Palgrave, 277p.*

95.Martiniello Marco., (1995), L'ethnicité dans les sciences sociales contemporaines, Paris, PUF, coll. « Que sais-je ?». p.104

96.Maslow Abraham., (1943), *A Theory of Human Motivation, Psychological Review*, no 50, p. 370-396 [lire en ligne [archive] (page consultée le 09 mai 2021)].

97.Mathiot Pierre et Sawicki Frédéric., (1999), « Les membres des cabinets ministériels socialistes en France (1981-1993) : recrutement et reconversion. 1) Caractéristiques sociales et filières de recrutement ; 2) Passage en cabinet et trajectoires professionnelles », *Revue française de science politique*, 49-1 p. 3-30 et 49-2 p. 231-264.

98.MAUBANT Philippe et PIOT Thierry., (2011), « Étude des processus de professionnalisation dans les métiers adressés à autrui », Les Sciences de l'éducation - Pour l'Ère nouvelle 2/ 2011 (Vol. 44), p. 7-7.

99.Mérette Marcel., (2002), « The Bright Side: A Positive View on the Economics of Aging», *IRPP, Choix,* vol. 8, no 1, mars.

100.    MOUNGOU MBENDA Sabine Patricia, BEKONO Emmanuel Rémy., (2012) « La déviance comme mauvaise pratique : cas du système des marchés publics au Cameroun », Management international, vol. 16, n° 3, 2012, p. 153-164.

101.    Murrain Henry., (2015), « La légalité et la représentation de l'autre. L'influence des normes sociales dans le respect des lois » in Droit et société 2015/3 (N° 91), pages 653 à 664

102.    Musgrave Richard A., (1959). « Theory of Public Finance: A Review Article », in *American Economic Review,* **49** (5): 1018-1029.

103.    NATIONS UNIES, 2004. Convention des Nations Unies contre la corruption [en ligne]. Disponible sur « http://www.unodc.org/documents /treaties/UNCAC/ Publications.

104.    Ndolo Ekaney X., (2014). Étude exploratoire de l'impact des déterminants de la passation des marchés publics sur la qualité des projets d'infrastructures routières au Cameroun. Mémoire de maîtrise, Université du Québec à Chicoutimi. p.151

105.    NELL Philippe., (2004) « Transparence dans les marchés publics : », Revue internationale de droit économique 3/ 2004 (t. XVIII, 3), p. 355-379

106.    OCDE (2006), *Étude économique du Canada 2006 : fiscalité des entreprises, Résumé.* 8p.

107.    OCDE (2009) « Les avantages des prévisions budgétaires à long terme », 150p.

108.    OCDE (2010), *Panorama des administrations publiques 2009*, p. 92.

109.    OCDE., (2008) « Eviter que la corruption et la fraude n'entachent les contrats publics », Synthèses, Novembre 2008.

110.     OCDE., (2009), « Eviter la corruption : les marchés publics, Panorama des marchés publics, Editions OCDE, 2009.

111.     Ogouwale Euloge, Akindele A. A., Medeou, F. K. et Lanokou M. C., (2014), *Comment réussir son mémoire ou sa thèse*, Edition BRIFAS 132p.

112.     Olivier De Sardan Jean-Pierre., (1995). *Anthropologie et développement*, Paris, Karthala, 221p.

113.     Olivier De Sardan Jean-Pierre., (2003). LASDEL, « *Du problème des écarts » aux « normes pratiques ». Les régulations informelles au sein des bureaucraties publiques* (en Afrique et au-delà), 15p.

114.     Olivier De Sardan Jean-Pierre., (2003). LASDEL, Octobre *L'enquête socio- anthropologie de terrain : synthèse méthodologique et Recommandations à usage des étudiants* n° 13.

115.     Olivier De Sardan Jean-Pierre., (2009). « Les huit modes de gouvernance locale en Afrique de l'Ouest », Working Paper, No.4, 56p.

116.     OCDE, (2007). «Co-operation and Development OECD», in Annual Report of OECD. 25p.

117.     Perrenoud Philippe., (1993), « Formation initiale des maîtres et professionnalisation du métier », Revue des sciences de l'éducation, vol. 19, n° 1, 1993, p. 59-76.

118.     Petitat André., (1998), *Secret et Formes Sociales*, PUF, 256p.

119.     Piveteau D., (2001), *conclusion sur le CE 25 juillet 2001, commune de Gravelines,* 2001, n°19, p.490.

120.     Pontier Jean Marie., (2004), *Marchés publics et Culture*, pp.63-82

121.     Quivy Raymond et Campenhoudt Luc Van., (1995), *Manuel de recherche en science sociale*, Paris, 2ème édiction. Dunod, 297 p.

122.     Reynaud Jean Daniel., (2004), *Les règles du jeu*, édition Armand Colin, 426 p.

123.     ROBSON William B P., (2010), «The glacier grinds closer: how demographics will change Canada's fiscal landscape », E-brief no 106. Toronto, C.D.

124.     Rocher Guy., (1968), *L'Action Sociale*, Paris, PUF, pp.12-25

125.     Rouvillois Frédéric., (2006), *L'efficacité des normes Réflexions sur l'émergence d'un nouvel impératif juridique,* Paris, édition FP, 56 p.

126.     Rudder Véronique De., (1992), « A propos de la construction d'un objet de connaissance : migrations et relations interethniques » Migrants-formation, 90, p. 21-33.

127.     Ruffner Michael et Sevilla, Joaquin., (2004), « Modernisation du secteur public : moderniser la responsabilité et le contrôle », in Revue de l'OCDE sur la Gestion Budgétaire, Vol. 4, n°2, p.142

128.     Said Edward., (1993), Culture and imperialism, New York, Alfred A. Knopf, .

129.     Sapir Edward., (1967), Anthropologie, les édictions minuit, pp. 36-48

130.     Saurugger Sabine et Terpan Fabien., (2013). *Analyser les résistances nationales à la mise en œuvre des normes européennes : une étude des instruments d'action publique,* Les éditions de la Maison des sciences de l'Homme, 21 p.

131.     Schubert Paul., (1997),« L'anneau de Gygès : réponse de Platon à Hérodote ».In :L'antiquité classique, Tome 66., pp. 255-260

132.     Simon Herbert., (1983), *Administration et Processus de Décision*, Collection Ghislain, pp. 18-35

133.     Simon Pierre-Jean., (1976), « Propositions pour un lexique des mots clés dans le domaine des études relationnels : pp 77-80.

134.     Smith Adam., (1776), *La Richesse des Nations*, PUF, pp.28-80

135.     Touraine Alain., (1965), S*ociologie de l'action*. Paris : Les Éditions du Seuil, 507 p.

136.     Van Audenrode Marc., (2002), « Les perspectives à moyen terme du marché du travail au Québec », L'Actualité économique, vol. 78, no 4, décembre.

137.     Villegas Mauricio Garcia., (2015), La désobéissance au droit : approche sociologique comparée in Droit et société 2015/3 (N° 91), Edition : Aude Lejeune, pages 565 à 577

138.     Vincent Dubois., (2009). *L'action publique*. Cohen (A.), Lacroix (B.), Riutort (Ph.) Dir. *Nouveau manuel de science politique*,

139.     Waline Charles, Desrousseaux Pascal et Godefroy Stanislas., (2012). *Le budget de l'Etat*, Paris, Coll. « Les études », La Documentation française

140.     Weber Max., (1971). *Économie et Société*, tome I, traduit par Julien Freund et al., Paris, Plon, 650 p

141. WhyteWilliam Foot., (1996), *Street corner society, la structure sociale d'un quartier italo-américain*, (Trad.) Paris : La Découverte. 1 vol. 403 p.

142. Yves Alpe, Alain Beitone, Christine Dollo, Jean-Renaud Lambert, Sandrine Parayre., (2010), *Lexique de sociologie,* Dalloz, (3e édition), 425 p.

## II. RAPPORTS

143. AKOUWERABOU Denis et BAKO Parfait., (2013) « Marchés Publics et Petites et Moyennes Entreprises au Burkina-Faso : Quelle Gouvernance ? » Rapport d'étude du Fonds de Recherche sur le Climat d'Investissement et l'Environnement des Affaires (FR- CIEA), 2013.

144. Beth Elodie et Hrubi Anikó., (2008) « Renforcer l'intégrité dans les marchés publics : Étude d'apprentissage mutuel au Maroc », document interne de la Direction de la Gouvernance publique et du développement territorial, OCDE, Paris, 2008.

## III. WEBOGRAPHIE

145. Arsenault Paul-Émile., (2014), « Marchés publics », in COTE L. et SAVARD J.-F. (dir.), Le Dictionnaire encyclopédique de l'administration publique, www.dictionnaire.enap.ca, (page consultée le 16 août 2021).

146. Bénin Intelligence. (2021, 9 juillet). *Joseph Djogbenou sur les marchés publics : "C'était un système de prédation".* Repéré à https://beninintelligence.com/2021/07/09/joseph-djogbenou-sur-les-marches-publics-cetait-un-systeme-de-predation/

147. Djogbenou, J. (2019, 19 novembre). *Bénin : Joseph Djogbenou - " La faiblesse d'un système, ce ne sont pas les textes, c'est... "* La Tribune Afrique. Repéré à https://afrique.latribune.fr/think-tank/tribunes/2019-11-19/benin-joseph-djogbenou-la-faiblesse-d-un-systeme-ce-ne-sont-pas-les-textes-c-est-834223.html

148. Tayler Yolander et Heidenhof Günter., « La réforme des marchés publics au service d'une meilleure gouvernance », http://blogs.worldbank.org/arabvoices/fr/plus-de- transparence-dans-les-marches-publics, (page reconsultée le 16 août 2021).

149.    OCDE, Éviter que la corruption et la fraude n'entachent les contrats publics, www.oecd.org/dataoecd/31/24/41768941.pdf, (page consultée le 16 août 201).

150.    Yolander Tayler et Günter Heidenhof., (2011), « La réforme des marchés publics au service d'une meilleure gouvernance » http://blogs.worldbank.org/arabvoices/fr/plus - de - transparence - dans - les - marches - publics (page consulté le 27 Juin 2021).

151.    Peyrical Jean-Marc., (2015), *Les marchés publics, instrument politique ? Faut-il instaurer une limite à l'instrumentalisation de la commande publique pour faire avancer des sujets d'ordre économique et social ?* chronique publié le 29 avr. 2015 à 01 : 01 sur https : //www.lesechos.fr/2015/04/les-marches-publics-instrument-politique-244669 et consulté le jeudi 22 avril 2021 à 14h10 GMT.

## IV.   THESES

152.    Zagainova Anastassiya., (2012). « La corruption institutionnalisée : un nouveau concept issu de l'analyse du monde émergent », Thèse soutenue au sein de l'Ecole Doctorale ''Sciences Economiques'' de l'Université de Grenoble, 452 p.

153.    Ilyass SINA D., (2013), « insécurité et incivilités sur les voies publiques à Cotonou : éléments pour une socio-anthropologie de l'(in)tolérance sur la route », Thèse soutenue au sein de l'Ecole Doctorale Pluridisciplinaire de l''Université d'Abomey-Calavi, 288 p.

## V.   MEMOIRE

154.    Sanga Pema Y., (2016). « L'amélioration du système de passation des marchés publics à la contribution de la performance de la gestion des projets au Bénin », Mémoire présenté comme exigence partielle de la maîtrise en gestion de projet, Canada, Université de Québec à Chicoutimi, Département Des Sciences Économiques Et Administratives, 214 p.

155.    Azondekon Sébastien (2013). Analyse Critique du Système des Marches Publics des Collectivités Décentralisées du Bénin. Journal Of Global Business Administration (JGBA), p.5.

❖ **GUIDE D'ENTRETIEN**

I. **GUIDE D'ENTRETIEN ADRESSE AUX ACTEURS DE LA CHAINE DE PASSATION, DU CONTROLE, DE L'EXECUTION DES MARCHES PUBLICS ET DU REGLEMENT**

   A. Identification de l'informateur

   B. Sens et Importance des marchés publics

   C. Perception sur la gestion des marchés publics

   D. Planification des marchés à passer : principales dimensions

   E. Passation des marchés et stratégies développées

   F. Passation des marchés : caractéristiques essentielles

   G. Critères de choix des acteurs dans la passation et l'exécution des marchés publics : nominations politiques, choix techniques, désignations administratives ?

   H. Contraintes liées à la conduite des opérations de passation des marchés, à l'exécution : contraintes politiques et/ou Administratives, pression populaire, autres

II. **GUIDE D'ENTRETIEN ADRESSE AUX ACTEURS DE LA REGULATION ET REFORMES DES MARCHES PUBLICS**

   A. Identification de l'informateur

   B. Sens et Importance des marchés publics

   C. Perception sur la gestion des marchés publics

   D. Critères de choix des acteurs de la régulation des marchés publics : nominations Politiques, choix techniques, désignations administratives ?

   E. Cadre globale des marchés publics : caractéristiques essentielles

   F. Les interactions entre acteurs dans le cadre global des réformes dans les marchés publics VII- Contraintes liées à la conduite des opérations de régulation : contraintes politiques et/ou Administratives, pression populaire, autres

   G. Performance des marchés publics au Bénin : appréciation et perspectives

III. **GUIDE D'ENTRETIEN ADRESSE AUX ENTREPRISES SOUMISSIONNAIRES**

   A. Identification de l'informateur

B. Sens et Importance des marchés publics

C. Perception sur la gestion des marchés publics

D. Comment participer-t-on aux marchés publics ?

E. Nombre d'année d'expérience dans les marchés publics ?

F.Combien de marchés gagnés au Ministère des Finances ? V- Qu'est ce qui explique les marchés non gagnés ?

G.	Combien de marchés gagnés ailleurs outre le Ministère des Finances ?

H.	Comment faire pour gagner un marché ?

I. Quels sont les moyens mis en œuvre dans le processus de soumission à un marché ? IX- Que faire lorsqu'on ne gagne pas un marché ?

IV.	**GUIDE D'ENTRETIEN ADRESSE AUX ACTEURS DE PUBLICATION**

A. Nom de la Structure

B. Identification de l'informateur

C. Pourquoi cette structure pour la publication

D. Comment se déroule le processus de publication

E. Comment la Publication est faite

F.Nombre d'année d'expérience dans la publication des actes de marchés publics ?

G. Quels sont les actes qui sont souvent publiés ?

H. Autres formes de publication ?

## ❖ GRILLE D'OBSERVATION

### Tableau XIII : Grille d'observation

| N° | Rubrique d'observation | |
|----|------------------------|---|
| 1 | Observer qui ? | -Les agents intervenant sur la chaîne de passation des marchés |
| 2 | Observer quoi ? | -les comportements<br>-les pratiques quotidiennes<br>- les actions des agents chargés de conduire les procédures<br>- les dispositifs règlementaires afférents aux activités de la passation - L'exécution des marchés et les marchés objet d'aléa<br>- la conduite des réformes<br>- Comment le code des marchés publics est mis en application - Les différents dossiers traités<br>-les documents types et de référence |
| 3 | Observer ou ? | -au Ministère de l'Economie et des Finances |
| 4 | Observer quand ? | Durant la phase de collecte des données |

234

| | | |
|---|---|---|
| 5 | Observer pourquoi ? | Pour comprendre les dynamiques en présence dans l'environnement des marchés publics, les interactions entre acteurs en présences et les formes de relations qui les lient ; ainsi que des implications de ces pratiques de passation et comment cela participe à la contre-performance du système. |
| 6 | Observer comment ? | -Directe -Participante - immersion |
| 7 | Observer pour qui ? | Pour apporter un plus à la science |
| 8 | Observer par qui ? | Par le chercheur en sociologie de développement |
| 9 | Observer pour quel résultat ? | Pour comprendre le pourquoi de la contre-performance dans le système de passation des marchés. Pour contribuer à la réorganisation |

Source : **Données de terrain, 2019-2020.**

235

# TABLE DES MATIÈRES

www.ingramcontent.com/pod-product-compliance
Lightning Source LLC
Chambersburg PA
CBHW060402220326
41598CB00023B/2998